비즈니스 케이스
Business Cases

김 상 원

울산대학교 경영대학

경영학부 글로벌경영학전공

머 리 말

본서는 경영과 관련된 사례(case)의 내용을 담고 있다. 기업과 기관, 연구소 등에서 실제로 발굴했던 내용을 바탕으로 토론을 유도하는 내용을 담고 있다. 실무적인 관점에서 경영학을 학습하고자 하는 데 있어 조금이나마 도움이 되었으면 한다. 본서를 작성할 수 있도록 지원해 주신 울산대학교와 초아출판사 이민영 사장님 그리고 편집부 직원 여러분께 깊은 감사를 드린다.

2023. 1. 10.

저자 씀

목　　차

경영 사례 1

개요

재고는 거의 모든 생산/제조분야와 관련된 경영조직에 존재하며 고객 서비스 제공, 제조 효율성 극대화를 위한 운영/관리, 계절별 제품 공급, 대량 할인 혜택 활용 등 다양한 용도로 사용할 수 있다. 그러나 재고는 유의해야 할 투자 자산으로 재고를 보유, 주문 및 보관하는 비용은 상당히 커서 이익을 저하할 수 있다. 재고는 운용 자본을 묶고, 공장 및 창고 공간을 요구하며, 따라서 재고의 수(또는 양)를 항상 파악해야 하며 잘 관리되어야 한다. 재고는 보험에 가입해야 하며, 손실, 손상, 노후화의 위험이 있다. 따라서 운영 관리자가 직면하는 중요한 과제는 주문 횟수를 줄임으로써 얻는 경제적 이익과 재고 보유 비용 간의 균형을 맞추어 최대의 이익을 얻는 것이다.

본 사례에서는 A 기업의 독립적 수요의 재고 품목을 관리하는 방법을 소개하며, 고정 주문 수량 및 고정 기간 시스템을 포함하여 독립 수요의 항목과 관련된 기본 재고관리 모형의 적용성을 검토하는 데 그 목적이 있다. 주요 내용으로는 주문량(또는 로트 크기 문제)과 주문 시기(재 주문 포인트(시점))에 대한 것이다.

독립적 수요와 종속적 수요

재고 관리는 독립적 수요의 제품과 종속 수요의 제품을 구별해야 한다. 간단히 말해서, 독립적 수요(제품)는 서로 관련이 없고 고객의 주문에 의해 직접 결정되는 반면, 종속적 수요(제품)는 일부 다른 제품에 대한 수요와 관련이 있다. 종속 수요는 일반적으로 상위(독립 수요) 제품을 구성하는 하위 구성 요소이다. 독립적 수요를 가지는 제품

(또는 품목)은 조립된 제품으로 수요는 외부 고객에 의해 결정된다. 이 관계는 A 기업의 의자 조립체의 구조를 예로 들 수 있다. 의자 조립체는 등받이 1개, 팔걸이 2개, 다리 4개, 좌석(seat) 1개로 구성된다. 즉, 독립적 수요 품목에 대한 수요는 이전 판매 패턴 및 경제 예측과 같은 가능한 다양한 요소를 기반으로 예측된다. 종속적 수요 품목에 대한 수요는 더 높은 수준의 독립적 수요 품목의 예측에서 더 쉽게 계산된다. 따라서 종속수요 품목은 파생수요를 갖는다. 예를 들어 팔걸이에 대한 수요는 의자 수요와 직접적인 함수관계가 있다. A 기업은 각 한 개의 의자에 대해 등받이 1개, 좌석 1개, 팔걸이 2개, 다리 4개를 만들어야 한다.

독립적 수요 품목과 종속적 수요 품목의 수요 패턴의 특성은 매우 다를 수 있다. 독립적 수요 품목에 대한 수요는 종속적 품목에 대한 수요보다 더 지속적이다. 따라서 종속 품목에 대한 수요는 주 생산 일정과 같은 기업의 통제 범위 내의 요인에 의해 결정된다. 예를 들어, 의자의 수요가 하루 평균 100개라도 경제적인 로트 크기를 이용하기 위해 매주 금요일마다 의자의 조립이 이루어질 수 있다. 팔걸이에 대한 수요는 의사 결정의 대상인 의자의 로트 크기에 영향을 받는다. 따라서 팔걸이에 대한 수요는 매주 수요일마다 1,000개가 될 수 있다.

재고 관리 시스템

독립적 수요의 제품(품목)과 관련된 문제를 다룰 때, A 기업의 관리자는 두 가지 기본적인 질문에 직면하게 된다. 얼마나 주문하면(주문량) 되나? 그리고 언제 주문하면 (주문 시기) 되나? 주문량에 대한 문제를 로트 사이즈 결정 문제라고 하며, 주문 시기 문제를 재 주문 포인트(시점) 결정 문제라고 한다. 이러한 재고 관리 시스템의 두 가지 기본 유형은 다음과 같다. 즉, 고정 수량 주문 시스템(연속 재고 시스템(continuous inventory systems) 또는 Q 모델)과 고정 기간 주문 시스템(주기 시스템(periodic systems) 또는 P 모델)이다.

고정 수량 주문 시스템

고정 수량 주문 모델은 각 품목에 대한 재고 기록을 계속 알 수 있으며, 수중에 있는 재고가 미리 정해진 지점에 도달하면 지정된 수(Q) 만큼의 주문이 이루어진다. 새 주문이 발주되는 시점의 재고 수준을 재 주문점(R)이라고 한다.

따라서 고정 수량 주문 시스템을 사용할 때 중요한 내용은 Q와 R을 결정하는 방법이 된다. 재 주문 수량, Q는 총 재고 비용을 최소화할 수 있는 양으로 다음 (1)과 같이 계산하여 결정할 수 있다. 이는 경제적 주문(수)량 (Economic Order Quantity: EOQ) 모델을 사용하여 계산할 수 있다. EOQ 모델에는 여러 가지 변형이 있지만 여기에서는 기본 EOQ 모델에 초점을 맞춘다.

경제적 주문(수)량은 발주 비용(또는 초기 비용)과 보유비용의 합을 최소화하는 주문량이다. 이 두 비용은 서로 반비례한다. 예를 들어, 주문이 많은 재고일수록 평균 재고 수준이 높아져 보유 비용이 증가한다. 그러나 주문 크기를 늘리면 주문 수가 줄어들기 때문에 주문 비용이 줄어든다. EOQ 모델은 총 비용 곡선에서 총 비용이 최소가 되는 점을 계산하여 결정한다. 경제적 주문(수)량은 다음과 같이 표현된다.

$$EOQ = \sqrt{\frac{2DS}{CI}} \qquad 1)$$

D = annual demand
S = set-up or order costs per order
C = unit holding cost
I = annual holding cost rate

또한 CI 는 다음과 같다.

CI = unit holding cost (H)

A 기업의 구매 관리자는 재고 관리 정책을 검토하고 있다. 관리 부서로부터 연간 재고 유지비용이 25%이고 주문 비용이 60달러라는 것을 알았으며, 현재 제품 박스 당 28달러를 지불하고 있다. 연간 총 사용량은 100,000상자로 추정되었다. 이 제품을 주문할 때마다 몇 박스를 주문해야 하는가? EOQ는 다음과 같이 계산된다.

D = 100,000 boxes
S = \$60
C = \$28
I = 25%

$$EOQ = \sqrt{\frac{2 \times 100,000 \times 60}{28 \times 0.25}}$$

즉, 1,309(상자)이다. 여기에서는 연간 보유 비용과 주문 비용이 거의 동일하다는 점에 유의하라. 예를 들어, 연간 보유 비용은 다음과 같이 산정할 수 있다.

(1,309박스÷2개) x 28 x 0.25 = \$4,581.50

연간 주문 비용은 다음 방법으로 결정할 수 있다.

(100,000박스 ÷ 1,309박스) × \$60 = \$4,583,65

공급자가 1,309개의 로트로 납품할 것으로 기대하는 것은 비현실적일 가능성이 높다. 즉, 주문 수량은 1,300 또는 1,320과 같은 편리한 정수단위로 제한될 가능성이 높다. EOQ 곡선 모양은 바닥이 평평하기 때문에 아래의 총 비용(TC) 계산에서 알 수 있듯이 EOQ 수량에 대한 작은 편차로 다음과 같이 비용 위약금이 많지는 않다.

TC = annual holding costs + annual ordering costs

$$TC_{1,309} = \$4,581.50 + \$4,583.65 = \$9,165.15$$
$$TC_{1,300} = \$4,550.00 + \$4,615.38 = \$9,165.38$$
$$TC_{1,320} = \$4,620.00 + \$4,545.45 = \$9,165.45$$

EOQ 모델의 가정

EOQ 모델은 많이 사용되지만 몇 가지 비현실적인 다음 가정을 바탕을 바탕으로 도출된다.

- 제품 수요, 리드 타임, 제품 가격, 주문 또는 설정 비용은 일정하고 균일하며 확실하게 알려져 있다.
-재고보유비용은 평균재고를 기준으로 하며 가치에 비례한다.
-공급은 무제한이다
-역 주문이나 품귀(재고부족) 현상은 없다
-주문수량 전체가 동시에 입고된다, 즉 부분 배송은 없다.

이러한 제한적 가정에도 불구하고 EOQ 모델은 상당히 견고하며 특정 가정 위반에 대처하는 방법도 생각할 수 있다. EOQ 공식은 최적의 주문 수량을 결정함에 있어 좋은 기준점이 된다.

리드 타임 및 안전 재고

고정 주문 수량 재고시스템을 사용하는 경우 재 주문점(R)은 새 주문을 해야 하는 때의 재고수준이다. 기본 EOQ 모델은 주문량에 대한 문제를 해결하기 위해 주문 시기를 결정하며, 이를 위해 제품의 리드 타임을 고려해야 한다. 안전 재고가 필요하지 않은 경우 재 주문점은 다음과 같이 계산할 수 있다. 여기에서 용어는 다음과 같이 정의한다.

$R=$ 재주문점$(reorder\ point)$
$\bar{d}=$ 일일평균수요$(average\ daily\ demand)$
$L=$ 리드타임$(leadtime)$

A 기업의 부품 공급업체로부터 배송 리드 타임은 3일이다. 연간 365일 운영한다고 가정하면 재 주문점은 다음과 같이 계산할 수 있다.

$R=\bar{d}L$
R = (100,000 boxes per year/365 days per year) × 3 days

으로 즉, 재 주문점은 822 상자(boxes)이다.

따라서 A 기업의 구매 관리자는 재고가 소진되어 822상자가 되면 제품을 다시 주문해야 한다. 그러나 많은 상황에서 수요는 일정하지 않고 완전히 예측 가능하지 않는 경우도 있다. 리드 타임(L) 동안 재고는 더 느리거나 더 빠른 속도로 고갈될 수도 있다. 리드 타임 동안 수요가 예상보다 많으면 재고가 소진된다(stockout). 재고 소진을 방지하기 위해 안전 재고(버퍼 재고라고도 함)를 보유할 수 있다. 리드 타임 동안 예상치 못한 수요에 대한 커버리지를 제공하기 위해 재 주문점(R)에 안전 재고를 추가한다.

즉, 적절한 서비스 재고 수준을 유지하기 위해 안전 재고를 추가한다. 서비스 레벨은 고객의 요구를 충족할 수 있는 능력을 말하며 주문량이 제때 채워지는 비율로 측정된다. 예를 들어, A 기업의 연간 수요가 100대이고 고객이 요구하는 95대가 재고품에서 공급되는 경우, 서비스 수준은 95%이다. 수요가 불확실한 상황에서 재 주문점을 계산하기 위해 다음 공식을 사용할 수 있다.

$$R=\bar{d}L+z\sigma_d\sqrt{L}$$

여기에서

R = reorder point

$\bar{d}$ = average daily demand

L = lead time

z = number of standard deviations corresponding to the service level probability

σ_d = standard deviation of usage during lead time

이다.

A 기업의 제품 수요의 표준 편차는 하루에 25박스이다. 회사가 95%의 고객 서비스 재고 수준을 유지하고자 할 경우 다음 데이터를 바탕으로 할 때, 재 주문점과 안전 재고는 무엇인가?

$\bar{d}$=100,000 boxes per year/365 days per year = 274 boxes

L=3 days

σ_d=25 boxes per day

z값은 표준 (누적)정규분포확률표에서 확인할 수 있다. 0.4505(서비스 수준 95%의 경우)를 서비스 값으로 사용하면 z값을 1.65로 추정할 수 있다. 따라서 재 주문점과 안전 재고량은 다음과 같이 계산할 수 있다.

$$R = \bar{d}L + z\sigma_d\sqrt{L}$$

$$R = (274 \times 3) + (1.65 \times 25 \times \sqrt{3}) = 893 \text{ boxes}$$

즉, 893박스의 재 주문점은 리드타임 동안 커버리지 822박스와 수요 변동으로 인한 안전재고 71박스로 구성된다.

고정 기간 주문 시스템

앞서 논의한 내용에서는 고정 수량 주문 시스템의 주요 특징을 다루었다. 이 시스템은 주문 수량을 일정하게 유지하는 반면, 주문 간 시간은 다르게 허용되었다. 일반적으로 사용되는 또 다른 방법은 주문 크기를 변경하는 동안 주문 간 시간을 일정하게 유지하는 것이다. 예를 들면, 판매업자들이 매주 일정으로 상품을 재입고하는 식료품점 등이 있다. 이러한 재고시스템을 고정 기간 주문 (재고)시스템이라고 한다.

고정 기간 주문 시스템은 매주 또는 매월과 같은 정기적인 시간 간격으로 재고를 계산하고 그 시간에 새 재고품을 주문한다. 기간별 사용율에 따라 주문 수량이 달라질 수 있다. 고정 기간 주문 시스템은 검토 기간을 설정하며 주문 수량을 계산해야 한다. 수요가 변수로 정규분포를 따른다고 정하면 다음과 같은 공식을 사용할 수 있다. 즉,

$$Q = \bar{d}(t_b + L) + z\sigma_d\sqrt{t_b + L} - I$$

여기에서

$\bar{d}$=average daily demand

t_b=review period

L=lead time

Z=number of standard deviations corresponding to the service level probability

σ_d=standard deviation of usage during lead time

I=inventory on hand

이다.

이 공식은 세 가지 요소로 구성된다. 첫 번째, $\bar{d}(t_b + L)$는 검토 기간 및 리드 타임 동안 수요를 커버하는 데 필요한 금액을 나타낸다. 두

번째, $z\sigma_d\sqrt{t_b+L}$ 즉, 변동 수요에 따라 필요한 안전 재고량으로 최종 구성 요소인 I는 주문 시 수중에 있는 재고의 조정량이다.

A 기업의 제품 공급업체는 30일마다 제품의 재고 수준을 확인한다. 제품에 대한 평균 수요는 하루에 8병이며, 표준 편차는 1.2병이다. 주문 접수 리드 타임은 4일이다. 지난 번 방문 때 공급자는 재고가 7병이 있다는 것을 파악했으며, 95% 서비스 재고 수준을 충족하려면 얼마나 주문해야 하는가?

$\bar{d}=8$ bottles per day
$t_b=30$ days
$L=4$ days
$\sigma_d=1.2$ bottles
$I=7$ bottles

z값은 표준정규분포표에서 확인할 수 있다. 0.4505(서비스 수준 95%의 경우) 값을 사용하면 z값을 1.65로 추정할 수 있다. 따라서 재주문점과 안전 재고량은 다음과 같이 계산할 수 있다. 즉,

$$Q=\bar{d}(t_b+L)+z\sigma_d\sqrt{t_b+L}-I$$
$$Q=8(30+4)+1.65\times1.2\times\sqrt{30+4}-I$$
$$=272+11.5-7=276.5$$

Q = 276.5병으로 재 주문점은 리드타임과 리뷰기간 동안의 수요를 커버하는데 필요한 수량 272병, 수요변동에 따른 안전재고는 11.5병, 기존 재고에 대한 7병의 재고조정으로 구성되어 총 277병이 된다.

ABC 재고 분류 시스템

재고를 유지하고 관리하는 데는 비용이 많이 들 수 있으므로 정보 시

스템, 직원 및 물리적 자원이 필요하다. 수천 품목의 서로 다른 재고 항목이 있을 수 있는 많은 조직에는 잠재력이 존재하지만 많은 항목을 엄격하게 관리하는 데 드는 비용은 이러한 장점 보다 비용이 더 드는 경우도 가능하다.

ABC 재고 분류 시스템의 목적은 가장 중요한 품목에 자원을 집중시키는 문제를 해결하기 위해 회사에 대한 중요도 수준에 따라 재고 품목을 분리하는 것이다. ABC 분석은 수십 년도 넘게 사용되어 왔으며, 19세기에 빌프레도 파레토(Vilfredo Pareto)에 의해 처음으로 주장되었다. 일반적으로 "80-20 규칙"이라고 하며, 재고 관리 이외의 여러 영역에 응용 프로그램이 있다. ABC 재고 분류 시스템은 총 연간 가치를 기준으로 재고 품목을 다음 세 가지 범주 중 하나로 분류한다.

- A 항목: 이는 재고 활동에서 총 가치의 70-80%를 차지하는 품목으로 전체의 5-15%이다.
- B 항목: 이는 재고 활동에서 총 가치의 약 20-25%를 차지하는 품목으로 전체의 30-35%이다.
- C 항목: 이는 재고 활동에서 총 가치의 5~10%만을 차지하는 품목으로 전체의 50-60%이다.

위에서 설명한 백분율은 지침일 뿐이며 기업 간에 차이가 있을 수 있다. 또한, 낮은 가치의 B 또는 C 범주의 항목이 A 범주의 항목처럼 취급될 수 있으며, 매우 중요한 것으로 간주될 수도 있다. 그 의미는 경영자원이 A 범주 항목에 집중된다는 것으로, 이러한 품목의 재고 수준은 면밀히 모니터링 되고 관리된다. 예를 들어, 정기적인 주기 카운트를 사용하여 재고 기록이 정확하고 매주 주문이 이루어지도록 할 수 있다. 이러한 활동을 통해 재고 소진(부족)을 방지하면서 안전 재고를 최소화할 수 있다. B와 C 범주의 품목에 대한 재고의 경우 엄격한 관리가 덜 필요하다. 총가치가 낮아 안전재고 확대 및 리뷰 기간의 연장이 가능하여 2개월에 한 번씩 리뷰해도 좋다.

의사결정

A기업은 어떤 재고시스템을 활용하는 것이 더 좋다고 생각하는가?

물론 이 질문에 대한 대답은 의존적이라는 것이다. 각각의 시스템은 장점과 단점을 가지고 있다. 이러한 시스템의 장점과 단점을 이해하는 것은 시스템을 사용하는 방법과 장소를 이해하는 데 유용하다.

고정 수량 주문 시스템의 중요한 특징은 재고 수준이 지속적으로 모니터링 된다는 것이다. 고정 기간 주문 시스템은 재고 수준을 확인하지 않고 장기간 사용할 수 있다. 그 결과 고정 기간 시스템은 더 큰 안전 재고를 보유하므로, 고정 수량 주문 시스템을 사용할 때 일반적으로 발생하는 것보다 더 높은 재고 운반비용이 발생한다. 이러한 이유로 고정 수량 주문 시스템은 재고에 상당한 투자를 필요로 하는 고가의 대량 품목에 가장 적합하다.

재고 수준을 지속적으로 모니터링 하는 것은 다른 이점도 있다. 예를 들어 재고 소진(부족) 시에 페널티 코스트가 높은 중요 제품은 고정 주문 수량 시스템을 통해 통제해야 한다.

트레이드오프는 고정 수량 시스템을 운영하는 비용이다. 재고 수준을 지속적으로 모니터링하고 각 트랜잭션을 기록하는 데는 관련 비용이 발생한다. 고정 기간 주문 시스템은 이러한 운영비용을 절감시켜준다. 따라서 고정 기간 모델은 적은 양, 낮은 비용 항목에 가장 적합하다.

재고 관리 시스템을 선택할 때 수요의 계절성을 고려해야 한다. 수요 패턴의 변화가 광범위하고 급변하는 것이 특징인 제품은 고정 주문 수량 시스템을 사용하여 모니터링 해야 한다. 계절적 수요 패턴을 반영하여 검토 기간을 조정하는 경우에만 고정 기간 시스템을 사용할 수 있다.

경영 사례 2

개요

1996년 대한민국 울산에 소재하는 H 자동차회사에 의해 신형 6인승 자동차(이하 차량으로 약칭)가 개발되었다. 이 차량의 시험평가팀은 차량 시스템의 기본요구조건으로 제시된 신뢰성(도) 요구조건/시험기준을 충족하는지의 여부를 결정해야 했다.

내구도 시험평가(Endurance Testing)

차량 시스템이 신뢰성 요구 조건을 충족하는지 여부를 알기 위해서는 현장에서의 내구도 시험평가를 통해서 시스템 고장 데이터를 얻어야 했다. 시험평가팀은 이 신형 차량의 성능을 평가하는 시험을 세우기 위해 회의를 가졌다. 신뢰도를 평가하고 실제 데이터를 수집하는 방법의 역할을 한 신뢰성/내구성 시험평가는 운영 시험(operational test)의 최종 단계에서 두 대의 프로토타입 차량에 대해 평가하는 것으로 계획되었다. 시험평가는 시험평가팀 및 관련 팀이 수행하였으며, 신뢰성 분석을 위해 시스템 고장을 검출하고 고장 데이터를 수집하였다, 고장 발생 시에 차량을 정비구역으로 반입하여 정확한 고장시간과 주행거리를 측정하여 기록하였다. 이 평가의 최종 목표는 평균 고장간 시간(mean time between failures; MTBF) 같은 차량 시스템의 신뢰성 수치를 얻는 것이며, 이것을 바탕으로 차량의 요구 조건을 충족하는지의 여부를 결정하는 것이었다.

지원 시스템 개발 (Logistics Support)

차량 시스템 설계의 최근의 경향은 다양한 기능과 복합 수행 능력으로 이런 추세로 인해 관련 부품 제조사들은 매우 높은 제조비용을 요구했고, 운영 및 유지비용도 증가했다. 또 다른 문제는 체계의 복잡성이 증가하고 있음에도 불구하고 그러한 시스템들 중 많은 것들이 여전히 요구 사항을 충족시키지 못하는 경우도 것이다. 차량의 체계 설계와 동시에 경제적, 기술적 사항을 고려하는 것은 필수적인 요소로 인식되어 왔다. 이러한 복잡성 증가와 유용한 차량의 개발은 시험과 신뢰성 시험평가를 그 어느 때보다도 중요하게 만들었다.

차량 시스템의 개발은 두 부분으로 나눌 수 있다. 주요 하드웨어와 지원 시스템이다. 보다 비용 효율적인 시스템 설계를 위해 하드웨어를 지원하고 수명주기 비용을 절감하기 위한 로지스틱스 지원시스템(logistics support system)을 개발하였으며, 이는 차량 시스템의 효율성에 매우 중요하다. 많은 회사가 이 표준화된 시스템을 채택하여 로지스틱스 지원분석(logistics support analysis) 기법과 신뢰성/가용성/정비성(또는 유지보수성) 분석 기법(reliability/ availability/ maintainability; RAM)을 적용하였다.

신뢰성, 가용성, 정비성(RAM) 분석은 시스템을 개발하고 운영 준비상태를 평가하는 데 필요한 기본 데이터를 생성하는 데 중요하므로 수십 년 동안 시스템 설계에 필수적인 요구사항으로 인식되어 왔다. 더 최근에는 차량 제품의 세계적인 경쟁으로 인해 상업용 시장에서 신뢰성에 대한 필요성이 인식되고 있다. RAM은 특정 차량의 유지보수 가능성을 평가하기 위한 지표이다. 높은 수준의 신뢰성, 가용성 및 유지보수성을 유지하기 위해서는 운영비용, 유지보수 비용 등과 같은 비교적 높은 수준의 수명주기 비용이 필요하다. 따라서 차량 개발자들은 가장 저렴한 비용을 들여 신뢰성, 가용성 및 유지보수의 수준을 향상시키기 위해 다양한 기술을 사용해 왔다.

신뢰성(Reliability)

차량 시스템에 대한 내구도 요구 사항을 충족시키는 가장 중요한 목표 중 하나는 신뢰성(도)이다. 이를 높이기 위한 견고한 설계를 하며, 이를 통해서 그 요구 목표가 달성된다. 신뢰성은 현실적으로 계획된 시나리오나 환경에서 지정된 시간 동안 운영될 때 차량 시스템이 의도한 임무를 고장 없이 수행할 수 있는 능력이다. 차량 체계는 원하는 모든 목표를 충족시킬 수 있을 것으로 기대된다. 그러나 차량 시스템이 현장에서 운용되고 있던 많은 사례에서 시스템에 대한 초기 기대치가 충족되지 않은 다양한 이유로 많은 실패가 발생했다. 또한, 유지관리 요건이 높았고 과도한 자원 소비로 인해 예산 문제가 발생하였다. 결함이 있는 부품의 재작업은 현장에 비생산적인 간접비를 더하고 수리비용도 포함하므로, 부품과 인건비뿐만 아니라 운송과 보관비용도 포함된다. 따라서 신뢰성은 공장으로부터 이러한 비용을 절감하기 위한 수단으로 간주되어 왔다.

신뢰성은 "시스템이 지정된 임무를 만족스러운 방식으로 수행할 확률 (또는 보다 구체적인 용어로) 지정된 작동 조건에서 사용될 때 주어진 기간 동안 만족스러운 방식으로 수행할 확률"로 정의된다. 신뢰성 측면에서 모든 차량 시스템에 대한 평가는 정확하게 정의된 신뢰성 개념과 측정을 기반으로 한다.

고장률은 신뢰도 분석에서 중요하며 구성 요소 또는 시스템이 고장 나는 평균 빈도로 정의된다. 고장률은 고장 분포에 따라 달라지며, 이 분포는 지정된 시간 이전의 고장 확률을 말한다. 차량 시스템의 신뢰성은 종종 평균 고장간 시간(MTBF) 또는 고장까지의 평균 시간(MTTF)으로 표현된다. 개발 단계에서 신뢰성을 결정하는 데 사용할 수 있는 다음과 같은 몇 가지 방법이 있다.

−신뢰성 예측: 이것은 수학적 모델을 사용하여 예측 분석을 수행함으로써 달성되는 항목의 평균 고장간 시간(MTBF)을 결정하는 과정이다.

–유사성: 이 방법은 유사한 속성을 가진 기존 제품의 알려진 신뢰성에 기초하여 새로운 시스템의 신뢰성이 얼마나 될지를 결정하는 데 사용된다. 이러한 속성은 사용되는 기술 유형, 디지털 회로, 구성 요소의 복잡성 및 유사한 작동 환경과 시나리오일 수 있다.

–필드 데이터: 이는 현장에서의 작동 성능/내구성 테스트를 통해 제품의 신뢰성을 판단한 결과이다. 일반적으로 전문가들이 필드 데이터를 수집하도록 설계된 프로세스를 수립한다.

신제품을 개발할 때, 신뢰성 설계자는 시스템이 아직 개발되지 않았다는 단순한 사실 때문에 사용 가능한 시험 데이터를 가지고 있지 않을 수 있다. 이 경우, 신뢰성 설계자는 제안된 시스템의 신뢰성을 결정하기 위해 대체 방법을 사용해야 한다. 개발 초기에는 제안된 시스템에 대한 최소한의 지식을 바탕으로 차량의 신뢰성을 결정하기 위해 시스템에 대한 높은 수준의 이해가 필요하다.

수명 데이터 분석 (Life data analysis)

수명 데이터는 구체적으로 차량 시스템의 수명을 보여주는 데이터로 표시된다. 즉, 제품이 성공적으로 작동한 시간이나 제품이 고장 전까지 작동한 시간 등이다. 이렇듯 수명은 시스템의 수명을 측정할 수 있는 시간, 마일, 사이클 또는 기타 측정 단위로 측정된다. 수명 데이터 분석을 통해 신뢰성 평가자는 수명 데이터를 활용하여 특정 환경에서 고장 없이 원하는 기간 동안 필요한 기능을 수행할 수 있는 부품, 구성 요소 및 시스템의 동작 확률과 능력을 판단한다.

수명 데이터 분석을 수행하기 전에 고장 유형와 수명 단위(시간, 주기, 마일 등)를 지정하고 명확하게 정의해야 한다. 또한, 고장을 구성하는 것이 무엇인지 정확하게 정의할 필요가 있다. 즉, 분석을 수행하기 전에 제품이 실제로 고장 난 것으로 간주된 시점을 명확히 해야 한다. 이는 명백해 보일 수 있지만, 고장 정의나 시간 단위 불일치의 문제가 비용이 많이 들고 시간이 많이 걸리는 수명 시험과 분석의 결과를 완전히 무효화하는 경우도 있다.

수명 데이터를 활용하는 신뢰성 분석에서 그 결과는 항상 추정치이다. 고장이 날 확률의 참값, 성공의 확률, 수명 평균값, 분포의 모수 또는 다른 적용 가능한 모수는 쉽게 구할 수는 없다. 수명 데이터 신뢰성 분석의 목적 중 하나는 실제 값에 근접하는 모수 값을 정확하게 추정하는 것이다.

수명 데이터 수집 (Collecting life data)

시험평가팀은 내구성(도) 시험/테스트에 시간이 많이 소요되었기 때문에 테스트 전 수명 데이터 수집을 위한 완전하고 실행가능한 구체적인 계획을 세웠다. 시험의 목표가 달성되기 위해 시험 전반에 걸쳐 가장 중요한 문제는 신뢰할 수 있는 데이터를 얻는 것이다. 차량의 내구도 테스트 단계에서 시험평가팀은 사용할 특정 데이터 수집 체계와 분석 기법을 결정했으며, 이 지정된 데이터 수집 도구를 데이터를 수집하는 데 체계적이고 적절하게 사용했다.

시험 기간 내내 팀원들은 시험 계획이 유효성을 보장하기 위해 잘 설계되었는지 확인했다. 테스트 결과 여러 자료에서 대량의 데이터가 수집되었기 때문에 연구자들이 데이터의 양에 압도되는 것을 방지하고 연구자가 원래 테스트 목적을 잃지 않기 위해서는 데이터의 체계적인 정리가 매우 중요했다. 연구자들은 신뢰성 분석을 위해 데이터를 분류, 분류, 저장 및 검색하는 데 도움이 되는 데이터베이스를 설계 및 개발하였다.

1996년 6월 신뢰성 분석을 위한 공식적인 내구성 시험 계획이 수립되었다. 시험평가팀은 내구성/신뢰성 시험에 대한 국제공인규정을 활용하였으며, 이는 복잡한 차량 시스템(전체) 또는 복잡한 전자 시스템에 잘 적용된다. 즉, 고장률이 (발생할 가능성이) 일정하다는 가정에 기초하여 신뢰성 수준을 충족한다는 것을 전제로 하며, 이를 바탕으로 내구도 테스트를 수행하는 절차를 마련했다. 초기 번인(burn-in) 기간 후 차량 시스템의 고장률이 일정한 조건에서는 MTBF를 신뢰성 지수로 사용하는 것으로 정의하였다. 조건, 기준 및 데이터 수집 기법 및 분석, 고장 정의가 작성되었다.

시험평가 결과

두 대의 시제/프로토타입 차량이 활용되었으며, 신뢰성 평가를 위한 수명 데이터를 얻기 위해 테스트되었다. 하루에 이동한 거리는 약 70km로, 시험 기간 내 두 시제 차량이 이동한 총 거리는 총 13,000km (즉, 각각 6,500km) 이었다.

내구성 시험 결과의 요약은 표 1과 같다. 모든 고장 및 유지보수 작업이 기록되었으며, 고장이 발생한 누적 이동 거리도 나타나 있다. 고장 유형 등급은 치명, 중, 경미한 등급으로 분류되었다. 장애가 발생한 실제 시간 대신 거리가 기록 되었고 (고장유형은 치명 결함, major는 중결함, minor는 경결함으로 분류), 치명 결함은 한 건도 발생하지 않았다.

신뢰성 요구사항, 즉 시험 기준은 다음과 같이 제시되었다.

1. 모든 종류의 고장에 근거한 추정되는 MTBF는 최소 10시간을 초과해야 한다.
2. 주요 고장만을 고려하여 추정된 MTBF는 최소 100시간을 초과해야 한다.
3. 시간 100까지 큰 고장 없이 성공적으로 작동할 확률은 0.3보다 커야한다.

의사결정

내구도 시험팀은 수명 데이터 분석을 위해 차량 시스템 고장 데이터를 확보하였다. 이 시스템이 신뢰성 요구 사항을 충족하는지 여부를 어떻게 판단할 수 있는가?

표 1. 내구성 시험 결과/데이터

순서	고장발생 거리 km	고장수준	고장유형	정비시간(분)	인시
1	385.5	20	minor	35	70
2	531.5	20	minor	83	249
3	534.3	10	minor	7	7
4	1058.5	10	minor	5	5
5	1357	20	major	45	135
6	1476.7	20	minor	20	20
7	2054.9	20	minor	5	5
8	2257.6	20	major	40	80
9	2350.9	20	major	45	90
10	2888.6	20	minor	25	25
11	3075.3	10	minor	5	10
12	3113.6	20	minor	34	68
13	3140.6	10	minor	2	2
14	3502.1	10	minor	10	10
15	3539.6	20	minor	29	58
16	3714.1	10	minor	5	5
17	3763.9	10	minor	20	20
18	3860.2	20	minor	35	70
19	3986.9	20	major	35	105
20	4649	20	major	29	58
21	4767.6	10	minor	5	5
22	5029.1	20	minor	5	5
23	5285.4	20	minor	5	5
24	5335.6	10	minor	5	5
25	5727.9	20	minor	35	35
26	5826.0	20	minor	10	20
27	6274.5	10	minor	5	5
28	6445.2	20	major	30	30

경영 사례 3

개요

1997년 7월 하순, 캐나다의 대형 백화점 소매업체인 A사의 최고경영자인(CEO) T는 캐나다 토론토시에 본부가 있는 토론토 도미니언 은행(TD Trust Bank)이 신용장 형태로 발행해준 3,210만 달러를 인출, 사용할 수 없다는 소식을 통보받았다. 이 신용장은 바쁜 가을학기의 패션 시즌에 맞춰 회사의 최대 공급업체를 통해 상품 구매 자금을 조달하고 크리스마스 시즌을 대비하여 이 기간 동안의 재고를 보충하기 위해 발행되었다.

1989년 A사가 공급 및 마케팅 회사인 G&M 기업(B사로 약칭)을 인수하면서 자기자본에 비해 높은 비율의 차입금을 (높은 레버리지) 갖게 되었고, 거의 동시의 시기에 발생된 전 세계적인 경제의 갑작스러운 침체는 수입을 심각하게 위축시켜 A사가 어려운 시기였다.

1991년 초에 A사의 경영진은 외부 컨설턴트의 도움을 받아 백화점과 직접 관련이 없는 사업에서 철수하였고 수익성이 없는 상점을 폐쇄하고 기여도가 높은 상품들에 다시 집중하기 위한 공격적인 5개년 계획을 수립했다. 이미 진행 중인 계획을 실행하면서 많은 요소를 구현하였고 최고경영자인 T는 A사가 장기적으로 소매점에서의 판매 실적 증대가 가능하리라는 확신을 갖고 있었다. 그러나 단기적으로는 회사의 운영 능력이 한계에 다다랐고 미지급금이(accounts payable) 늘어났으며, 몇몇 주요 공급업체는 배달 조건에 따라 현금 지불을 요구하기 시작했다. 그는 은행과 거래 채권자를 달래야 했고 자본 지출을 위한 새로운 자금을 (funds for capital expenditures) 조달해야 하며 부채 상환 및 운전 자본에 (debt service and working capital needs)

대한 예상 부족분을 충당하기 위한 전략을 수립하기 위해 신속하게 작업해야 한다는 것을 깨달았다. 1997년 7월 마지막 주에 A사의 최고 경영자인 사장 J에게 이러한 사항들에 대한 보고를 했다.

미국/캐나다 경제 상황

1987년부터 캐나다와의 경제협력 확장 이후, 미국 연방준비위원회는 증가하는 인플레이션 압력에 대응하고 미국과 캐나다 경제의 연착륙을(soft landing) 설계하기 위한 노력으로 긴축 통화 정책을 시작했다. 많은 사람들이 1997년 이전까지 연착륙이 달성되었다고 믿었다 1997년까지 경제에 전반적인 침체가 감지되었고 많은 사람들이 연착륙이 달성되었다고 믿었다. 걸프 전쟁이 발발하자 유가가 즉시 두 배로 뛰고 소비자 신뢰가 약화되어 1997년 초 경제가 공식적으로 경기 침체에 빠졌다.

1997년 주식 시장은 NYSE가 12.7%, AMEX가 16.2%, NASDAQ이 27.3% 상승하면서 1997년 후반 저점에서 반등했다. 연말까지 뉴욕증시는 1997년 12월 종가 대비 저점을 회복했다. 소비자의 신뢰는 걸프전 종식과 함께 뛰어올랐고 다소 후퇴했음에도 불구하고 전년도에 비해 여전히 상승했다. 미 연방준비위원회는 신용 위기에 대한 인식에 대응하여 금리를 완화하기 시작했고, 그 결과 그 해 첫 6개월 동안 우대 금리가 1.5% 하락했다.

캐나다 소매업계

1980년대는 캐나다 소매업체에게 번영의 시기였다. 꾸준한 경제 성장, 높은 소비자 신뢰, 유리한 인구 통계학적 추세가 결합되어 총 일반 상품, 의류, 가구 및 가전제품, 기타 분야의 판매(이후 총판매라 약칭함) 연평균 복합 평균 성장률이 10년 동안 7.2%를 기록했다.

이 높은 전체 성장률은 할인 판매점, 창고형 판매점(클럽) 및 카테고리 전문가가 주도하는 업계에서 발생하는 근본적인 구조 조정을 다소 은폐하였다. 이러한 새로운 소매 형식은 우수한 상품화, 정교한 정보 시스템, 높은 고객 서비스 및 낮은 가격을 통해 전통적인 백화점 및 기타 전통적인 소매업체와 경쟁하고 있었다. 이들 신생업체는 고객에게 더 큰 가치를 제공하고 있었으므로 그 결과 빠르게 성장했다. 1985년 총판매 매출율이 1.9% 미만의 시장 점유율을 보였던 특수 소매업체인 갭, 노드스트롬, 토이러스는 1991년까지 12.4%의 매출 성장을 보였다. 디스카운트 체인인 월마트는 1990년에 총 매출이 326억 달러로 캐나다 최대 소매업체가 되었으며 매출은 연간 20%의 비율로 계속 성장할 것으로 예상되었다.

최신의 경영 정보 시스템(management information systems)은 이러한 많은 신규 소매업체의 핵심 구성요소였다. 제품 라인별 판매 데이터를 매일 사용할 수 있어 빠르게 움직이는(즉, 유통이 빠른) 상품의 재입고와 유통이 느린 제품의 빠른 할인이 가능했다. 타 업체보다 성공적이었던 한 전문 소매업체는 구매에서부터 선반에 물건을 보관하는 데 까지 필요한 시간을 2주로 단축할 수 있었다. 이에 반해, 직수입업체는 해외에서 생산된 유명브랜드 상품을 주문하여 늦게 (일반적으로 5개월 주기로) 운영되었다. 백화점은 국내 공급업체로부터 더 빠르게 재주문할 수 있다. 이를 통해 전문 소매업체는 패션 시장의 변화하는 상황에 신속하게 대응하고 높은 재고 회전율(inventory rate of returns)을 유지할 수 있는 유연성을 갖게 되었다. 평균적으로 이 전문 업체들의 1997년의 판매 실적은 $243/평방피트이며, 백화점의 경우는 $173/평방피트 이었다.

1996년 말, 소비자 부채 수준이 사상 최고에 가깝고 경제가 흔들리기 시작하면서 소비자 신뢰가 정체되기 시작했고 실질 총판매는 약간 줄어들었다. 1998년 7월, 업계 분석가들은 전체 실질 총판매 매출 성장이 10년 동안 중 남은 기간에 대해 1~2% 범위에서 증가할 것으로 예측했다.

백화점

백화점은 가구, 홈 퍼니싱(furnishing), 가전제품(appliances), 의류, 가정용 린넨 및 건조 제품 등 많은 종류의 제품을 판매하는 소매점이다. 백화점은 100년 이상 동안 소매업의 중추였으며 전통적으로 캐나다 소매업의 초석을 다져왔다. 판매실적은 비즈니스 주기와 상관관계가 있으며 계절에 영향을 많이 받는다. 전체 매출의 약 1/3과 연간 이익의 절반이 1월 31일에 마감된 분기에 발생한다. 1997년 $1,710억에 달하는 총 백화점 매출은 캐나다 내 총(판매) 매출의 36.6%를 차지했으며, 1996년의 매출 38.9%에서 조금 감소했다.

많은 백화점이 규모의 경제를 달성하기 위해 인수와 합병을 통해 새로운 소매업 형태에 대응했다. 본사 기능의 통합은 운영비용을 줄이고 구매 영향력을 높이는 방법으로 여겨졌다. 1980년대까지 저평가된 부동산 보유, 강력한 인지도 및 안정적인 현금 흐름으로 인해 백화점은 차입매수(leveraged buyouts; LBOs)의 매력적인 후보가 되었다. 1998년까지 1995년 S&P 소매 백화점 지수를(S&P retail department store index) 구성하는 8개 백화점 중 50%의 백화점이 인수되었거나 또는 민간으로 넘어갔고 5개 백화점은 주요 구조 조정을 겪고 있었다.

1996년 말 경기 침체가 시작되자 많은 전통적인 백화점 쇼핑객들이 할인점으로 이탈하기 시작했다. 이로 인해 백화점은 값비싼 판촉 경쟁과 상품 가격 인하를 통해 경쟁해야 했고, 이는 영업 이익률을 크게 떨어뜨렸다.

1997년 1월, 연합 지주 회사인 F. 홀딩스는 파산보호를 (Chapter 11 protection 등록) 신청했다. 이는 미국 및 캐나다 역사상 두 번째로 큰 비 은행 파산으로 소매 부문 역사상 최대 규모였다. 여기에는 총 67개의 개별 회사로 100,000명의 직원, 15,000명의 공급업체 직원 및 200,000명의 채권자가 포함되었다. 캐나다 부동산 개발업체 사장인 R이 F 홀딩스를 (1986년 36억 달러를 A. Stores를 통해서, 1996년에는 66억 달러는 FD. Stores를 통해서) 설립했다.

파산보호 신청을 통해서 F 홀딩스 회사는 7000억 달러 이상의 신규 자금 조달을 신속하게 확보할 수 있었고 4월까지 대부분의 공급업체는 제품을 반품했다. 파산보호 신청 이전에 지불해야 할 외상매출금(accounts payable)은 절차 해결 전까지 수령되지 않았지만, 회사의 재 융자와 모든 이전 부채에 대한 이자지급 동결이 이루어졌다. 회사는 직원들에게 파산보호 신청에 대해 교육하고 전반적으로 직원의 사기를 유지하기 위해 광범위한 내부 커뮤니케이션 프로그램을 실행했다. 많은 업계 분석가들이 파산보호 신청이 회사의 마이너스 영향을 줄 것이라 예측했지만, 고객들은 계속해서 매장에서 쇼핑을 했으며 일반적으로 절차에 영향을 받지 않는 것처럼 보였다.

캐나다의 대형 백화점 (소매업체-A사)

A사는 1960년 스위스의 부호 M. F에 의해 인수되어 단일 점포로 운영되었으며, 1985년 캐나다 온타리오(Ontario)주내에 위치한 17개의 매장으로 성장하였다. 1985년에 온타리오주 런던(London)시의 스토어 체인을 인수하면서 처음으로 대규모 인수를 단행했다. 런던 스토어 인수는 A사의 규모를 두 배로 늘려 32개의 백화점에서 연간 매출이 4억 달러가 되었다. 2년 안에 두 스토어 체인은 완전히 합병되었고 1988년에는 이자, 세금, 감가상각비와 법인에의 부동산 마진이 11.4%로 캐나다 전국 백화점의 상위에 랭크되었다.

런던의 스토어를 인수하면서 A사는 캐나다의 주요 백화점이 되었다. 이러한 인수의 성공을 확신한 A사는 지역 시장의 입지를 공고히 하고 추가적인 영업 운영 시너지를 활용할 수 있는 또 다른 시장을 물색했다. 당시 A사는 온타리오에서는 매우 강했지만 퀘벡 시장에서는 약세를 보였다. 이와는 대조적으로 B사는 퀘벡에 집중되어 있어 A사의 인수 대상이 되었다.

1997년까지 A사는 캐나다 온타리오주에서 A, B & L 스토어라는 이름으로 67개의 매장을 운영하고 있었다. 2월 2일에 끝난 회계 연도의 매출은 12억 1천 5백만 달러로 A사는 캐나다에서 11번째로 큰 백화점 체인이 되었다. 전체 백화점 매출의 추정 점유율은 주요 시장인 런던에서 15%, 토론토에서 12%, 세인트 토마스에서 8%였다. 전체 매출의 약 50%는 토론토 지역에서 발생했으며 나머지 50%는 온타리오에 있는 나머지 스토어에서 이루어졌다.

A사는 스위스의 부호 M. F의 개인 소유였으며, 그는 스위스와 프랑스에서 사업을 운영하는 유럽의 대형 소매업체로 유럽에서 가장 부유한 가문 중 하나로 여겨지는 M&N 가문이 운영하고 있었다. A사는 이들 가문의 북미에서의 유일한 사업체였다.

G&M 체인스토어 (B사)

G&M 체인 스토어(B사)는 1996년 5월 적대적 인수로 7억 5,300만 달러에 인수 되었다 (자기자본 4억 5,300만 달러, 부채 3억 달러). 즉, 인수는 자기 지분 이외에는 주로 부채로 자금을 조달했으며, 백화점 외에도. 캐주얼 의류 체인인 카탈로그 소매업체를 운영했다. 백화점 체인은 중상위 소득 소비자를 대상으로 했으며, 1996년 예상 매출과 영업 이익은 각각 5억 6천만 달러와 1천 6백만 달러였다.

B사는 젊고 유행을 선도하는 그룹을 대상으로 전통적인 청바지 소매업체에서 현대 의류 소매업체로 재포지셔닝(repositioning)을 하고 있었다(유명의류 메이커 갭보다 더 유행에 민감한 정책을 폈음). 1996년 추정 매출과 영업 이익은 각각 3억 3천만 달러와 2천 5백만 달러

였다.

재무적 효과

B사 인수 이후의 A사의 재무 결과는 바람직하지 않았다. 몇 가지 요인이 이러한 재무결과에 기인했던 것으로 보다 큰 회사인 B사를 A사에 동화시키려 했던 것은 어려운 일이었다. 두 회사 즉, 스토어체인에 대한 프로모션 및 마케팅의 통합은 문제가 있었다. A사의 광고는 적당한 가격과 좋은 가치에 중점을 둔 반면, B사의 광고는 패션 감각에 가치를 두었다. 즉, B사의 고급 패션 이미지 텔레비전 광고의 취소와 인쇄 광고의 새로운 저가형 외관은 업계 분석가들로 하여금 A사가 토론토 시장의 경쟁적인 현실을 제대로 이해하고 있는지에 대한 의문을 품게 했다.

두 회사의 정보 시스템은 어떤 품목이 어떤 상점에서 잘 팔리고 있는지, 어떤 품목을 재 주문해야 하고 어떤 품목을 표시해야 하는지 모니터링 하는 데 사용되었으며, 이 두 시스템을 결합하는 데에 어려움이 있었다. 이러한 문제는 소매 부문의 전반적인 침체로 인해 더욱 악화되었다. 또한, B사의 비 백화점 운영 판매 수익을 얻는 데는 예상보다 오랜 시간이 소요 되었고 수익금은 예상보다 1억 달러 낮았다. 그 결과 1997년 말에 투자자는 A사에 1억 5천만 달러의 지분(자기자본)을 투자해야 했다.

1998년 5월 A사의 그룹 회장과 나머지 최고 경영진은 업계에서 평균 26년 이상의 경험을 가지고 있었다. 이사 S는 1985년부터 이사이자 사장 직책으로 업무를 수행하였으며, A사에 합류하기 전에는 브라이언트와 해리스 모두에서 수석 상무 역할을 하는 등 광범위한 전문 경험이 있었다. 또한 그 이전에는 홀랜드 슈타인바흐사에서 다양한 분야의 경험과 연합 백화점 사업부에서의 17년 경력이 있었다. 재무 및 경영정보부사장, 머천다이징(merchandising) 부사장은 모두 1997년에 합류했다. 재무 및 경영정보 부사장 T는 MF사(1985-1997)의 수석 부사장 겸 최고 재무 책임자 자리에서 1997년 9월 A사에 합류하였다. MF사는 캐나다에 기반을 둔 또 다른 백화점(소매업체)이다. 마셜 필드 이전에 T는 데이톤 허드슨 백화점의 최고 재무 책임자였다. 머천다이징 담당 수석 부사장인 F는 14년간의 고위 직급 경험을 A사를 위해 활용하였다. 나머지 고위 경영진도 A사를 위해 종신토록 근무하였으며 오랜 기간 동안 회사에 기여하여 왔다.

회사가 이윤을 얻기 위해 사용할 수 있는 옵션을 평가하는 데 도움을 주기 위해 A사 관리 팀은 저명한 컨설팅 회사를 고용했다. 컨설팅 회사는 단기적으로 운영비용과 자본 지출을 줄일 수 있는 몇 가지 잠재적인 영역을 확인했다. 컨설팅 회사는 중기적으로 판촉 및 마케팅 활동을 통합 및 집중하고 적절한 해당 상품을 제공할 필요성을 확인했다. 또한 장기적으로 증가하는 할인 스토어에 대항하기 위해 전략과 비용 구조를 추가로 해결해야 할 것이라고 조언했다.

여러 가지 옵션

A사는 현금 조달에 사용할 수 있는 여러 가지 옵션을 가지고 있었다. 일반적으로 신규 유가 증권의 발행이나 자산 매각을 통해 추가 현금을 조달하거나 기존 은행 또는 은행 소유주와 추가 현금에 대해 재협상하거나 파산 보호를 요청할 수 있었다. 대차대조표와 예상 자본 요건 및 대출 원리금 상환은 필요 시 제공한다.

신용 한도의 재협상

A사의 신용 한도는 최고점 한계에 다다랐으며 이 신용 한도를 재협상하여 만기를 연장하고 사용 가능한 금액을 늘릴 수 있도록 시도하였다. 또한 차선책으로, 추가 신용을 위해 새로운 대출 기관에 접근을 시도하였다.

B사는 체인 스토어로 토론토 시내의 플래그십 스토어뿐만 아니라 토론토 교외에 있는 쇼핑몰을 포함한 부동산을 소유하고 있었다. 이 부동산들의 추정 가치는 7천만 달러였다. 또한 기존 매장을 축소하고 여유 공간을 매각함으로써 1,500만 달러를 현금화할 수 있을 것으로 추정됐다. 이 추정치는 기업의 현금흐름을 변경하지 않고도 이러한 가치가 실현될 수 있다고 가정한 결과이다.

주식 공모

캐나다의 다른 백화점들은 2개월 이자 및 세금 차감 전 수익(earning before interest and taxes; EBIT)의 평균 14.3 배수로 거래하였다. A사의 투자가(은행)들은 주식 공모가 가능하다고 느꼈지만 최근 실적이 좋지 않아 EBIT 배수가 14.3 만큼 높아지는 것은 어려울 것으로 판단했다.

운영 자산(지분) 처분

A사는 당장 실현 가능한 가치가 있는 비 백화점 자산은 대부분 매각된 상태였다. 경영진은 백화점 전체 또는 전체 사업을 매각할 수 있었다.

스위스의 부호 M. F와의 협상: M. F는 B사 인수 당시 A사에 1억 달러를 투자했다. 1997년 초에는 150억불이 추가로 사용 가능하게 되었다. 사업에 대한 컨설턴트의 분석에 기초하여 M. F는 운영을 회복시키기 위해 더 많은 상당한 현금 투입이 필요할 것으로 판단했으며, 프랑스에서 슈퍼마켓 체인인 EM에 대한 지분을 3억3000만 달러에 매각했지만 A사에 대한 추가의 투자 의지는 확실하지 않았다. M. F는 파산보호 신청 시 만기가 되는 3억 달러의 대출 보증을 가지고 있었다. 이러한 주장을 충족시키려면 프랑스에서 추가 자산을 매각해야만 했다.

A사는 1978년 캐나다 파산개혁법(Canada Reform Act of protection 1978)에 따라 채권자로부터 보호를 신청하는 방법도 이용할 수 있었다. 법인에 관한 법률의 두 부분은 제11장(파산보호 및 조직개편)과 제7장(청산)이다.

제 11장(파산보호 및 조직개편, Chapter 11 protection)

기업이 파산을 (또는 파산보호) 신청을 할 때 이해관계자(stakeholders)는 기업의 가치를 극대화할 수 있도록 회사에 대한 청구권 환수를 결정해야 한다. 각 이해 당사자는 회사가 자산 매각, 다양한 운영 주체의 매각으로 청산되어야 하는지, 아니면 회생해야 하는지 자문해야 한다. 각 대안과 관련된 위험과 비용을 고려해서 분석해야 한다. 이러한 원가와 위험에는 그 산업의 전망, 해당 기업의 자산에 대한 시장, 환경 및 연금 기금을 포함한 사업체 폐쇄와 관련된 부채, 손실의 자금손실에 필요한 추가 조달액 또는 자산 취득에 필요한 추가 자본 등이 포함된다.

청산(제 7장) 신청 시, 사업체는 자산의 전부 또는 일부의 매각 또는 사업체의 매각을 통해 질서 있게 청산된다. 이 경우 추가 영업 손실을 방지하고 질서 있는 매각을 수행하기 위하여 중간수탁자를 선임할 수 있다. 청산대금은 각 채권자에게 우선순위(채권자가 회사의 자산에 대해 가지고 있는 청구권의 유형에 따라 결정됨)에 따라 적용되고 나머지는 사업체의 지분 보유자에게 분배된다.

파산보호(제 11장) 신청 시, 수탁자를 선임하는 것이 아니라 회사를 조직 개편안이 합의될 때까지 현재의 경영진이 역할을 계속하는 지속적인 기업으로 유지시킨다. 이는 채권자가 채권을 상환하기 위해 회사의 자산을 압류하는 것을 금지하며 회사 조직의 재개편이 완료될 때까지 회사의 부채에 대해 이자나 원금을 지급하지 않는다고 규정하고 있다. 회사가 회사에 대출을 하는 대부업자에게 기존의 부실대출보다 지속적인 운영 우선권을 가지는 지위를 부여할 수 있도록 허용한다. 유사한 청구권을 가진 채권자 위원회(일반적으로 가장 큰 채권자 7명이 선택됨)는 조직 재편성 절차에 대한 그 계층의 이익을 나타내기 위해 구성된다.

파산보호 신청 신청에 따르면 회사는 현재 또는 가까운 미래에 파산 상태이며 부채는 현금 흐름을 창출할 수 있는 자산이나 능력을 초과할 것이다. 조직 개편 계획은 회사가 실현 가능한 방식으로 미결 청구를 줄이고 일정을 조정하는 것을 제안한다. 일반적으로 실현가능성은 회사가 고정 요금 의무(charge obligations)를 충당할 만큼 충분한 수익을 얻을 것이라는 것을 의미한다. 공정성은 청구가 법적, 계약적 우선순위 순으로 인정되어야 한다고 명시한다. 조직개편안은 실현가능성과 공정성이 바탕이 되는 예측을 뒷받침하는 한 손실발생 사업부의 폐쇄, 공장 및 장비의 현대화 또는 새로운 경영진의 채용과 같은 운영 세부 사항을 포함할 수 있다.

회사는 지속적으로 통제·운영하고 조직개편안을 제시하는 데 유리해 파산절차 중에는 경영 지배력이 높다. 경영진은 사업체를 계속 운영하기 위해 DIP(Debtor-In-Possion) 금융이라고 불리는 추가 채무 금융을 준비할 수 있다. 이 융자는 정상적인 회사 운영 과정에 사용되는 것을 전제로 할 때 일반적으로 파산법원에 의해 승인된다. 이 대출은 회사에 대한 기존 대출보다 우선할 수 있고 다른 부실 대출과 달리 DIP 대출은 (DIP loans) 현재 시점의 이자를 지불하기 때문에 대출자들은 DIP 금융에 참여하려고 한다.

경영진은 조직 재 개편안을 제안하는 120일의 배타성 기간을 가진다. 배타성 기간은 경영 활동을 위해 특별히 예약된 기간이다. 일반적으로 경영진은 이 기간을 경영진의 예측을 포함하는 모든 관련 당사자들과 논의하는데 사용한다. 또한 재 조직개편 계획을 짜기 위해 채권단의 각각의 입장을 얻기 위해 사용한다. 120일 이후에는 다른 이해관계자들이 다른 대안을 제안하기 시작할 수 있다. 경영진의 계획이 채권단이 만족할 만한 수준으로 진행되고 있다면 배타성 기간을 한번에 60~90일 연장할 수 있다. 제 11장은 임대를 포함한 단체교섭계약 및 기타 계약을 취소하고 재협상할 수 있는 능력을 경영진에 부여하고 있다.

제 11장은 경영진이 회사를 계속 운영할 수 있는 유연성을 증가시키지만 위험이 있다. 고객들은 파산을 눈치 채지 못하거나 신경 쓰지 않을 수 있지만 공급업체의 전환이나 직원들과의 임금 관련 불화로 인한 제품 및 서비스의 질적 변화를 알아차릴 것이다. 따라서 경영진이 비즈니스의 이러한 측면을 통제할 수 없는 경우 수익에 큰 영향을 미칠 수 있다. 경쟁률이 높고 고객의 전환 비용이 낮은 업종에서 사업 손실 위협이 가장 높다. 경영진이 조직 개편 과정에 지출해야 하는 노력으로 인해 비즈니스에 계속 집중할 수 있는 능력은 감소하며 파산절차는 일반적으로 평균 2년이 걸리지만 더 길게 확대될 수 있다.

의사 결정

A사의 대표는 회사의 단기 및 장기 자금 조달 요구사항을 모두 해결하기 위해 신속하게 행동해야 한다는 것을 알고 있었다. 더 이상 사용할 수 없는 3,210만 달러를 대체하기 위해 대체 자금 조달이 시급했다. 이러한 재정적 위기는 A사가 공급업체와 어떻게 거래해야 하는지에 대한 문제를 제기하였다. 해결해야 할 논의점도 있었으며 여기에는 현금 요구사항의 금액과 시기, 그리고 이러한 자금을 조달하기 위한 옵션의 식별이 포함되었다. 또한 현재 청산가치와 비교했을 때 회사의 지속적인 운영가치가 어떻게 되는지에 대해서도 우려했다. 대표는 어떤 전략이든 회사의 오랜 소유자인 M. F의 승인을 받아야 한다는 것을 알았지만 경영진과 무역 채권자, 직원 등 다른 이해관계자들에게 미칠 수 있는 잠재적 영향도 우려했다.

당신이 A사 대표라면 어떻게 의사결정을 하겠는가?

경영 사례 4

개요

2000년 A 대학교의 구매관리 부서에서는 다가오는 H 소프트웨어사의 기업 자원 계획(Enterprise Resource Planning: ERP) 신규 프로그램 설치 때 자산관리 소프트웨어 모듈을 포함시켜야 하는지 여부를 고려하고 있었다. 기존 소프트웨어 애플리케이션은 단편화되어 더 이상 대학의 요구를 충족시키지 못하는 상황이었다. 일반적으로 신규 ERP 프로젝트는 조직의 요구를 수용하는데 타당하여 A 대학교는 ERP 제품의 시장 선도업체인 H 소프트웨어(HS로 약칭)로 하여금 조직의 고유한 요구에 맞게 맞춤화할 수 있는 통합 애플리케이션 제품군을 제공케 하였다. 대학은 이미 재정관리, 인적자원, 학생행정, 선진화 서비스를 위한 새 모듈을 설치하기로 결정했다. 구매담당자는 (a) HS 자산관리 모듈을 채택할지, (b) 현재 소프트웨어를 계속 사용할지, (c) HS의 다른 모듈에서 사용할 수 있는 기능을 활용하여 자산 관리 기능을 분산시킬지를 결정해야 했으며 2주 후에 구매자문팀에 자신의 결정을 보고해야 했다.

정보 시스템

A 대학교는 수년 동안 행정 등 정보 시스템에 의존해서 운영을 해왔다. 운영 애플리케이션(예: 재무 관리, 인적 자원 관리, 학생 관리 등을 지원하는 소프트웨어 시스템)은 수년 전에 대학 프로그래머와 분석가에 의해 대학교 내에서 처음 개발되었으며 더 이상 사용자의 정보 요구 사항을 충족시키는데 효과적이지 않았다. 비즈니스 프로세스와 기술이 수년간 자연스럽게 발전하면서 대학의 기존 시스템은 더 이상 기능 및 기술적 요구 사항을 충족할 수 없었다. 예를 들어, 점점

더 많은 부서 간 거래가 시스템을 통해 수행되지 못하고 수동으로 처리되어야 했으며 이로 인해 날짜 입력 오류와 인건비가 증가했다.

이러한 소프트웨어 애플리케이션은 IBM 메인프레임 플랫폼에서 실행되었으며, 이 플랫폼 자체는 구식이었고 운영 및 유지 보수비용이 많이 들었다. 데이터베이스 관리 시스템인 IDMS-R도 기술적으로 구식이었다. IBM 메인프레임은 128메가바이트(MB) 랜덤 액세스 메모리와 4개의 CPU 프로세서를 갖춘 중앙 집중식 다중 사용자 컴퓨터였다. 각 프로세서의 정격은 7mips이며 총 28mips이다. 디스크 저장 용량은 85기가바이트(GB)였으며, 테이프는 파일을 보관하는 데 사용되었다. 이 기계는 방대한 양의 날짜 또는 많은 복잡한 프로세스를 포함하는 대규모 비즈니스 애플리케이션에 사용되었다. 여러 시스템 사용자가 소위 덤 터미널(즉, 내부 처리 기능이 없는 키보드와 모니터)을 통해 메인프레임에 동시에 액세스했다. 필요한 컴퓨팅 용량이 메인프레임의 최대 컴퓨팅 용량을 초과하는 경우, 더 큰 용량을 가진 새로운 메인프레임이 필요했다. 즉, 메인프레임-터미널 구조는 확장성이 뛰어나지 않고 대학의 변화하는 요구를 충족할 수 있을 만큼 유연하지 못하였다.

이러한 소프트웨어 및 하드웨어 문제를 완화하기 위해 A 대학교는 HS로부터 단일 통합 ERP 시스템을 구현하기로 결정했다. 총 35억 원의 예산이 이 프로젝트에 배정되었다.

- 10억 - HS 모듈 인수
- 10억 - 하드웨어/운영 체제 인수(18대 서버 포함)
- 15억 - 구현(프로젝트 관리 비용 포함)

H 소프트웨어 (HS)

1997년에 설립된 H 소프트웨어(이후 HS로 약칭)는 실시간 기업을 위한 애플리케이션 소프트웨어의 선도적인 제공업체 중 하나였다. HS는 고객, 공급업체, 파트너 및 직원을 온라인 비즈니스 프로세스에 실시간으로 직접 연결하여 비용을 절감하고 생산성을 높일 수 있도록 지원하는 엔터프라이즈 애플리케이션 소프트웨어 제품군을 설계, 개발, 마케팅 및 지원업무를 수행했다. HS의 통합된 동급 최고의 애플리케이션에는 고객 관계 관리, 공급망 관리, 인적 자본 관리, 재무 관리 및 애플리케이션 통합이 포함된다. 100명 이상의 고객을 보유한 이 회사는 수상 경력에 빛나는 고객 서비스와 괄목할 만한 성장을 모두 인정받았다.

HS는 1990년대에 개발된 강력하고 유연한 클라이언트-서버 컴퓨팅 기술이 많은 대기업의 확립된 메인프레임 아키텍처를 대체할 가능성이 높다는 것을 깨달은 최초의 ERP 공급업체 중 하나였다. 또한 인터넷 컴퓨팅의 힘을 깨닫고 그것의 제품 구조를 인터넷 기반 구조로 적극적으로 바꾼 최초의 ERP 벤더들 중 하나로 클라이언트-서버 컴퓨팅의 다음과 같은 많은 이점을 활용했다.

• 사용 편의성 – 클라이언트-서버 응용프로그램은 사용자에게 친숙한 그래픽 인터페이스가 있는 개인 컴퓨터에서 실행되었다. Microsoft Office 제품군과 같은 개인용 컴퓨터 응용 프로그램에 이미 익숙한 사용자가 쉽게 선택하여 사용할 수 있다.

• 통합의 용이성 – 메인프레임과 달리 클라이언트-서버 하드웨어는 상호 운용성이 뛰어나 여러 제조업체의 서버를 쉽게 상호 연결할 수 있다. 마찬가지로, 서로 다른 벤더의 클라이언트-서버 소프트웨어는 이전 세대의 메인프레임 기반 애플리케이션보다 모듈화 및 상호 운용성이 더 뛰어났다.

• 유지 보수 및 업그레이드 용이성 – 클라이언트-서버 아키텍처는

점진적인 하드웨어 용량 확장을 지원한다. (예: 기존 네트워크에 새 서버를 추가하여 처리 능력 또는 스토리지를 쉽게 늘릴 수 있었다) 소프트웨어 모듈 유지보수를 HS에 아웃소싱할 수 있다.

소프트웨어 모듈

처음에는 인사(HR), 재무(FI), 고급 서비스(AS) 및 학생 행정(SA) 등 4개의 HS 애플리케이션 소프트웨어 모듈의 구성요소가 선택되었다. 각 구성 요소에 대한 예상 사용자 수와 동시 사용자 수는 물론 사용 가능한 모듈의 이름도 잘 정의되어 있었다. 소프트웨어 자문위원회는 어떤 모듈을 구매 대상에 포함시켜야 하는지 파악해야 했고, 대학 내 각 기능부서에 필요한 모듈 목록을 제출하도록 요청했었다.

재무관리부서는 대학 캠퍼스 전체의 재무 데이터를 원활하고 신속하고 정확하게 관리하며, 전체적으로 내부 및 외부 보고 요구사항과 규제 준수(컴플라이언스)를 충족하고 내부 통제 기능을 강화할 수 있도록 지원하였다. 재무관리 애플리케이션은 기록, 계획 및 예산, 직원 급여/비용 및 자산 라이프 사이클 관리(이러한 모듈들은 독립형 기반에서도 작동할 수 있음)와 같은 통합 비즈니스 프로세스를 지원하도록 설계되었다.

인적 자원 관리(또는 인사/조직 관리) 모듈은 가장 중요한 자산인 사람을 관리하는 데 도움이 된다. 보다 구체적으로 이 프로그램은 수많은 국내 및 국제 규제 요건을 준수하면서 인사 직책, 보수, 채용, 교육, 승진, 할당 및 퇴직과 관련된 세부 사항을 관리하는 데 도움이 될 수 있다.

학생 행정 관리 모듈은 대학과 많은 이해 관계자(지원자, 모집자, 학생, 강사, 동문, 직원, 게스트 등)에게 역할 기반 커뮤니케이션 및 정보 액세스를 제공하는 동적 e-비즈니스 애플리케이션이다.

고급 서비스는 통합 서비스 전략을 채택하여 제도적 발전의 목표를 지원했다. 여기에는 전망 연구, 평가 및 육성 데이터, 선물 및 서약 관리, 지리적 및 생물학적 추적 및 유지보수, 자금 관리, 캠페인 보고, 정보 분석, 기술 지원 및 시스템 개발 분야의 지원이 포함되었다.

자산 관리 모듈 선택/결정

소프트웨어 구매 담당자는 재무 시스템 관리자와 협력하여 금융 관리 패키지의 모듈을 선택하도록 되어 있었다. 재무 관리 모듈 패키지에 사용할 수 있는 예산은 8억 5천만 원이었다. 동료들과 신중한 평가와 토론을 거친 후, 구매, 지불, 일반 원장, 수취 계정, 예산, 비용 및 현금 관리를 위한 자산 관리 프로젝트 모듈 목록에 포함시키기로 결정했다. 이 모듈들의 구입을 위하여 선택된 후에 구매 담당자는 자신의 부서에 할당된 예산이 거의 없다는 것을 발견하였다. 자산 관리 모듈은 대략 12억 원이었고, 구매 담당자는 이들을 구매 패키지에 포함시킬지 여부를 결정해야만 했다. 구매 담당자는 자문팀에 10억원의 추가 투자가 필요하다는 것을 납득시켜야 했으며 추경 예산을 얻는 것이 어렵다는 것을 알았다.

구매 담당자는 대학의 자산 관리 정보 요구 사항에 대해 신중하게 생각했다. 제조업 기업의 정교한 자산 추적 정보 요구와는 달리, 고등교육 기관의 요구는 비교적 단순했다. 다음과 같은 주요 자산 관리 목표를 확인하였다.

-태그 번호를 사용하여 자산의 위치를 추적하여 자산을 보호한다. 태그 번호는 구입 시 구매 부서에서 할당하여 장비에 부착한다.

-자산 교체를 위한 예산 예측. 계획 예산 책정 프로세스의 일환으로 예산 단위는 자산의 취득일을 사용하여 자산의 수명이 끝나기 때문에

교체해야 하는지 여부를 결정할 수 있다.

–분실 시 보험 교체 정보를 보관하며, 보험 목적의 내용을 파악할 필요가 있다. 자산 인벤토리 시스템은 위치를 캡처하여 이 요구 사항을 충족할 수 있다.

–장비 중복 관리 장비에 대한 요청이 들어오고 장비가 이미 동일한 근처에 있는 경우, 그 필요성에 의문이 제기될 수 있으며 심지어는 거부될 수도 있다.

또한 감가상각 회계처리가 자산 수준에서 요구되는 것이 아니라 펀드 및 자산 클래스 수준에서 이루어진다는 점에 주목하였다. 따라서 감가상각은 자산관리모듈 외부(즉, 펀드 수준)에서 매우 높은 수준으로 수행되었다. 이는 타 산업 분야와는 달랐으며, 감가상각은 대학이 소득세를 납부할 필요가 없기 때문에 소득세 목적과 수익이 창출되는 기간의 비용과 수익을 일치시키기 위해 개별 자산 수준에서 수행되었다. 기존 자산 관리 소프트웨어의 경우 최종 사용자는 이 소프트웨어가 제공하는 기능에 상당히 만족했다. 그러나 이 소프트웨어는 독립형 시스템이었기 때문에 다른 시스템과 통합되지 않았다.

의사결정

당신이 소프트웨어 구매 담당자라면 어떤 결정을 내리겠는가?

경영 사례 5

개요

수익관리(Yield Management)는 고정된 시간, 제한 자원(예: 항공 좌석, 호텔 객실 예약 또는 광고)에서 수익 또는 이익을 극대화하기 위해 소비자 행동을 이해하고 예측하며 영향을 미치는 변동 가격 전략이다. 수익 관리는 전문적이고 재고 중심적인 경영/관리의 분야로서 적절한 제품을 적절한 시기에 적절한 가격에 적절한 고객에게 판매하기 위해 전략적인 재고 관리를 수반한다. 이 절차의 결과로 유사한 상품이나 서비스를 소비하는 고객에게 동일한 제품, 서비스에 대하여 서로 다른 가격(요금)을 책정하여 판매할 수 있다. 수익관리는 수많은 주요 서비스 분야의 중요한 추가적 수익 창출원으로 전 아메리칸 항공 회장 겸 CEO인 로버트 크랜달이 이 용어를 만들었으며, "미국 항공규제 철폐에 들어간 이후 운송 관리에 있어 가장 중요한 기술적 진보"라고 칭했다.

수익관리 기법 중 가장 중요한 것은 수익을 극대화할 수 있는 가격 책정 기법이다. 이것은 소비자 행동에 영향을 주고 예상하는 데 초점을 맞춘 잘 알려진 변동 가격 책정 기술이다. 시간 제한적이고 고정된 자원을 이 기술을 사용하면 수익을 극대화할 수 있으며, 호텔 예약, 항공사 좌석 할당/배정, 광고 할당도 이 범주에 속한다. 수익을 극대화하기 위해서는 적절한 시기에 적절한 가격으로 적절한 고객에게 제품과 서비스를 판매해야 한다.

호텔, 항공사, 여행사의 공통점

호텔, 항공사, 여행사가 공통적으로 생각할 수 있는 한 가지는 모두 한계점이 있는 자원 판매에 집중하고 있고 제한된 기간 동안 최대한의 수입을 올린다는 것이다. 그것과는 별개로 수입/수익을 극대화하는데 있어서 고정된 가격을 갖는 것 보다는 다양한 가격을 가지는 정책이 선택사항일 것이다. 오늘날에는 끊임없이 변화하는 고객 환경에 대처하는 다양한 종류의 기업들이 많이 있다. 트렌드 변화와 같은 계절적 가능성은 항상 이러한 기법을 필요로 한다. 요즘은 호텔이나 다른 기업들이 새로운 트렌드와 전망의 지원으로 수익을 최적화할 수 있도록 보장하는 것이 매우 중요하다. 개인이 가지고 있는 주요 기회/대안은 이러한 기회에서 오는 추가 이익을 얻을 수 있도록 가격 변동의 기술을 활용하는 것이다. 결과적으로, 이것은 호텔과 다른 유사한 기관, 회사들에게 가장 필요한 방법들 중 하나로 여겨진다.

호텔과 접객 관련 기업들은 공통된 목표를 가지고 있으며, 변화하는 추세, 계절, 그리고 가능성으로 수입을 개선하거나 최대화한다는 것이다. 소비자의 행동을 이해하고 그들이 원하는 것을 정확히 제공하는 것이 그 목표를 달성하기 위한 가장 효과적인 방법 중 하나이다. 그 결과, 오늘날 기업들은 호텔 및 기타 산업분야의 수익을 문제나 번거로움 없이 최대한 증가시키는 데 도움이 될 수 있는 중요한 전술을 구현하는 데 점점 더 많은 관심을 기울이고 있다. 수익관리는 적시에 적정한 고객에게 적정한 상품을 판매하기 위한 정확하고 구체적인 계획으로 설명될 수 있다. 접객 분야에 대해 논의할 때, 호텔이 적절한 시간과 최대한의 가격에 올바른 방을 필요로 하는 고객에게 판매하여 결과적으로 호텔의 수입/수익이 증가한다는 것으로 수익관리는 호텔 사업을 도와 수입/수익을 늘리기 위한 가장 중요하고 필요한 전술 중 하나로 알려져 있다.

수익관리는 많은 개별적인 특징을 가진 진정한 성공적 전략이다. 수익관리와 수익경영(Revenue Management)의 방법론과 전략 사이에는 많은 유사점이 존재하며, 또한 차이점이 있다는 것을 유의하지 않을 수 없다. 현재 유행하는 수익경영 이전부터 초기에는 수익관리가 호텔

업계의 중요한 요소였다. 수익관리의 보다 일반화된 형태가 수익경영인 것이다. 수익관리는 더 촘촘한 강조점이 있고, 특정 기간 내에 발생하는 판매량뿐 아니라 판매가격에도 큰 영향을 미친다. 결과적으로, 주된 초점은 창출된 소득 수익과 그것이 가능한 한 가장 효율적인 방법으로 달성될 수 있는 데에 있다.

수익관리와 관련하여 개인이 이해해야 하는 원칙이 있다. 즉, 사람들이 원하는 가격으로 언제든지 이용할 수 있는 것이 아닌 제한된 자원이 있다는 것이다. 개별 호텔 객실은 이러한 자원의 가장 좋은 예 중 하나이다. 이 객실들은 다양한 수량과 요금으로 보다 쉽게 판매될 수 있다. 이것은 객실이 사람들에게 가장 잘 팔리는 기간에 의해 그 가격이 결정된다. 또 다른 측면은 시기, 사람들이 가지고 있는 수요의 정도, 심지어 판매되는 방의 수, 그리고 다른 외부 고려사항들이다. 따라서 호텔 및 기타 접객 조직은 이러한 측면을 완전히 이해하고 있어야 하며, 이러한 측면이 소득에 미치는 영향에 대한 정보를 가지고 있음을 보장해야 한다.

1) 축제 기간 동안의 호텔 가격 상승 - 큰 축제가 곧 열릴 것이라고 생각해 보자. 이벤트 장소 근처의 호텔은 멀리 떨어진 호텔보다 객실에 대해 훨씬 더 많은 요금을 받는다.

2) 식당의 독점 할인 쿠폰 - 수요일 밤에 장사가 잘 되지 않는 식당은 더 많은 손님을 끌기 위해 특별 할인이나 할인을 제공할 수 있다.

3) 여름 성수기 항공권 증가-여름 기간 동안 항공사는 겨울 시즌 동안 더 낮은 비용으로 동일한 서비스를 제공하는 동시에 성수기에는 더 높은 가격의 항공편을 제공할 수 있다.

수익관리가 호텔에 미치는 영향

1) 실수의 감소

접객 사업은 상승에 대한 예측에 크게 의존하고 있다. 정확한 예측의 결과로 가격 오차가 줄어들며, 또한 호텔의 평판을 유지하는 데 도움이 된다. 수익관리를 통해 인바운드 변화를 적절하게 예측하고 그에 따라 대응할 수 있어 계산 착오 위험의 가능성을 제거한다.

2) 클라이언트 환경설정에 대한 더 나은 지식 지원

호텔 산업은 수익 측면에서 상당히 역동적이다. 수익관리를 효율적으로 사용하면 소비자의 요구와 선호도에 대한 통찰력을 얻을 수 있다. 개개인이 이용 가능한 자원을 선호하는 자원을 요구하는 것을 보장하기 위해 자원의 효율적 할당/배치에 대해 잘 숙지하고 있어야 한다.

3) 세분화 개선 지원

만약 기업이 하나의 시장과 틈새시장을 독점적으로 서비스한다면 그것은 동등하거나 심지어 더 수익성이 좋을 수 있는 수많은 다른 틈새시장을 놓치고 있을 수도 있다. 수익관리는 조직이 이러한 작업을 수행할 수 있도록 지원하므로 이전에 간과했을 수 있는 분야를 공략할 수 있다. 또한 기업이 미개발 지역을 발굴하고 효과적인 계획과 활동을 제공할 수 있도록 지원한다.

4) 경쟁력 및 수익성 높은 가격 책정

수익관리와 같은 변동 가격 접근 방식을 사용할 때는 경쟁사가 제안한 가격 비율도 고려해야 한다. 그런 다음 사용자에 대한 최적의 일일 평균 비율을 계산한다. 이 방법을 사용하면 더 많은 이익을 얻을 수 있는 점에 착안하고 가격, 예약 등에 집중함으로써 수입 또는 수익을 증가시킬 수 있으므로 경쟁사보다 유리한 포지션을 점유할 수 있다.

호텔 수익관리의 주요 요소

호텔의 경우, 주요 요소는 다음과 같다.

- 단체 예약
- 임시 또는 개인자유여행자 FIT(Free Independent Traveler) 객실
- 식품 및 음료 아울렛
- 지역 활동 및 이벤트

단체예약은 단체 객실 판매로 많은 수익을 창출할 수 있다. 프론트 오피스는 그룹 예약 습관, 리드 타임 및 속도에 대한 데이터를 수집하여 수요를 예측하여 최대한 활용해야 한다. 임시 객실이나 개인자유여행자 객실은 도착일에 가까운 시간에 예약하기 때문에 단체 객실 예약보다 더 많은 수익을 창출한다. 수요가 적을 때는 할인을 해주는 것이 현명할 수 있다. 호텔의 식음료 매장은 객실 수입에도 영향을 미칠 수 있다. 예를 들어, 객실과 케이터링 서비스가 모두 필요한 그룹은 단순히 식사만 하고 객실 예약이 없는 그룹보다 더 많은 돈을 벌 수 있다. 호텔 내 또는 호텔 주변의 활동 및 이벤트(예: 축제, 콘서트, 스포츠 이벤트 등)도 호텔 수익/수익률을 높일 수 있다. 프론트 오피스는 해당 지역의 모든 이벤트를 최신 상태로 유지하여 수요에 따라 객실 요금을 최적화해야 한다.

수익관리 최적화

1) 고객의 예약 패턴 이해
구매 패턴을 철저히 연구하면 고객의 예약 습관에 따라 달라지는 예약 시스템을 개발하는 데 도움이 될 수 있다. 항공사에서 이것을 중시하며, 고객의 예약 습관을 모니터링하고 가격을 적절하게 변경한다. 종종 U자형 가격 방식을 사용하며 월초에 높은 요금으로 시작해서 월 중순까지 하락한 다음, 예약하기 약 일주일 전에 더 높은 요금으로 상승한다. 그들은 판매량을 모니터링하고 그에 따라 가격 전략을 조정한다.

2) 가격 조정의 효과 인식

강력한 가격 통제 시스템도 마련되어야 한다. 가격 변동을 예측하고 수익관리 계획에 포함해서 계산해야 한다. 이러한 행위들은 또한 경쟁자들에 대한 정보를 제공할 것이다. 왜냐하면 회사는 효과적인 라이벌 감시 시스템을 갖게 될 것이기 때문이다. 수익관리를 채택한 많은 호텔 사업체는 상당한 이득을 보았다. 수익관리의 이로운 영향을 입증하기 위해 사용자(기업)는 연구 및 분석을 수행하는 직원으로 구성되어야 하며, 호텔들 또한 이를 빠르게 수용하고 있다. 대부분의 항공사들은 이 전술에 순응해 왔다.

호텔 수익관리 특징

호텔 경영진 최선을 다해도 별 성과를 내지 못할 때, 수익 관리는 좋은 도구이다. 수익관리는 호텔업계에서 고정 재고의 수입을 극대화하기 위해 사용되는 가변적 가격 결정 방법이다. 일반적으로 수익관리 접근법을 채택하는 것은 동일한 제품에 대해 다양한 고객에게 다양한 요금을 부과하는 것을 수반한다. 이는 서로 다른 고객들은 일반적으로 일 년 중 시기, 수요의 정도, 날씨 조건 등과 같은 다양한 요인에 따라 동일한 제품에 대해 다양한 가격을 지불할 준비가 되어 있기 때문이다. 따라서 독자적인 호텔 수익관리 계획을 수립할 때, 적절한 객실을 적절한 고객에게 최대한의 시간과 최상의 가격으로 판매하는 것이 호텔의 수익과 수익성을 높이는 데 도움이 될 수 있다. 수익관리를 효과적으로 수행하기 위해 충족해야 하는 세 가지 요소는 다음과 같다.

- 구매할 수 있는 리소스가 제한되어 있다.
- 판매된 자원의 부패하기 쉬운 특성을 가진다. 자원의 판매에는 시간제한이 있으며, 그 이후에는 가치가 없어진다.
- 고객은 동일한 양의 리소스에 대해 다양한 가격을 지불할 준비가 되어 있다.

가용 자원이 고정되지 않거나 부패성이 아닌 경우, 일반적인 제품은 재고 또는 생산 관리에만 국한된다. 모든 고객이 동일한 양의 리소스에 대해 동일한 가격을 지불했다면, (예를 들어 재고 유지와 관련된 비용이 있는 경우) 문제는 가능한 한 신속하게 판매하는 것으로 제한될 수 있다. 변동비용에 비해 고정 비용이 상대적으로 높은 경우, 수익관리가 매우 중요하다. 변동원가가 낮을수록 전체 이익에 대한 신규 소득 기여도가 커진다. 일정 활동 및 기간 동안 예상되는 한계소득을 극대화하는 데 초점을 맞추고 있기 때문이다. 가장 많은 순이익을 제공할 것으로 예상되는 고객에게 재고 가용성을 보장하고 전체 고객 기반에서 최대 수준의 지급 의향을 추출하여 자원의 효율성을 극대화한다. 수익관리 실무자들은 종종 3%에서 10%의 점진적인 수익 개선이 가능하다는 것을 알고 있다. 서비스 부문에서는 100% 이상의 이익 상승을 초래할 수 있다.

수익관리 분야별 활용

1980년대 중반에 첫 선을 보인 이후 수익관리는 여행 및 접객 부문에 상당한 영향을 미쳤다. 이를 구현하기 위해서는 시장 행동을 평가하고 수익 잠재력을 활용하기 위해 복잡한 수학적 접근 방식을 사용하는 심층적인 산업 지식과 현대 컴퓨팅 시스템을 갖춘 분석가가 필요하다. 항공사들이 만든 규제완화 대응체계에서 벗어나 호텔, 렌터카 업체, 크루즈 라인, 미디어, 통신, 에너지 등으로 빠르게 확장됐다. 현재의 운영 및 고객 기반에서 추가 수익을 창출할 수 있는 능력은 특히 축소 및 비용 절감보다 매출 성장과 확장 기능을 달성하고자 하는 회사 경영진에게 매력적이다. 가장 기본적인 수준에서 성공적인 수익 관리자가 된다는 것은 수익을 극대화할 수 있는 이상적인 가격대를 발견할 수 있다는 것을 의미한다.

호텔을 예약한 많은 고객을 유지하면서도 객실을 판매할 수 있는 최고의 가격을 찾기 위해 노력하는 것은 수익관리 능력을 향상시키기 위한 확실한 방법이다. 이 최고의 가격대를 찾은 후에는 계속해서 최적의 효율성으로 기능하고 있다. 공급과 수요 곡선을 살펴보면 호텔이 성공적으로 운영될 수 있을지 없을지 알 수 있다. 수요와 공급 곡선은 수익관리와 상당히 관련이 있다. 즉, 가격이 높을수록 잠재 고객이 귀사로부터 구매할 가능성이 낮다. 자연히 가격이 오르면 판매자들은 이익을 극대화하기 위해 공급을 늘린다. 균형은 수급 곡선이 만나는 지점이다. 최대 이익을 보고 거래할 때는 이 단계에 도달한 것이다. 일관된 가격이나 수량을 제시하더라도 시간이 지나면 평형점이 다른 수준으로 이동할 수밖에 없다. 그것은 현재의 기상 조건, 경쟁, 계절성, 경제적 배경 등 다양한 요인들이 수요와 공급 곡선에 영향을 미치기 때문이다. (그림 1 참조)

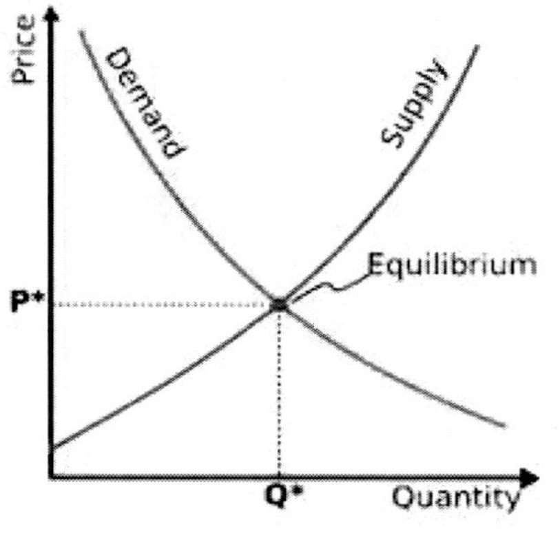

그림 1 수요와 공급 곡선

위에서 설명한 예에서 수익관리(Yield Management)가 기본적으로 어떻게 작동하는지 알 수 있다. YM은 통신, 항공과 같은 다른 분야에 대해서도 적용가능하며, 통신 서비스 제공업체는 평균적으로 가용 네트워크 용량의 약 35-40%만 사용한다. 텔코디아, 에릭슨 등 통신 소프트웨어 업체들은 최근 통신 서비스 제공업체들이 가용 네트워크 용량의 고객 활용도를 극대화해 수입을 늘리고 비용을 절감할 수 있는 방안으로 수익관리를 옹호하고 있다. 한 가지 옵션은 항공 부문의 검증된 관행을 사용할 뿐만 아니라 예비 용량만 사용하도록 특별히 설계된 창조적 서비스를 중심으로 전략을 구축하는 것이다. 소비자들에 대한 네트워크 접근을 통제하고 때때로 거부하는 것이 어렵기 때문에 이 개념은 항공, 호텔 산업보다 통신 사업에서 실행하기가 더 어려울 수 있다.

낮은 한계 비용, 부패하기 쉬운 재고, 예약, 가격 유연성 및 상향 판매 기회가 혼합된 상당한 매몰 비용(sunk cost)은 항공사와 통신 부문 간의 유사점이다. 낮은 가치의 거래와 전반적인 네트워크 복잡성은 통신 서비스 제공자들에게 문제를 제공하는 두 가지 차이점이다. 정확한 네트워크 정보 수집, 서비스 품질에 영향을 미치지 않는 대역폭 용량 할당, 실시간 정책 및 실시간 충전과 같은 서비스 관리 소프트웨어의 배치 및 혁신적인 서비스로 소비자를 목표로 하는 새로운 마케팅 채널 사용 등은 모두 성공적인 수익관리를 위한 제안 접근법이다.

여객 항공사의 경우 수요에 따라 어떤 항공기가 특정 서비스를 운항하는지를 변경하는 것이 표준이 아닌 예외이기 때문에 가용/수용 능력은 고정된 것으로 간주된다. 비행기가 이륙할 때, 팔리지 않은 좌석은 수익을 창출할 수 없기 때문에 수익의 기회나 없어졌다고 판단한다. 항공사들은 좌석 예약 방식을 추적하고 그에 따라 운항을 조정하기 위해 정교한 소프트웨어를 사용한다. 계층화된 재고 시스템은 사용 가능한 재고 컨트롤 중 하나이다. 예를 들어, 항공사들은 매진될 가능성이 낮은 수요가 적은 항공편에 할인을 제공할 수 있다. 상당한 수요가 있을 때 더 비싼 가격에 좌석이 팔릴 수 있다. 시장 세분화는 변화하는 지불 의욕을 포착하기 위한 또 다른 기법이다. 이를 위해 기업은 기본 재고를 여러 항목으로 재포장할 수 있다. 여객 항공사의 경우 구매 제한, 체류 기간 조건 부과, 항공권 변경 또는 취소에 대한 위약금 부과가 수반된다.

고비용 항공권에 대한 예상 수요를 충족시키기 위해 항공사는 일정 수의 좌석을 예약하는 데 있어 좌석재고 할당/관리 또는 미리 구매(Advance Purchase) 제한과 같은 요금 규정을 둘 수 있다, 이 절차를 관리하는 데 도움이 될 수 있다. 각 티켓의 가격은 예약 좌석 수에 정비례한다. 즉, 특정 범주에 할당된 좌석이 적을수록 각 좌석의 가격이 낮아진다. 프리미엄 클래스 좌석의 가격이 할인 클래스 좌석의 비용과 일치할 때까지 이 작업은 계속된다.

의사결정

결론적으로 수익관리의 가장 큰 이점은 수요를 효과적으로 관리한다는 것이다. 그것은 호텔 경영자들이 그들의 자산으로부터 최대한의 이익을 얻을 수 있도록 보장한다. 큰 고정 지출/비용 하에서 수익을 극대화해야 한다. 관련 유통 및 마케팅 지출을 최대한 효과적으로 최소화하기 위해서는 현재 수요에서 가장 큰 수익을 창출해야 한다. 이런 유형의 경영은 어디에서 사용하면 큰 효과를 볼 수 있는가?

수익관리의 의미와 그것이 회사의 매출과 이익 증대에 어떻게 도움이 될 수 있는지에 대해 설명하라.

경영 사례 6

개요

1980년대 중반에 첫 선을 보인 이후 수익관리는 여행 및 접객 부문에 상당한 영향을 미쳤다. 시장 행동을 평가하고 수익 잠재력을 활용하기 위해 복잡한 수학적 접근 방식을 사용하는 심층적인 산업 지식과 현대 컴퓨팅 시스템을 갖춘 분석가가 필요하다. 항공사들이 만든 규제완화 대응체계에서 벗어나 호텔, 렌터카 업체, 크루즈 라인, 미디어, 통신, 에너지 등으로 빠르게 확장됐다. 현재의 운영 및 고객 기반에서 추가 수익을 창출할 수 있는 능력은 특히 축소 및 비용 절감보다 매출 성장과 확장 기능을 달성하고자 하는 회사 경영진에게 매력적인 접근 방식이다.

수익관리의 역사

일반적으로 항공업계에서는 항공규제 완화가 수익관리의 촉매제로 인식되며, 이는 글로벌유통시스템(GDS)의 역할을 간과하는 경향이 있다. 고정 가격 패러다임은 분산된 소비의 결과로 발생한다는 주장이 있다. 대량 생산으로 인해 가격 책정은 중앙 집중식 관리 활동이 되었고 고객 담당 직원은 고객 서비스에만 집중했다. GDS가 제 1의 물결이었던 전자상거래는 많은 고객 서비스 직원이 없어도 많은 양의 판매를 관리할 수 있는 환경을 조성했다. 또한 관리 직원이 사용 시 가격에 직접 액세스하고 향후 의사 결정을 위해 풍부한 데이터를 수집할 수 있도록 했다.

1985년 1월 17일 아메리칸 항공은 저비용 항공사인 피플 익스프레스 항공(People Express)과 경쟁하기 위해 얼티밋 슈퍼 세이버 운임을 시작했다. People Express의 CEO인 Donald Burr는 "우리는 1981년부터 1985년까지 활기차고 수익성이 좋은 회사였습니다"라고 언급했다. Revenue Analytics의 회장 겸 CEO인 Robert G. Cross는 다음과 같이 언급했다. "그리고 나서 우리는 한 달에 5천만 달러를 잃었다. 우리는 우리가 시작한 날부터 미국이 궁극의 슈퍼 세이버로 우리를 공격하기 전까지 수익성이 있었다." 아메리칸 항공에서 개발된 수익관리 시스템은 3년 동안 14억 달러를 벌어들인 것으로 알려졌다.

수익관리는 1990년대 초에 다른 여행 및 운송 회사로 확산되었다. 주목할 만한 것은 카 렌탈 산업의 수익관리 시행이다. 1993년, 제너럴 모터스는 내셔널(National) 카 렌탈 소유와 관련된 수익에 대해 7억 4400만 달러의 벌금을 물어야 했다. 이에 대응하여 내셔널의 프로그램은 용량 관리, 가격 책정 및 예약 제어를 포함하도록 수익관리 프로그램을 확장했다. 이 프로그램의 결과로 제너럴 모터스는 약 12억 달러에 내셔널 렌터카를 팔 수 있었다. 수익관리는 시장을 세분화하고 수요를 예측하며 여러 가지 다른 유형의 제품에 대한 가격을 최적화함으로써 소비자의 행동을 예측하는 것을 포함하지만, 수익 관리는 특히 재고 관리를 통해 수익을 극대화하는 것을 의미한다. 몇몇 주목할 만한 수익 관리 구현으로는 1996년부터 2000년까지 개선된 광고 매출 2억 달러, UPS(United Parcel Sevice)의 목표 가격 책정 계획, 텍사스 아동 병원의 수익 관리 등이 있다. 2000년 이후 상업 사이트의 기반이 되는 동적 가격 책정, 판촉 관리 및 동적 패키징의 대부분은 수익 관리 기법을 활용했다. 2002년에 금융 서비스 산업에서 웹 기반 수익 관리의 초기 구현을 시작했다. 또한 세간의 이목을 끄는 실패와 잘못된 패스도 있었다. Amazon.com은 수익관리 소프트웨어 버그로 인한 불합리한 가격 변동으로 비판을 받았다. 역동적인 가격 자동판매기에 대한 코카콜라 회사의 계획은 부정적인 소비자 반응의 결과로 보류되었다. 수익관리는 또한 레거시 통신사들이 현재 겪고 있는 재정적 어려움의 상당 부분을 야기하고 있다. 구속적 시장에서 높은 운임에 대한 주요 통신사들의 의존은 의심할 여지없이 저비용 통신사들이 번창할 수 있는 여건을 만들었다.

수익관리는 가장 높은 가격으로 가장 많은 예약을 받을 수 있는 적절한 수요와 공급의 균형을 찾는 데 초점을 맞추고 있다. 객실 매출과 수익성을 극대화할 수 있도록 지원한다. 하지만 그것이 회사의 이익을 증가시킨다고 해서 고객들에게 유용하지 않다는 것을 의미하지는 않는다. 수요가 감소하면 더 저렴한 가격에 객실을 제공하고 더 많은 고객을 유치하기 위해 수익률 관리 전략을 사용할 수 있다. 고객들은 호텔에 머물기 위해 평소보다 적은 돈을 지불한 것에 기뻐할 것이기 때문에 이것은 앞으로 훨씬 더 많은 예약을 초래할 수 있다. 강한 수요도 마찬가지다. 성수기에는 숙박율이 더 높을 가능성이 있기 때문에 호텔 요금을 올리기 위해 수익관리 전략을 사용할 수 있다. 결과적으로 수요가 많은 상황에서도 소득을 증가시키면서 소비자들이 원하는 것을 준비하도록 도울 수 있다.

수익관리의 이점

수익관리는 조직의 수익을 향상시킬 수 있는 경영과학적 기법이며, 또한 마케팅 기법이다. 또한 가격, 제품 조합 및 재고 수준을 균형 있게 조정하여 시장 수요를 충족시킴으로써 수익을 극대화할 수 있는 기능을 조직에 제공한다. 수익관리의 이점은 다음과 같다.

1) 매출 증대 - 서비스 산업의 수익/수익률 관리는 가용 재고를 최대한 활용할 수 있도록 지원하는 것을 목표로 한다. 가용률이 100% 미만이더라도 더 많은 수익을 창출할 수 있도록 돕는다. 수익관리 전략을 최적화하면 성수기와 비수기 기간 모두에서 수익(률)을 높일 수 있다.

2) 오류 감소 - 호텔 수익관리 전략을 통해 객실 요금을 정확하게 예

측하여 실수 가능성을 줄일 수 있다. 수익에 초점을 맞춘 호텔 관리 프로그램은 수익 감소로 이어질 수 있는 인적 오류의 위험을 제거하는 데 도움이 될 것이다. 비즈니스 자동화는 향후 호텔 수익성과 경쟁력을 높이는 데 도움이 된다.

3) 가치의 증가- 소비자와 함께 인식된 가치는 그들이 어떤 것이 그들에게 얼마나 가치가 있다고 믿는지를 나타내는 지표이며 그들은 종종 그것이 부족하거나 이용할 수 없을 때 그것에 대해 더 많은 돈을 기꺼이 지불한다. 예약 기간에 따라 가격을 조정하여 잠재 고객에게 가치를 창출할 수 있다.

4) 효과적인 고객 세분화-시장/고객 세분화는 모든 비즈니스 전략에 있어 매우 중요하다. 예측은 그러한 시장 세분화의 특수성에 대한 통찰력을 제공하고 뉘앙스를 포착하는 데 도움이 될 수 있다. 호텔은 1년 내내 홀로 여행자, 가족, 그리고 사업상의 손님들을 포함한 다양한 손님들이 있으며, 이 정보를 사용하여 자신이 놓치고 있는 세그먼트를 독립적으로 찾아내고 그에 따라 마케팅 전략을 변경할 수 있다.

5) 예약 패턴 이해 - 고객마다 예약을 다르게 하는 것을 선호한다. 즉, 고객에게 최상의 서비스를 제공할 수 있으려면 고객의 예약 패턴을 이해해야 한다. 이러한 유형의 관리 시스템을 사용하면 예약 행동에 따라 가격을 조정하고 마지막 순간에 예약할 때 할인을 제공할 수 있다.

수익관리 및 가격 책정 시스템에서 경쟁적 효과를 포착하기 위한 실용적인 모델을 개발하는 것은 항공사와 다른 산업에게 중요한 과제였다. 끊임없이 발전하는 경쟁적 조건에 적응하기 위해, 경쟁적 영향을 설명하는 현재의 방법은 가격 구조를 조정하고 인적 변화를 만드는 데 의존한다. 더욱이 미시경제 모델은 경쟁 시장에서 소비자 행동을 시뮬레이션하기 위해 제공되는 매우 단순한 프로세스 때문에 현실에서 견인력을 얻지 못했다. 특히 이 모델들 중 다수는 구매자들이 시장에서 지속적으로 최저 가격을 추구한다고 가정하며, 이는 그들이 완전히 적응할 수 있음을 암시한다. 실제로, 고객들은 특정 항공사에 대한 애정이나 충성심을 가질 수 있으며 그들이 선호하는 항공사에 대해 기꺼이 프리미엄을 지불할 수 있다. 수익 창출을 위해 경쟁적 영향을 수량화하기 위한 효과적인 방법을 개발한다. 이는 보다 현실적인 경쟁 역학을 포착하기 위해 두 가지 형태의 소비자 행동을 통합하는 모델을 만든다. 또한 그러한 모델에 대한 베이지안추론 방식, 머신 러닝 기반의 수요 예측 방법론을 명시적인 경쟁적 고려사항으로 만들고 실제 항공사 데이터를 사용하여 이전 모델에 비해 접근 방식의 우수함을 입증하고 있다.

중국 항공사 사례

개요

개혁·개방의 발전과 중국 시장경제의 번영으로 항공운송산업도 큰 성과를 거뒀다. 현재 중국 항공운송업계는 천혜의 소득관리의 중요성에 대해 종합적인 공감대를 형성하고 있으며, 이 또한 널리 활용되고 있다. 항공사의 수익관리는 막대한 이익을 가져다주었고 많은 문제들이 과학적이고 합리적으로 처리되었다. 중국 항공사의 수익관리에는 여전히 문제가 있어 항공운송산업의 발전을 제약하고 있다. 중국 항공사의 수익관리에 존재하는 문제를 간략히 설명한다.

개혁·개방 이후 새로운 시장경제 체제에 적응하기 위해 중국 항공운송업계가 일련의 개혁·조정을 거치면서 내부 경영과 마케팅이 크게 개선되어 항공 운송의 발전을 새로운 단계로 진입시키고 있다. 중국 사회주의 경제체제의 특수성과 내부관리의 복잡성 때문에 외국의 수익관리라는 기술적 수단을 단순히 빌리는 것만으로는 모든 문제를 해결할 수 없다. 중국 항공사의 독특한 문제를 해결하기 위해서는 중국의 실정을 바탕으로 완벽한 계획을 세우는 것이 필요하다.

중국 항공사의 수익관리의 문제점

불규칙한 사용 및 운용: 항공사 수익관리는 항공운송관리가 원활하고 효과적으로 발전할 수 있도록 장기 사업전략으로 주로 활용된다. 따라서 항공사는 장기적인 발전을 위한 전략적 비전을 가져야 한다. 그러나 현재 중국의 국내 항공운송산업 운영체계가 완벽하지 않고, 시장 경쟁이 복잡하며, 승객의 원천 경쟁이 치열하다. 일부 항공사들은 눈앞의 이익만을 위한 수익관리의 변칙적인 운영을 채택하고 장기적인 발전을 무시한다. 시장 메커니즘을 교란할 뿐만 아니라 기업 발전 자체에도 좋지 않은 상태이다.

1)관리자 교육 미흡

항공사들은 전통적인 방식에서 현대적인 수익관리 모델로 변화하고 있다. 무엇보다도, 그들은 관련 인재의 지원을 받아야 한다. 항공사의 경영진은 수익관리라는 과학적 방법을 충분히 활용하기 위해 최적화 수학, 통계, 마케팅, 경제 등 관련 전문인력을 보유해야 한다. 현재 중구 항공사들의 수익관리는 완전히 확립되어 있지 않으며, 특히 인력 비축 측면에서는 다양한 시스템이 완벽하지 않다. 현재는 일부 전문 항공 전문대학 외에도 다른 전문대학 및 대학 출신 관련 전공 졸업생들도 항공 경영에 적극적으로 참여하고 있다. 다만 이들 전문직은 항공운송에 대한 통일된 사고방식을 갖고 있지 않고, 배운 내용이 수익관리와 연관되기 어렵다. 관련 전문 인력이 부족하기 때문에 항공 수익관리는 구현에서 실질적인 어려움을 겪는다.

2)최종 사용자의 수익관리시스템에 대한 이해 부족

수익관리의 궁극적인 목표는 사용자에 대한 과학적이고 합리적인 분석을 통해 시장 지향적이다. 수익관리는 효과를 극대화하기 위해 사용자 중심적이어야 한다. 현재 중국의 항공 산업은 매우 발달되어 있다. 승객의 흐름도 매우 크지만, 많은 사용자들이 항공사 수익관리시스템의 전략을 이해하거나 받아들일 수 없다. 수익관리의 경우 장점을 충분히 발휘하지 못할 뿐 아니라 이용자들의 불만까지 제기돼 기업 실적에 해로울 수 있다.

한편, 자원의 합리적인 분배는 핵심 경쟁력의 효과적인 개선이기도 하다. 따라서 항공사는 수익을 극대화할 수 있을 뿐만 아니라 많은 이해관계자의 투자수익률도 충족할 수 있는 수익관리를 수행할 때 장기적인 전략적 목표가 있어야 한다. 수익관리의 전략적 분석을 수행할 때, 환경 변화에 대한 분석뿐만 아니라 효과적인 시장 분석을 통해 회사의 장기적이고 안정적인 발전에 필요한 고객 자원을 유지하고 유지하는 것이 더욱 중요하다.

3)전문 인재의 훈련

현대적인 마케팅 방법으로서 수익관리는 구현과 운영에 있어 매우 전문적인 지식과 기술을 가지고 있어 항공사들은 많은 현대적인 경영과 서비스 인재를 필요로 한다. 항공사들이 수익관리를 할 때는 우선 전문팀을 구성해야 수익관리가 더 큰 역할을 할 수 있다. 둘째, 전문팀의 운영지도를 통해 회사의 다른 구성원들이 전문적 지식을 향상시켜 회사 전체가 현대적 운영모드로 탈바꿈할 수 있도록 한다. 아울러 인재풀 개선을 위한 전략적인 계획도 세워야 한다. 항공사를 위한 충분한 인재 풀을 마련하기 위해 단과대학과 심층적인 학교-기업 협력을 확립한다. 이렇게 해야만 점점 더 경쟁이 치열해지는 항공 운송 산업에서 뛰어난 결과를 얻을 수 있다.

4)최종 사용자 서비스 사용자 정의

수익관리의 궁극적인 시장은 사용자이므로 수익관리 시스템의 사용자 맞춤화는 항상 필요하다. 즉, 사용자 중심적이어야 한다. 일부 기업의 수익관리는 기업의 내부 비용과 자원만 고려하는 반면 사용자 경험은 무시해 수익관리 문제가 발생한다. 따라서 프로젝트 연구개발 과정에서 이용자와 수시로 소통할 필요가 있다. 사용자의 피드백은 적시에 전달되고 해결되어야 하며 시스템의 모든 세부사항이 최적화되어야 한다. 둘째, 서로 다른 기간의 사용자가 서로 다른 시스템 운영 환경을 얻을 수 있도록 사용자의 분류 관리를 최적화할 필요가 있다. 또한 시스템 작동 중에 사용자가 가능한 한 빨리 시스템 사용을 이해하고 숙지할 수 있도록 사용자를 교육해야 한다. 따라서 항공 수익관리 문제를 해결할 때, 인사/조직경영의 이념적 문제를 먼저 해결해야 한다.

의사결정

중국 항공 운송 산업은 늦게 시작되었지만 매우 빠르게 발전했고, 특히 21세기 이후, 경제의 증가와 외국 무역의 향상으로 항공 운송은 기본적으로 세계의 모든 대도시를 포괄했다. 하지만 장기적인 전통적인 관행은 항공 산업에 큰 영향을 미친다.

항공사는 수익관리를 잘 활용하여 더 큰 성과를 거두기 위하여 구체적으로 무엇을 해야 하는가?

경영 사례 7

개요

수익관리는 전 세계 서비스 조직에서 채택, 승인한 접근방식으로 기본적으로 항공 산업 개념으로 시작되었지만 곧 다른 산업에서도 적용되었다. 수익관리의 관행이 산업에 미치는 정확한 영향과 필수적인 이익을 결정하기 위해 지난 수십 년 동안 활용되어 왔다. 그러나 기업 간 상관관계에 대한 수익관리의 정확한 결과에 대한 연구는 여전히 제한적이다.

수익관리 시스템의 수익성은 수익관리의 인식으로부터 시작하여 구체적인 활동을 실천한 후, 대부분의 항공사가 수익률이 3% - 7%로 상승했다는 단순한 사실만으로도 너무나 두드러진다. 또한 몇몇 분야의 경우들은 이익의 50~100% 증가가 이루어졌다. 미국 아메리칸 항공은 연간 5억 달러의 수익 증가를 위한 진정한 수익관리 정책을 추구하고 있었다. 또한 델타 항공은 관련 시스템을 사용하여 연간 약 3억 달러의 수익을 올렸다. 항공사들이 수익(률)관리 정책의 옹호자일 수도 있지만 이러한 관행은 호텔 업계에서도 인기가 많다. 여행사들은 또한 휴가 패키지로부터 최대한의 바람직한 수익을 얻기 위해 수익관리를 이용했다.

수익관리 사례

할인 요금(가격)과 전액 요금(Discount-fare, Full-fare)이라는 두 가지 요금 버킷이 있는 항공편의 예를 들어 보자. 그 항공편은 9월 1일(월요일) 새벽 항공편에 200석이 있다. 항공편은 많은 좌석을 할인된 가격으로 쉽게 판매할 수 있도록 하며 9월 1일이 가까워질수록 좌석

전액을 부담하는 고객이 늘어날 것으로 파악하고 있다. 문제를 해결하기 위해 휴일 수요가 사업 수요보다 먼저 발생한다고 가정한다. 그 다음으로 해야 할 일은 항공사가 레저 요금(휴일 수요)으로 얼마나 많은 좌석을 팔아야 하는지, 그리고 전액 요금을 지불할 사람들(사업 수요)을 위해 얼마나 많은 좌석을 안전하게 유지해야 하는지 알아내는 것이다. 만약 항공사가 너무 많은 좌석을 사업 수요를 위해 배정하게 되면 빈 좌석으로 비행하게 될 위험에 직면하게 된다. 반면에 매우 제한된 좌석을 보존하는 경우 항공사는 일반적으로 비즈니스 플라이어로 발생하는 고객으로부터의 추가 수익에서 손해를 보게 될 수 있다.

두 그룹 간의 차이를 위해 항공사는 종종 두 시장 부문 사이에 장벽을 도입했다. 예를 들어, 항공사는 비행 날짜가 가까워짐에 따라 할인된 좌석의 기회가 줄어들게 되며 전액 요금 좌석이 늘어나게 된다. 휴일 비행사들은 여행 계획에 따라서 미리 예약할 것으로 예상되기 때문에 그들은 아마도 할인된 요금을 최대한 활용할 것이다. 반면 출장은 여행일로부터 1~2주 안에 결정되는 경우가 대다수다. 이를 통해 항공사는 비즈니스 플라이어로부터 전액 요금의 가격 수준에 대해 얻을 수 있다.

호텔의 경우, 상황을 더욱 명확하게 하기 위해 사용될 수 있다. 수익관리의 개념은 그대로 유지되지만 호텔은 다른 정책을 만들 것이다. 예를 들어, 월요일에 할인된 방을 얻으려면 토요일 밤에 투숙해야 할 수도 있다. 대부분의 출장자들은 주말에 집에 머무르는 것을 선호하기 때문에, 반면 레저 고객들은 가격에 더 민감하다고 알려져 있기 때문에 이번 주말 숙박을 예약할 가능성이 높다. 따라서 호텔은 높은 수준의 객실 활용도를 유지하면서 비즈니스 고객에게 가능한 한 많은 객실을 더 높은 가격에 판매하기를 원할 수 있다.

항공업계의 수익관리 개념은 가격 공정성에 대한 고객의 감정에 영향을 미치고 고객 충성도에도 영향을 미치는 것으로 알려져 있다. 예상대로 고객들은 항공사가 이윤을 창출하기 위해 가격 전략을 사용하고 있다는 것을 깨달았을 때 그 가격을 불공평하다고 생각한다. 또 다른 문제는 비즈니스 여행자들이 가격에 덜 민감하기 때문에 수익관리 또한 레저 여행자들에게 부정적인 영향을 끼친다는 것이다. 마지막으로, 가격 공정성은 충성도의 적절한 예측 변수가 아니다. 고객은 충성도를 다양한 요소에 기반 한다.

고객은 충성도를 다양한 요소에 기반 하므로 결국 수요량이 공급을 초과하는 상황에서 수익관리가 가장 효과적이다. 이를 통해 업계는 수익을 극대화하기 위해 해결하고자 하는 수요를 선택할 수 있다. 그러나 이러한 시스템은 공급량이 수요를 초과하여 예약을 단계적으로 중단하는 경우에도 사용할 수 있으며, 따라서 제약이 있을 경우 최상의 수익 창출을 달성할 수 있다.

수익관리 대 수익경영

두 용어 모두 잘 알려져 있으며 일반적으로 동일한 것을 설명하는 데 사용된다. 그러나 두 가지 용어는 명확하게 정의되고 서로 구분될 수 있다.

수익관리(Yield Management)

이는 보관/저장할 수 없는 또는 부패성/소멸성(perishable)한 물품으로 가능한 극한의 회전율을 달성하는 데 기반을 둔 가격 전략을 바탕으로 한다. 호텔 분야에서는 이와 관련하여 "데이터를 사용하여 적절한 방을 적절한 시기에 그리고 아마도 가장 높은 가격에 적절한 손님에게 판매하라"는 잘 알려진 문구를 볼 수 있다.

이것의 기초는 가격 차별화로 좋은 기능적 결과를 얻기 위해 사용된다. 소비자들은 호텔 투숙의 경우, 서로 다른 요구의 행동을 하며, 호텔 객실에 대한 지불 의지는 고객에 따라 매우 다르다. 그 때문에 같은 제품을 다른 가격에 판매하는 것은 가능성이 높거나 심지어 좋은 가격 전략을 위해 필요하다.

수익경영(Revenue Management)

이는 수익관리와 평행한 개념이지만 그 범위가 넓다. 여기에서 주요 목표는 호텔 항공사 등의 수익을 최대한 활용하기 위해 객실, 좌석 판매를 조정하여 매출을 극대화하는 것이다. 그 시작점으로는 집중적인 데이터 파악을 하며, 미래 예측은 데이터에서 파생될 수 있다. 매출관리 또한 매출 비용과 레스토랑과 같은 다른 구역의 매출에 대해 점차적으로 관여하고 있다. 간단히 말해서, 수익경영을 통해 포괄적인 접근 방식을 큰 그림을 얻을 수 있다. 반면에 수익관리는 가격 최적화에 집중되어 수익경영의 일부로 볼 수 있다.

rate board

rate board는 수익관리 소프트웨어이며 호텔리어에게 동적 가격 책정할 수 있는 기능 등을 포함한다. rate board의 핵심 요소는 과거 예약, 이벤트, 시장 수요 및 기타 여러 가지 요소를 기반으로 하는 스마트한 절차이다. 주요부분이 있지 않고는 작동할 수 없기 때문에 rate board는 과거 데이터를 얻기 위해 호텔의 프로그램과 연계되어야만 한다.

프런트엔드에선 가격 추천/추정이 적힌 달력 형태로 계산 과정의 결과를 볼 수 있을 것이다. 가격 책정이 완료된 (즉, 달력을 완료) 데이터를 개선하여 모든 채널로 전송할 수 있다. 가격책정 위원회는 가격 제안 외에도 수익관리와 통계의 세계에 대한 인식을 높이는 분석 도구를 제안한다.

통합의 중요함

항공사의 전문 예측가들은 효율성을 발견하고 재고, 티켓팅, 서비스 가용성 및 항공사 노선 및 일정의 다른 특징에 대한 근거를 전달하기 위해 고군분투할 가능성이 높다. 수익관리의 절차는 가용성에 영향을 미치는 모든 비즈니스 규칙을 관리하고 가능한 충돌을 제거하기 위해 결합된 시스템의 기능에 의존해야 한다. 또한 수익관리를 위해서는 가격, 용량, 수요의 세 가지 레벨에 걸친 최적화가 필요하다.

가격 책정은 판매 경로 및 판매 주제 수준에서 경쟁업체의 가격을 파악하기 위해 판매와 긴밀히 협력하여야 한다. 설정은 가격 책정과 판매는 협력하여 용량을 규제해야 한다. 즉, 각 경로 또는 경로 그룹에 대한 전략에 따라 수익과 수익률을 최적화할 수 있는 능력을 조절할 수 있다는 것이다. 또한, 항공사 로열티 프로그램은 프로그램의 가치를 지원하고 모니터링 필요성을 충족하기 위해 상환 목적으로 적절한 수의 가용 좌석을 사용할 수 있도록 주의해야 한다.

이러한 다양한 결론이 비행 예정일 훨씬 전에 만들어져야 한다는 것이다. 따라서 항공사가 이를 적절히 수행하기 위해서는 모든 기능 영역에 걸쳐 지속적이고 직접적인 관리가 있어야 한다. 새로운 시스템의 기술은 관련된 모든 팀이 정보에 접촉하고 연결을 체계화할 수 있도록 하여 이러한 방식으로 수익관리팀은 의사 결정 및 비즈니스 프로세스에 대한 수동 간섭을 줄일 수 있다.

수요예측

항공사 항공편 좌석의 가격은 전형적으로 고객 행동을 포함한 정확한 경로에 대한 과거 데이터, 정보 또는 추세로부터 계산된다. 이 정보는 특정 경로에 대한 세부 정보가 없거나 만족스럽지 못하면 제한된 정보를 가진다. 현재 수익관리는 광범위한 외부 요인에 기초하여 특정 노선에 대한 수요를 예측할 수 있다. 더 복잡한 데이터가 수요예측을 하는데 사용된다. 앞으로 개최될 스포츠 이벤트와 이것이 특정 항공편의 시장에 미치는 영향과 같은 다가오는 특별 이벤트를 고려할 수 있는 도구를 수요 예측하는 데 사용된다.

샘플의 경우, 알고리즘 예측은 지속적으로 데이터를 입력하고 예측 변수의 개입 없이 머신 러닝을 완료했다고 해석한다. 또한 분석가들이 출발지/목적지(O&D) 예측 또는 예약 및 취소 예측 분석에 사용되지 않는 데이터 추세를 살펴본다. 알고리즘 예측은 매우 선구자적이지만 분석가의 도움을 받아야만 발전한다.

델타항공의 사례

델타항공은 2021년 9월 30일까지 분기 실적에서 약 90억 달러의 영업수익과 12억 달러의 순이익으로 분석가들의 예상을 뛰어넘었다. 4분기에 적당한 손실을 예상하고 있는 가운데 항공사는 아직 완전히 불경기에서 완전히 벗어나지 못했다. 수익이 다시 줄어들 수도 있다는 사실에도 불구하고, 2021년까지의 수익은 꾸준히 증가하고 있다.

2012년 4월부터 6월까지의 순이익은 정부 보조금에 힘입어 6억5200만 달러에 달하고 2020년 2분기 매출의 5배에 달하는 고르지 못한 성과를 거두었다. 이는 물론 국내 시장을 중심으로 여행 규제가 완화됐기 때문으로 풀이된다. 한편 5월 말 미국 국내선 여객 수량은 무역 함의와 인식 제고 단체의(Airlines for America) 자료에 따르면 코로나 이전 수준의 약 20% 수준인 것으로, 미국을 오가는 국제선의 승객 수는 현재 여전히 42% 감소했으며, 백신 접종률에서 뒤처진 많은 나라들로 인해 이 분야의 종합적인 회복은 여전히 진행되고 있다.

의사결정

델타항공 수익관리의 주요 목표는 가격 전략, 가용성 제어 및 재고 관리의 세 가지 필수 도메인의 효과적인 관리를 지원하여 수익을 극대화하는 것이다. 재고 통제는 항공기, 가솔린 및 직원과 같은 자원의 접근성에 따라 좌우되는 경우가 많다. 가용성의 수행은 항공기에 탑승한 총 공감 좌석 수를 쉽게 다룬다. 결국, 수요량이 공급을 초과하는 상황에서 수익관리가 가장 효과적이다. 이를 통해 델타는 수익을 극대화하기 위해 해결하고자 하는 수요를 선택할 수 있었다. 그러나 이러한 시스템은 공급량이 수요를 초과하여 예약을 단계적으로 중단하는 경우에도 사용할 수 있었으며, 따라서 제약이 있을 경우 최상의 수익 창출을 달성할 수 있었다.

수익경영과 수익관리는 호텔 관리자와 영업 전략을 위한 중요한 도구이다. 이 도구들은 서로 연결되어 있고 몇 가지 유사점과 차이점이 있다. 이것들은 무엇이며 영업 전략을 어떻게 세워야 하는가?

경영 사례 8

개요

2002년 5월 15일 금요일, 국제건축물협회(이하 협회로 약칭) 아태지역 인사담당 이사 A씨는 한국에서 열린 지역 연차총회 폐막 연에서 저녁 식사를 먹지 못하고 식힌 채로 식당에 있었다. 그의 마음은 딴 데 가 있었고 회사가 광범위하게 운영되고 있는 자카르타의 상황에 열중하면서 동시에 3일간의 기간 동안 각종 회의와 행사에 계속 참석하느라 지쳐 있었다. 이후 3일 동안 자카르타는 워싱턴 포스트가 언급한 것처럼 군중의 폭력의 분노 속에서 폭발했다. CNN의 매시간 뉴스는 폭력사태가 전개될 때 보도되었고 그 이후 거리는 연기로 어지럽혀졌다. 자동차와 건물의 불에 탄 시체들, 도시의 가장 큰 피해를 입은 지역에서 뿜어져 나오는 검은 연기 기둥들, 그리고 공포에 질린 희생자들, 주민들은 이들로부터 위험을 피하여 도망쳤다. 이 사진들과 다른 불안한 현장의 사진들은 아시아 월스트리트 저널과 인터내셔널 헤럴드 트리뷴의 1면에 실렸다.

A는 자카르타에서 협회 직원들을 대피시키는 것 등과 관련된 무수한 문제들뿐만 아니라 어떤 직원들을 대피시킬 것인가에 대한 문제 등 몇 가지 어려운 결정으로 인해 식욕을 잃었다. 협회의 세 명의 고위 매니저는 국외 거주자(외국인)였고, 네 명의 중간 매니저는 중국계 인도네시아인(국민)이였다. 15명의 감독관들은 중국인과 인도네시아 원주민(프레부미)이 섞여 있었다. 나머지 228명의 직원은 프레부미였다.

중국계 인도네시아인이나 국외 거주자들은 프레부미보다 더 큰 위험에 노출될 것으로 전문가들은 믿고 있었다. A는 또한 회의에 참석한 관리자들이 가족을 보호하고 구조하기 위해 인도네시아로 돌아갈 것을 요구하는 관리자들의 요구(예 자카르타로 돌아갈 것 등)를 승인해야 할 지 여부를 결정해야 했다.

그의 결정이 복잡했던 것은 자카르타의 상황에 대한 평가를 서둘러 정리하면서 일관성 없는 정보를 받고 있었다는 것이었다. 그는 위기관리 전략의 구현에 있어서 시간이 가장 중요하다는 것을 알았다. 자카르타를 위한 위기관리 전략의 개발을 감독하면서 아시아에서 지난 수십 년 동안 볼 수 없었던 최악의 상황 하에서 직원과 그들의 가족들을 보호하려면 그는 재빠르게 행동해야 했다.

국제건축물협회

미국 디트로이트에 본사를 두고 100개 이상의 국가에서 운영되는 다국적 기업으로, 인도네시아, 아시아 및 전 세계에 걸쳐 여러 기업에 상당한 투자를 했다. 시장 강점은 글로벌 제조, 서비스 및 마케팅 역량과 결합된 첨단 기술과 공정 지식이었다. 1997년에는 1996년 매출 27억 달러에 비해 두 자릿수 증가율을 보였고, 세후 수입은 1억 7천 5백만 달러가 넘었다. 이러한 수익의 상당 부분은 아시아 사업부에서 창출되었으며, 그 중 인도네시아는 매출뿐만 아니라 사업 규모와 범위 면에서 상위 3개 중 하나였다.

협회의 인도네시아 사업부는 건설 산업을 위한 도구와 기계의 제조와 유통부서로 구성되었다. 제조업은 인도네시아의 대도시 중심지에 집중되었고, 가장 큰 부지는 자카르타 외곽에 위치해 있으며, 직원 250명 중 대다수가 여기에서 일하고 있었다. 수년간 인도네시아에는 광범위한 판매 및 마케팅 네트워크가 구축되어 왔으며 인도네시아 광활한 지역에 제품과 애프터서비스를 제공하였다.

글로벌 사업부가 매우 많은 국가에 분산되어 있는 것을 감안하여 회사는 고도로 분산화 된 조직 구조를 개발하였고, 이는 협회 문화의 필수적인 부분이 되었다. 이러한 분산형 구조는 높은 수준의 지방 자치권을 허용하였고, 운영된 다양한 지역(그림 1 참조-수업 당일 배부)에서 운영 유연성과 고객 대응성을 증가시켰다.

그러나 이러한 유형의 조직 구조는 특정한 변화를 가져왔다. A는 이렇게 설명했다. “때때로 여러 다른 출신의 사람들을 함께 일하게 하는 것은 매우 어렵다. 일반적으로 관리자는 조직의 상위 한두 명의 임원 출신이 아닌 한 중앙 규정을 따르지 않는다. 따라서 당신이 그들의 지역적 관심사와 분명히 일치하지 않는 한, 모든 사람들이 같은 방향으로 함께 움직이도록 하는 것은 많은 것을 필요로 한다. 부서장들은 때때로 근시안적일 수 있다.”

지역 위기관리

지역 위기관리 프로그램 개발에 대한 책임은 인사부 소관이었다. A는 지난 2년간 아시아태평양지역 인사담당 국장을 맡았으며, 미국에서 몇 년간 비슷한 직책을 맡아왔다. A는 15년 전 미국 대학에서 MBA를 취득한 후 회사에 입사했다.

위기관리 정책의 개발이 일반적으로 몇 가지 이유로 인사(HR) 부서 책임의 하에 있다고 설명했다. 첫째, 인사 부서는 조직 내에서 다 부문 전략을 조정하는 데 가장 효과적일 것이다. 긴급사태 시 필요한 정보의 상당 부분이 인사파일에 존재하며 지역 사무소의 누군가가 위기 발생에 대하여 위기관리 정책의 개발 책임을 져야 했다. 위기관리 프로그램은 기본적으로는 HR 부서가 책임을 지게 되는 것처럼 보였다. 그는 지난 몇 년 동안 여러 위기관리 세미나에 참석하여 강연을 했으며 이 주제에 대해 그 누구보다도 더 많은 지식을 가지고 있었다.

지역 위기관리 계획의 개발에서 A는 다음과 같이 인식했다. 아시아에서 사업을 하는 것의 일부로서 협회가 특정지역의 국가별 위험을 매년 평가하는 것이 필요했다. 그는 자카르타의 상황에 대한 자신의 분석을 다음과 같이 설명했다. 인도네시아에 대한 우려는 약 1년 반에서 2년 전에 시작되었다. 비교적 소규모의 학생 봉기가 일어났고 군부가 어떻게 반응할 것인지에 대해 그리고 그것들이 더 광범위한 사회 불안의 전조인지 아닌지에 대한 약간의 의문이 있었다. 여러 시나리오를 해봤으며. 인도네시아에서 'What if' 시나리오를 계획하고 있었다. 그 시나리오 계획에는 피난을 위한 템플릿의 개발이 포함되었다. 그리고 보안 전문가들과 위기 발생 시 어떻게 대처해야 하는지가 포함되었다.

이를 위해서 협회는 미국 워싱턴에 본사를 둔 글로벌 보안업체 E사와 협의를 시작했고 인도네시아에서 위기가 발생하면 다음과 같이 하기로 결정했다. 회사는 E사의 서비스를 요청하며, E사는 위기 기간 동안 8명의 직원을 24시간 배치하기로 합의했다. 정상적인 상황에서 E사는 월별 (업데이트된) 보고서를 제공한다. 협회가 지부를 운영했던 다양한 동남아시아 국가들과 만약 특정 지역에 대한 보고서들을 보강할 것이다. 위기관리 단계에서의 그들의 의무는 다음과 같다.

–미국 위기 센터 관리, 현장 위기 센터 운영, 직원 호송 지원 및 연락, 지역 당국과 함께 지역 내 전술 정보 수집 및 관리, 대피, 직원 및 피부양자와의 조정, 출입국 문제의 조정, 공항 당국과의 연락, 도시 내 이동을 위한 에스코트 서비스, 주민을 위한 검사 및 보안, 홍콩과 미국의 협회 HR 부서 및 행정 직원과의 연락, 현지 관리, 출구 수속의 조정

협회와 E사가 개발한 계획은 위기 상황에서 발생할 것으로 예상되는 많은 문제를 해결했다. 또한 지역 관리자가 직원들에게 브리핑하는 방법부터 이전 조정 방법까지 위기관리 및 대피 계획의 세부 요소를 다루었다.

A는 해외 주재원 관리자와 그 부양가족 및 손님, 제조 현장 보안 및

중요 문서 외부 이전 방법에 대해 설명했다. 또한 위기관리 프로그램의 맥락에서 지역 관리자의 역할과 책임을 설명했다. 이 계획은 위기 동안 중앙 통제의 행동을 이해하고 무엇을 기대할 수 있는지 알 수 있도록 지역 전체의 각 지역 관리자에게 전달되었다.

또한 의사소통이 중단되는 경우, 관리자는 자신의 능력을 최대한 발휘하여 계획을 실행하고 적절한 조치를 취할 수 있으며 최선의 판단을 통해 계획에 제시된 다양한 선택사항에 따라 결정을 내릴 수 있다. 그럼에도 불구하고 정상적인 의사소통 기간 동안 그 계획은 지역 관리사무소의 책임자의 명령을 묵인하는 것을 의미했다.

모든 가능성에 대해 비상용 계획을 완전히 개발하지 않았으며 그것은 엄청난 양의 시간과 자원이 필요한 몇 가지 세부 사항을 추가했을 것이기 때문이다. 초기 위기관리 템플릿의 개발은 직원들에게 매우 많은 시간이 소요되는 프로세스로 입증되었다. 이는 일상적인 업무 외에도 마찬가지였다. 협회는 E사와 초기에 유대관계를 맺고 대피 계획을 위한 완벽한 템플릿을 개발했다. 그는 "비록 우리는 때때로 그것을 위하여 먼지를 털어내고 관리자들 계획과 관련된 그들의 역할과 책임을 상기시켰지만, 그것은 거의 보류되었다"고 했다.

대피 계획

많은 위기관리 계획에서 흔히 볼 수 있듯이 계획의 첫 번째 주요 구성 요소 중 하나는 주재원 직원을 안전한 곳으로 지정된 큰 외국 호텔에 격리시키는 것이었다. 이것은 위기 동안 흔한 관행이었으며, 여러 가지 이유로 이것은 당연한 것이었다. 첫째, 외국 호텔들은 전문교육을 받은 직원들을 통해 어느 정도의 보안을 제공했으며 가족들은 보안이 거의 없는 개별 주택에서 더 취약했다. 군인들은 종종 큰 국제호텔 밖에서 주둔하는 것을 볼 수 있었는데 지방 정부는 외국인 사업가들을 보호하는 것을 염려했고 외국인들이 피해를 입으면 지역 경제가 실제로 타격을 입기 때문에 관광객들은 관광객들을 안전하게 하기 위해서였다.

A에 따르면 고층 호텔들은 또한 개인 주택보다 더 좋은 심리적 이점을 가지고 있었다. 중요한 것은, 몇몇 선택된 장소에 직원들을 모으면 즉시 대피시킬 수 있다는 것이었다. 또한 직원이 한 영역에 포함된 경우 모니터링이 더 용이했다. 마침내 A는 직원들이 혼자인 경우보다 모여 있을 때 더 안정되고 편안함을 느끼는데 도움이 되기를 희망했다. 이 과정에서 E사는 인도네시아 전역에 구축된 네트워크를 통해 현지 작전 및 미국 본부를 통해 대피를 조정하게 된다.

어떤 직원을 대피시킬 것인가에 대한 문제는 개인별로 결정할 사안이었다. 그러나 협회의 정책은 일반적으로 모든 외국인 관리자와 그들의 부양가족을 대피시키도록 명령했다. 대피 시기는 또 다른 문제였고, 언론 보도와 해당 도시에 본부를 둔 미국 대사관의 권고로 보강되어 현장 관리자들과의 논의가 결정적 요인이 될 것이라는 데 대체로 동의하였다. A는 협회의 보험 계약 조건에 따라 각 직원의 대사관(즉, 미국 직원들을 위한 미국 대사관)에서 발급된 대사관 조언이 자카르타 주재원 철수를 정당화할 것이라고 상당히 확신했다. 또한 이러한 권고사항은 직원과 그 부양가족 및 투숙객의 대피 비용에 대한 적용범위를 활성화할 수 있었다. 그러나 더 큰 유연성을 허용하는 정책이 있었으며, 다음과 같이 설명했다.

회사 방침은 어느 시점에서 만약 해외 주재원이나 그의 가족 구성원들이 홍콩의 지역 본부 측에서 필요성이 인지되기 전에라도 떠나고 싶다고 한다면 이러한 소원이 존중되어야 한다는 것을 분명히 했다. 긴급 피난을 용이하게 하기 위해 각국의 고위 주재원 관리자들은 수천 달러의 긴급 자금을 그들의 집의 안전한 장소에 보관되어 있었다. 그러나 여행증빙 서류에 대한 고민이 있었다. 여행증빙서류에는 직원이나 방문 중인 친척 및 친구의 여권 번호와 같은 구체적인 세부 사항이 부족했다. 이는 인도네시아에서 긴급 상황에서 쉽게 빠져나갈 수 있는데 필요하다. 게다가 그는 직원들, 방문 중인 친구 또는 친척은 비자를 최신 상태로 유지했는지를 확실히 알 방법이 없었다. (2개월 단위로 갱신해야 함) 일반적으로 인도네시아에 있는 외국인들은 정기적으로 국외로(즉, 홍콩에 있는 협회로) 여행을 가서 인도네시아로 돌아오면 두 달 동안 더 머물 수 있다. 만약 그들이 비자를 계속 유지하지 않았다면 전체 그룹의 출발을 지연시킬 수도 있고 최소한 이민 당국과 문제를 가지고 있는 사람들 때문에 그에게 계속해서 스트레스를 초래할 수도 있었다.

5월까지 직원의 HR 파일과 여권/이민/비자 정보, 긴급 연락처 정보의 업데이트를 시작했다. 그가 이 과정을 시작하게 된 계기는 인도네시아의 위기가 터질 수 있다는 E사측으로부터 얻은 정보 때문이었다. 1997년 지역 금융 위기는 바로 그것을 입증했다. 그러나 인도네시아에서 위기가 터지고 나라가 불안정해졌을 때 직원 파일 업데이트는 아직 완성되지 않았다. 인도네시아의 정치와 사회 풍토는 가열되기 시작했고 그는 E사측로부터 충분한 도발로부터 위기가 발생할 수 있다는 몇 가지 속보를 들었다. 1997년 지역 금융 위기가 발생했다.

인도네시아의 정치·경제·사회적 상황

인도네시아의 정치 형태는 55여 년 전인 1965년 10월, 공화국의 첫 지도자인 수카르노 대통령에 대한 좌익 쿠데타 시도 이후 대변혁을 겪었다. 이 쿠테타는 군부의 부추김을 받은 것으로 알려졌으며, 전하는 바에 따르면 군 지휘관들이 격려했다고 한다. 또한 우익 단체들에 의해 수만 명의 공산주의자들이 살해되는 계기가 되었다. 1966년까지 50만 명의 사람들이 죽임을 당했고 대통령 수카르노는 수하르토 장군에게 정치적, 군사적 권력을 이양해야 했다.

인도네시아군의 결정적인 지원으로 수하르토는 인도네시아를 비효율적으로 운영되는 농업 기반에서 고도로 다변화된 제조업과 수출 주도 경제로 변화시키는 경제 회복과 개발 정책을 지지했다. 1인당 소득은 1966년 70달러에서 1996년 거의 1,000달러로 증가했으며, 같은 기간 빈곤율은 60%에서 11%로 감소했다. 1980년대 인도네시아의 경제 개혁과 무역 및 금융 부문의 자유화가 진행되면서 외국인 투자와 규제 완화가 확대되었다. 1985년부터 1996년까지 인도네시아 경제는 평균 7% 성장하였다. 수하르토와 그의 친구들 그리고 가족들은 이 인상적인 경제 성장/확장으로부터 크게 이익을 얻었고 인도네시아를 지배했다. 1998년까지 호텔, 교통, 은행, 자동차를 포함한 많은 산업을 포괄하여 이들의 자산은 200억 달러 규모로 추산되었다.

그러나 경제적 번영은 평균적인 인도네시아인들의 정치적 자유를 향상시키는데 거의 도움이 되지 않았다. 60년대에 수하르토의 치안부대는 시위대에 정부에 반대하는 목소리를 냈다는 이유로 활동가들을 투옥함으로써 일상적으로 봉기를 진압했다. 그리고 고문과 살인에 대한 소문은 끔찍한 사실들로 입증되었다. 부패와 인권 침해에도 불구하고 수하르토는 30년 이상 자신의 권력을 유지했다. 1998년 초 430억 달러의 구제금융 조건을 놓고 국제통화기금(IMF)과 협상을 벌이자 식량과 기본 상품 가격 인상에 대한 폭동이 일어나기 시작했고 경찰의 진압 노력에도 불구하고 점차 격화되었다.

1998년 3월, 수하르토는 대통령 자신에 의해 주로 소집된 입법 기관인 (주요 군사 인사들로 구성된) People's Consultative Assembly에 의해 7번째 임기로 재선되었다. 학생들의 항의가 이어졌고, 수하르토가 대통령 직위를 포기하라는 요구가 날이 갈수록 커졌다. 5월이 되자 상황은 폭력적으로 변했다. 더 이상 개혁을 요구하는 학생들로 구성된 집회가 아니었다. 그 무렵 잃을 것이 아무것도 없는 굶주린 인도네시아인들은 수십 년 동안 인도네시아에서 볼 수 없었던 폭력과 약탈의 물결을 타기 시작했다. 인도네시아에 거주하는 중국인들은 약탈과 폭력의 주요 대상이었다.

인도네시아에 거주하는 중국인

비록 중국 화교들이 인도네시아 인구의 3%만을 차지했지만 그들은 인도네시아 경제의 주요 원동력이었다. 중국인들은 수세기 동안 인도네시아 역사의 일부였다. 그들은 중국으로부터 핍박에서 벗어나기 위해 도망쳤고 인도네시아에서 무역업자와 기업가로서 그들 자신을 위한 틈새를 구축했다. 400년 전 네덜란드가 인도네시아에 도착했을 때, 네덜란드 지배층은 인구를 세 그룹으로 분리하는 반인종차별 국가를 세웠다. 즉, 유럽인, 외국인인 동양인, 그리고 토착민들이다.

네덜란드는 선택된 중국인 집단을 무역 파트너로 고용하여 1998년에도 여전히 존재한다고 많은 사람들이 믿었던 후원의 기초를 만들었다. 수하르토 정부, 그의 장관, 장군들과 긴밀한 협력과 후원 체제를 통해 엄청난 부자가 된 소수의 부유한 중국인들은 종종 인도네시아 원주민들에게 그들의 자본을 해외에 투자하면서 돈을 벌기 위해 인도네시아를 이용했다는 비난을 받았다. 인도네시아인들은 이 선택된 부유한 중국인 소유주들과 소매업계를 장악하고 있는 자카르타 거리의 상점주들 사이에 차이를 두지 않았다. 인도네시아에서는 소수 민족이었지만 그들의 사업 활동은 인도네시아 중산층의 필수적인 부분이었다.

이러한 경제적 지배는 수십 년 동안 중국 소수민족의 권리를 제한해온 정부의 다양한 프로그램에도 불구하고 계속되었다. 한자 읽기 자료와 한자가 사용 금지되었다. 인도네시아에 중국의 새해를 경축하는 행사도 금지되었다. 중국인들은 인도네시아에서 정치에 관여하는 것이 허용되지 않았다.

그들이 공무원직을 얻는 것이 제한되었고 인도네시아 출입도 제한되었다. 대학 비록 그들은 기독교나 불교와 같은 그들의 종교를 자유롭게 실천할 수 있었지만, 종교는 중국인들을 프레부미족(인도네시아 원주민)으로부터 더욱 분리시키기 위해 행동했다. 인도네시아는 세계에서 가장 큰 이슬람 국가였다. 거의 90%의 인도네시아인들이 이슬람교도였다.

수하르토 정부와 함께 후원을 통해 엄청난 부를 축적한 수십 명의 중국계 가족의 지배는 중국계 중국인들을 부유한 기회주의자라는 대중적 이미지를 낳았다. 1998년까지 중국인들은 인도네시아의 가장 강력한 경제 집단이 되었으며, 인도네시아의 개인 부의 약 70%와 소매와 은행 부문의 대부분을 지배했다. 계속해서 증가하는 인도인들의 계급이 빈곤선 아래로 떨어지고 매일 수천 명이 그들의 직업이 위태로워지면서 인도인들은 중국인을 희생양으로 삼으려는 유혹이 점점 더 위험해지고 있었다.

인도네시아 상황

5월 초, A는 E사로부터 인도네시아 상황에 대한 플래시 보고서와 함께 매주 업데이트를 받고 있었고, 그 분야의 몇몇 매니저들과 정보를 논의하였다. 5월 6일, 인도네시아 북부 메단에서 폭동과 약탈이 일어나고, 수만 명의 학생들이 전국에서 시위를 벌이는 등 지난 몇 달 동안 가장 극적인 폭력사태를 목격하게 되었다. 뉴스의 보도에 따르면 국제통화기금(IMF)이 지시한 가격인상은 구제금융자금의 조건으로 의무화된 기본상품에 대한 보조금을 폐지한 회복 프로그램의 일부로서 이 시위의 자극제가 되었다. 하루 만에 휘발유 가격이 70%나 올랐고, 전기와 교통수단의 가격도 크게 올랐다. 인도네시아 국민 평균에게 가혹하게 영향을 준 이러한 긴축정책은 학생들이 주장해왔던 '경제 개혁'의 형태가 아니었다. 그들은 수하르토 정권을 특징짓는 부패, 유착, 족벌주의의 폐지가 국가의 어려움에 대한 보다 적절한 대응이라고 생각했다. A는 이 시점에서 이러한 조치들에 의해 부과된 경제적 어려움은 시위가 빠르게 탄력을 받을 것이라는 것을 믿었다. 그럼에도 불구하고, 그는 현장의 매니저들로부터 언론들이 과잉 반응하고 있다는 확신을 얻었다. 비록 인도네시아에서 과거에 보였던 많은 시위들과 더 큰 규모로 비슷하긴 했지만 그날의 시위들은 사실이었다. 그는 이에 못지않게 이 같은 상황에 대해 우려했고 현장 관리자들이 자카르타에서의 경험으로 인해 잘못된 신뢰감을 갖고 있는지에 의문을 제기했다. 5월 중순까지 두려움은 훨씬 더했다.

5월의 어느 날

5월 13일 수요일 오후 2시 40분경 A는 협회 연례 지역 회의를 위해 한국에 도착했다. 이날 간담회에는 사장과 아태지역 CFO를 비롯해 미국 본사 임원 다수가 참석한 가운데 모든 사업부장과 지역 고위 임원들이 참석했다. 점심을 먹으면서 그는 자카르타가 비상사태라는 소문을 회의에 참석한 다른 참석자들로부터 들었다. 최근 몇 주 동안 경찰은 군중들에게 고무탄과 최루탄을 발사했지만, 수하르토 장군의 보안군과 군 당국은 현재 더욱 강력한 탄압에 실탄을 사용하고 있었다. 이것은 전국 대학 캠퍼스에서 거의 3개월 동안 있었던 시위에서 첫 번째 학생 사망이라는 결과를 낳았다. 그는 이 피비린내 나는 폭력의 발생이 적어도 6명의 학생들의 죽음과 부상자를 낳았다는 것을 들었다. 그는 또한 시위에 5,000명 이상의 군중이 참여했다는 보고를 들었다. 현장의 관리자들에게 연락했을 때, "고립된 반란"을 피한 직원들에게 명확하고 현재적인 위험이 없다는 것을 그는 확신했다.

A가 인도네시아 전역의 운영에 익숙하고 위기관리 계획을 수행하는 점을 고려할 때, 한국에 있는 임원 그룹은 그가 위기 동안 상황을 면밀히 감시하여 대응해야 한다는 데 의견을 모았다. 이는 인도네시아 지부장과 그의 직속 부하직원이 아시아 태평양 지역 총책임자에게 보고하면서 인지되게 되었다. A는 상당한 수준의 외교를 보여주고 있었으며, 확립되고 정상적인 보고 라인을 보호해야 할 필요성을 이해했다. 비록 그가 책임자였지만, 그는 매우 신중하게 의견을 요청하고 의사결정 과정에 다른 관리자들의 참여를 장려했다.

A의 첫 단계 업무는 E사의 담당자와 의사소통을 하는 것이었다. 그들은 즉시 자카르타에 통제센터를 설립하여 24시간 동안 여러 명의 E사 직원이 상주할 계획을 세웠다. 오후 회의에서의 업무 검토는 계획대로 진행되었지만. A는 대부분의 회의를 회의실 밖에서 휴대폰으로 진행했다. 그는 미국 대사관과 현장 관리자들로부터 정보를 수집하려고 했다. 공식적으로 이 요약정보를 인도네시아 내에 있는 경영진, 회의에 모인 관리자, 디트로이트에 있는 협회 본사에 즉시 배포했다.

A는 "비공식적인 의사소통이 가장 복잡하고 시간이 많이 소요되었다"고 언급했다. 그날 밤 늦게 그의 방은 운영 통제 센터가 되었다. 그는 한국의 지역 매니저, 지역 사장, 자카르타의 현장 매니저, 한국인 직원과 연락하기를 원하는 가족들, 미국 본사, E사 직원, 자카르타 주재 미국 대사관 등 각 지역 이해 관계자로부터 전화를 받았다.

그는 자카르타에서 전개되고 있는 사건을 진지하고 빠르게 파악했다. 또한 사태의 심각성을 인식하기 시작했다. 그는 협회 직원 몇 명과 그 가족들이 대피할 것이라는 전망과 함께 앞으로 며칠 동안 필요한 조직의 세부 사항들에 정신이 팔려 잠을 이루기가 힘들었다.

5월 14일

밤새 잠을 설친 A는 E사 담당자에게 전화를 걸어 인도네시아 제2의 도시인 수라바야와 자카르타에 살고 있는 8,000명의 미국인은 가능한 한 빨리 출발해야 하며 미 태평양사령부가 비상사태를 위한 계획을 세우기 시작했음을 알렸다. 미 태평양사령부는 상황이 더 악화될 경우를 대비하여 미국 시민들을 긴급히 철수시킬 계획이었다. 그리고 미군 함대가 태국 앞바다에 배치되어 지원을 위해 대기하고 있었다고 한다. 이것은 자카르타의 상황이 상당히 악화되었다는 것을 의미했다.

E사는 대사관 대피 계획과는 별도로 대피 계획을 수립했다. 대사관이

대피 명령을 내려 지역을 더욱 불안정하게 만들 정치적 함의와 잠재성을 고려해야 했기 때문이다. 미국 대사관의 철수는 현 정부가 더 이상 생존할 수 없거나 상황을 감당할 수 없다는 것을 의미한다. 이에 따라 대사관은 대피 결정을 최대한 미룰 예정이다. A는 일반적으로 대사관 대피 계획은 우발적인 목적으로만 사용하기를 원했다.

그는 블랙커피를 여러 잔 마시던 중 인도네시아 주재 미국 기업들이 대피령을 위해 주재원들을 시내 호텔로 이동시키기 시작했다는 AP통신 보도를 들었다. 이것이 그가 외국인 직원과 그들의 가족을 위해 비슷한 준비를 하도록 촉진시켰다. 자카르타에 있는 E사의 팀이 그들을 자카르타 시내에 있는 국제적으로 관리되는 호텔로 호송할 계획이었다.

A는 자신이 이 조치를 취했다는 사실에 다소 안도했다. 그는 하루 종일 E사 담당자와 여러 언론으로부터 자카르타가 일련의 폭력적 폭동으로 폭발해 수백 개의 상점, 쇼핑몰, 사무실이 파괴돼 공황상태에 빠진 주민들이 공항이나 시내 호텔의 상대적 안전을 위해 피신했다는 소식을 들었다.

언론 보도를 늘리기 위해 그는 E사 담당자, 관제센터와 하루 종일 통화했다. 그는 또한 현장 관리자들과 접촉하려고 시도했지만 무정부 상태에서 사업부를 운영하느라 바빴기 때문에 현장 관리자들과 접촉하려는 노력이 종종 좌절되었다.

그가 현장 관리자들과 통화를 했을 때, 자카르타에서 일어난 일에 대해 지나치게 신경 쓰지 않았고, 그들이 자카르타 밖에서 가장 큰 혼란을 피할 수 있는 안전한 거리에 있다고 느꼈던 것에 대해 다소 놀랐다. 현장 관리자들과 통화를 했을 때, 그가 현재의 위험으로 간주한 일을 한 것에 대하여 현장 관리자들의 안일한 태도에 다소 놀랐다. 그들은 자카르타에서 일어난 사건들에 대해 지나치게 신경 쓰지 않았다.

그들은 자카르타 밖에서 안전한 거리에 있다고 느꼈으며, 혼란의 최악의 상황을 피하기에 충분하다고 느꼈다. 따라서 그들은 현장에서 필요할 경우 운용을 중지하고 안전을 확보할 준비를 했으니 지나치게 염려할 것이 거의 없다는 것을 A에게 안심시켰다. 그러나 중국 직원들은 앞으로 며칠 동안은 저자세를 취하는 것이 현명할 것이라는 것을 인정했다.

그동안 호텔방을 함께 쓰고 있던 직원 가족들 중 일부는 자카르타 현지 상황에 대해 이야기를 나누고 있었다. 자카르타에 있는 외국인 비공식 통신망에 떠도는 여러 가지 불온한 소문들에 의해 강화된 이러한 논의들은 피난에 대한 긴급함을 증가시켰다. 그들은 한국에 있는 가족들에게 이러한 우려를 전달하고 있었다. 이것은 행동에 대한 압박감이 커지고 있다는 것을 의미했고 그는 모든 면에서 압박감을 느꼈다.

아무도 자카르타에서 사망자 수를 확정할 수 없었지만, 그는 목격자들로부터 북 자카르타의 차이나타운 구역이 특히 파괴되었다는 보고를 받았다. 이것은 도시의 다른 지역의 사업체들이 중국 사업체로 오인되는 것을 피하기 위해 프레부미라고 쓰인 표지판을 사업체 외부에 세우도록 자극했다. 그는 이날 밤 학교와 기업체 휴업, 교통 서비스 중단, 공항 간 도로를 따라 집단 폭동으로 인한 공항 지연과 결항 등의 보도를 들으며 큰 불안감을 갖고 뉴스를 지켜봤다. 그는 공항으로 가는 길에 폭동에 의해 차가 멈춰져 있던 희생자들이 차에서 내려 구타와 강도를 당했다는 보고를 들었다. 중국인과 국외 추방자들은 인구의 부유한 계층이었고 도망갈 가능성이 가장 높았기 때문에 주된 대상이었다. 자카르타발 뉴스에서는 마치 포격을 당한 것처럼 보이는 도시의 여러 구역에서 검은 연기 자두가 피어오르는 것을 볼 수 있었다.

목요일 밤까지 모든 국외 거주 협회지부 직원과 가족들은 각자의 집에서 옮겨져 호텔에 묵었다. 그러나 이것은 부분적인 안도감만을 주었다. 그는 CNN이 밤 뉴스에서 목요일의 사건을 보도하는 것을 지켜보면서 이들과 아마도 다른 직원들을 대피시킬 가능성이 빠르게 현실화되고 있다는 것을 알게 되었다. 이것은 그를 밤늦게까지 깨어 있게 했지만 새벽 3시가 되어 그는 휴식을 취하려고 누웠다.

5월 15일

금요일 아침 연례 회의가 끝나면서 A는 다음날 아침 홍콩으로 가는 첫 비행기를 예약했다. 이 시점에서 그는 직원들의 대피를 시작하기로 결정했지만 몇 가지 어려운 문제들이 남아 있었다.

직원들이 정확히 어떻게 대피해야 하는지 등의 까다로운 결정 외에 누구를 대피시켜야 하는지, 자카르타로 돌아가기를 원하는 매니저들의 재입국을 촉진해야 하는지 등 다른 어려운 결정을 내려야 하는 부담을 느꼈다. 인도네시아에 있는 직원들이 큰 위험에 처해 있다는 것은 분명했고, 당연히 관리자들은 그들이 직면하게 될 개인적인 위험과 상관없이 돌아오기를 원했다. 그는 그들이 확실히 돌아가고 싶은 것을 이해할 수 있었다. 그는 아내와 두 명의 어린 아이들이 있었다. 하지만 논리적으로는 그들의 귀환을 승인하는 것에 반대했다. 첫째, 관리자에 대한 개인 위험이 크고 증가할 가능성이 높다. 게다가, 그들의 귀환은 피난의 조직적인 흐름을 기하급수적으로 증가시켜 그들 가족에 대한 위험을 더욱 가중시킬 것이다. 그러나 많은 매니저들이 인도네시아 매니저들과 접촉하고 있었고 그들이 받고 있는 현장 보고는 언론을 통해 전해지는 것보다 훨씬 덜 심각하였다. 그래서 그들은 다시 들여보내 달라고 아우성이었다.

지난 며칠 동안의 사건들은 그를 너무 소모시켜 금요일 폐막 연회가 시작될 때쯤 그는 기진맥진했다. 그는 저녁 식사 후 바로 양해를 구하고, 다음날 홍콩으로 돌아갈 짐을 싸기 위해 호텔 방으로 돌아왔다. 그는 자신이 내려야 했던 몇 가지 어려운 결정들을 직면할 수 있는 힘을 얻기 위해 하룻밤 푹 자야 할 것이라는 것을 알고 있었다. 그는 잠을 깨서 다음 날을 준비하기 위해 더 많은 메모를 적으면서 잠을 설치었다.

의사결정

A는 또한 누구에게 긴급 원조를 제공할 것인가와 같은 다른 어려운 결정들에 직면했다. 그는 속으로 생각했다. 인도네시아에 있는 250명의 직원 모두에게 안전한 피난처를 제공해야 하는가? 만약 그렇다면 그 비용은 엄청날 것이다. 그리고 누가 그 비용을 지불하게 될까? 그것은 유닛의 예산, 지역 경비 예산 또는 심지어 일반 비상 자금의 예산을 사용해야 하는가? 게다가 일부 직원들에게만 피난처를 제공하는 것의 영향은 사기와 도덕성 측면에서 모두 막대할 수 있다. 내가 특정 직원만 피난처를 제공하기로 결정한다고 해도 어떤 요소가 내 결정의 근거가 되어야 하는가? 직원의 근속 연수는? 근무 기록은? 그들의 민족성은? 떠나고 싶다는 의사를 분명히 밝힌 사람들만 대피해야 하는지? 물론, 그 자신의 도덕적 관점은 제 결정에 영향을 미치지만 또한 이사로서 제 행동과 그것들의 의미도 고려해야 한다. 곤경에 처해 있지만 이 상황에서 누군가는 어려운 결정을 내려야 한다. 그는 그 책임을 떠맡았고 그것을 받아들여야만 한다. 현 시점에서 가장 중요한 것은 직원들의 안전이다. 그는 어떤 결정을 내려야 하는가?

경영 사례 9

개요

폐기(물)은 어떤 형태이던지 간에 생산 과정을 수반한다. 본 사례에서는 생산 과정은 다양한 고객을 위해 작은 서적들을 생산하는 A 도서출판의 출판 과정을 고려한다. 일 년 동안 인쇄기를 활용하여 출판 과정으로부터 발행된 127회의 데이터(번호)는 다음 페이지 표 1에 나열되어 있다. 표 1에서 알 수 있듯이 대부분의 서적 출판 과정에서는 일부 책이 낭비된다. 낭비되는 서적 의 수(C)는 고객이 요청한 서적의 수(A)와 고객의 요청을 만족시키기 위하여 실제로 생산된 총 서적의 수(B)에 의해 영향을 받는다. 즉, 표 1에서 B=A+C이다. 게다가 어떤 책들은 다른 책들보다 더 복잡하다. 8페이지나 16페이지(페이지 수)의 책들은 하나의 웹으로 제작될 수 있는 반면, 24페이지나 32페이지의 책들은 두 개의 웹을 필요로 하므로 이것은 마지막 책에서 어떤 종류의 오류의 가능성을 증가시킨다. 마찬가지로, 색상의 수(컬러)가 더 많은 책들은 만족스러운 제품을 생산하기 위해 다른 색들이 서로 적절하게 정렬되어야 하므로 오류가 더 많이 발생하기 쉽다.

의사결정

이 회사의 책은 보통 4색이지만 때때로 색의 수가 다른 경우도 있다. 사용된 용지의 기본 무게(용지무게, 단위는 Kg) 또한 폐기물(즉, C)에 영향을 미칠 수 있다. 4색 서비스를 인쇄하는 과정에서 이 회사는 다양한 크기의 책(8페이지, 16페이지 등)에 대해 공통의 폐기물 계수(waste factor)를 가정한다. 4색 도서가 아닌 다른 도서의 가격 견적은 별도로 제공되지만 경영 분석가는 모든 크기의 4색 도서에 대해 폐기물 계수가 실제로 동일해야 하는지 여부를 확인하려고 한다. 당신이 회사의 경영 분석가라면 이것에 대해서 최고 경영의사결정자에게 어떻게 조언을 할 수 있겠는가?

표 1 데이터

번호	A	B	C	페이지 수	용지 무게 (Kg)	컬러
1	52700	64700	12000	24	70	1
2	48000	7700	2900	8	50	2
3	13100	16700	3600	16	60	4
4	72000	77400	5400	16	50	4
5	72000	77200	5200	16	50	4
6	72000	80100	8100	16	50	4
7	26700	33100	6400	8	80	4
8	26700	31900	5200	32	60	4
9	29100	37100	8000	24	70	1
10	10300	14700	4400	32	50	1
11	10300	14000	3700	16	50	4
12	10300	15600	5300	16	70	4
13	7900	11500	3600	32	70	4
14	7900	10600	2700	16	60	4
15	20800	23700	2900	16	40	1
16	16300	19900	3600	8	40	4
17	17900	20200	2300	8	40	4
18	53100	58600	5500	16	47	4
19	53100	60000	6900	16	47	4
20	26200	37300	11100	16	60	4
21	26200	34400	8200	32	60	4
22	37300	45800	8500	32	60	4
23	52500	57500	5000	32	60	1
24	23500	28300	4800	32	60	1

번호	A	B	C	페이지 수	용지 무게 (Kg)	컬러
25	23690	31000	7310	8	40	4
26	17900	24000	6100	16	40	4
27	28325	34400	6075	32	47	4
28	28325	33500	5175	32	47	4
29	28325	33000	4675	16	47	4
30	50000	59400	9400	16	47	4
31	51200	57900	6700	16	40	5
32	51200	57900	6700	16	40	4
33	11000	14600	3600	16	40	4
34	7800	10800	3000	16	60	4
35	3200	6300	3100	16	60	4
36	20000	25300	5300	16	70	4
37	26550	32200	5650	16	60	4
38	26550	32200	5650	16	40	5
39	26550	36300	9750	24	40	4
40	19570	24700	5130	32	70	4
41	16000	18100	2100	16	70	2
42	24383	34000	9617	32	70	4
43	24383	30600	6217	32	50	4
44	36300	41800	5500	32	50	4
45	36380	42900	6520	32	50	4
46	14200	18200	4000	16	50	4
47	14200	17200	3000	8	50	4
48	10800	13900	3100	32	50	1
49	11900	14800	2900	16	50	4
50	10800	15400	4600	32	70	4
51	31300	38000	6700	24	40	4
52	52700	62300	9600	16	70	6
53	13100	16300	3200	16	60	4
54	4350	9200	4850	32	50	4
55	66560	82000	15440	16	60	5

번호	A	B	C	페이지 수	용지 무게 (Kg)	컬러
56	66560	82100	15540	24	60	2
57	66560	83300	16740	32	60	2
58	36000	46600	10600	8	100	4
59	72000	83700	11700	16	50	4
60	43000	48400	5400	16	50	4
61	72000	78500	6500	16	50	4
62	72000	81400	9400	16	50	5
63	11300	14500	3200	16	80	4
64	5700	9800	4100	8	80	4
65	29000	34500	5500	16	70	4
66	29000	35400	6400	32	47	4
67	29000	35700	6700	32	47	1
68	10300	17000	6700	24	60	1
69	10300	19700	9400	32	60	4
70	17300	27900	10600	32	50	1
71	17300	22500	5200	32	70	4
72	14000	21900	7900	24	60	4
73	14000	20800	6800	16	70	4
74	15600	19100	3500	8	60	1
75	20900	28900	8000	24	60	4
76	15600	20400	4800	24	60	4
77	15600	24400	8800	32	40	4
78	11300	16500	5200	8	80	4
79	5150	11200	6050	8	100	4
80	53100	61900	8800	16	47	4
81	53100	58600	5500	16	47	4
82	53100	57300	4200	16	47	4
83	26200	34700	8500	32	60	1
84	8659	14900	6241	16	50	4
85	15028	18700	3672	8	47	4
86	52500	55100	2600	8	60	1

번호	A	B	C	페이지 수	용지 무게 (Kg)	컬러
87	52500	57400	4900	16	60	4
88	52500	56800	4300	16	60	4
89	52500	58900	6400	16	60	4
90	23690	26000	2310	16	40	4
91	41000	45200	4200	8	40	1
92	41000	54100	13100	32	47	4
93	17100	22300	5200	32	60	4
94	12650	16600	3950	16	70	4
95	12650	16600	3950	24	47	4
96	14162	19500	5338	8	100	4
97	14400	18500	4100	16	45	4
98	14400	19200	4800	16	45	4
99	14400	20700	6300	16	60	5
100	20850	26200	5350	32	70	4
101	28325	35200	6875	16	47	4
102	11400	14200	2800	16	40	4
103	5625	10000	4375	16	50	4
104	5625	8200	2575	16	50	4
105	5625	11300	5675	16	50	4
106	50000	56800	6800	16	47	4
107	50000	60300	10300	16	47	4
108	50000	56000	6000	16	47	4
109	50000	56000	6000	16	47	4
110	51200	61000	9800	16	70	4
111	38100	48000	9900	24	50	2
112	38700	51100	12400	32	60	4
113	54075	62400	8325	24	45	4
114	54075	63000	8925	32	45	2
115	27037	31100	4063	32	100	4
116	20000	35000	15000	32	47	4
117	27150	37400	10250	24	40	4

번호	A	B	C	페이지 수	용지 무게 (Kg)	컬러
118	20000	32000	12000	32	47	4
119	18050	26000	7950	8	60	4
120	36380	45200	8820	16	50	4
121	7200	11100	3900	8	70	4
122	36380	40500	4120	16	50	4
123	36380	42000	5620	32	50	4
124	36380	41700	5320	32	50	4
125	24000	35500	11500	32	60	4
126	15450	21100	5650	16	60	4
127	15450	23300	7850	16	80	4

경영 사례 10

개요

H 전자주식회사는 키보드와 데이터 입력 장치를 제조 생산하고 있다. 이 회사의 대부분의 제품에는 하나 또는 그 이상의 버블 모양의 강철 제품이 포함되어 있다. 이 강철제품은 마일라(mylar) 표면 위에 놓이게 되며, 키를 누르면 물리적으로 이 강철제품을 눌러서 적절한 전기적 접촉을 유발한다. 컴퓨터는 그 결과 전기신호를 받게 된다. (마일라는: 내열성 플라스틱 필름 및 시트를 만드는 데 사용되는 폴리에스테르 수지의 한 형태이다.

돔 로더라고 불리는 로봇 조립체는 이 강철제품을 마일라 표면에 로딩하며, 그 과정은 다음과 같다. 마일라 시트는 20" x 27" 크기의 시트로 제공되며, 돔 로더에 수동으로 공급됩니다. 돔 로더는 릴로부터 한 번에 하나씩 이 강철제품을 가져와서 (좌표 x와 y로) 지정된 위치에 있는 밀러 시트 위에 놓는다. 좌표 x와 y는 수평과 수직의 거리를 나타내며, 원형 돔(강철제품)의 중심 위치를 지정한다. 그림 1은 두 돔의 예를 나타낸다. 돔 A는 좌표 x와 y가 1.425와 0.800인치이다. 돔 B는 좌표 x와 y가 2.300과 1.625인치이다. 돔이 마일라 (mylar) 시트 표면 위에 놓이게 되면 시트는 강철 다이커팅 프로세스를 사용하여 최종 크기로 자르는 기계에 수동으로 공급된다.

키보드나 이와 유사한 제품이 안정적으로 작동하려면 이 공정에서 정확하게 배치된 돔이 있는 마일라 시트를 제작해야 한다. 업계는 현재 돔 배치가 x와 y좌표로부터 플러스/마이너스 0.01인치 이내이면 허용 가능한 것으로 간주하고 있으며, 이는 일반적으로 수공구에 의해 달성 가능한 범위이다. 그들은 돔 로딩이 허용 가능한 시트를 생산하는지 여부를 확인하고 어떤 문제를 수정하는 데 있어 돔 로더의 제조에 도움이 될 것 같은 정보를 제공하기 위해 한 제품을 연구했다. 돔 로딩을 위한 좌표 x와 y가 데이터 세트에 있으며, 연속해서 5개의 시트가 측정되었다. 각 시트는 9개의 돔을 포함하고 있다. 데이터 세트는 다음과 같은 변수를 포함한다. A는 시트의 번호를, B는 돔의 번호를 나타낸다. C는 실제 돔의 중심으로부터 x축으로의 거리를, D는 돔의 x 좌표를 나타낸다. 변수 E, F는 y의 경우를 나타낸다. 변수 C, D는 특수하고 정확한 측정으로, 변수 E, F는 y의 경우로 모두 제조 공정 완료 후 측정되었다.

의사결정

이 프로세스가 허용 범위 내에서 작동하는가? 공정의 변동을 줄일 수 있는 방법을 제시하는 패턴이 있나? 당신이 회사의 경영 분석가라면 이것에 대해서 최고 경영의사결정자에게 어떻게 조언을 할 수 있겠는가?

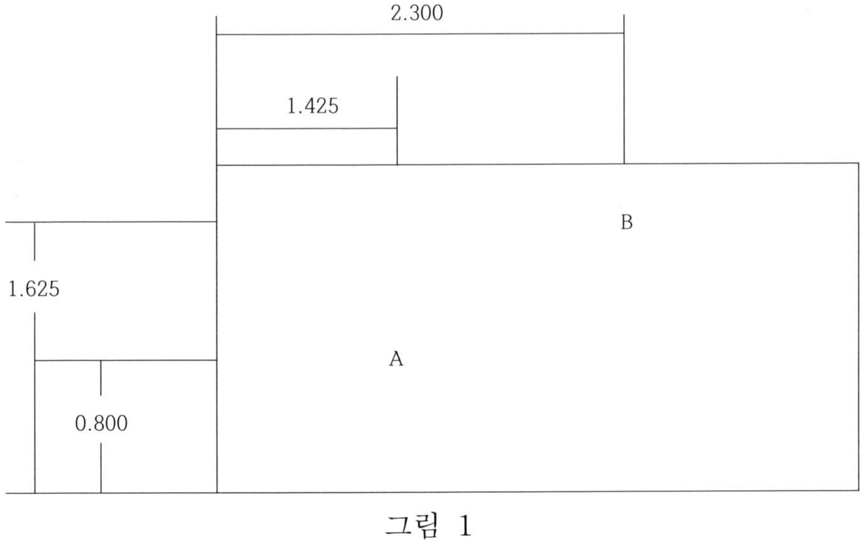

그림 1

표 1 데이터

	A	B	C	D	E	F
1	1	1	1.439	1.425	0.804	0.800
2	1	2	2.321	2.300	1.625	1.625
3	1	3	3.853	3.863	2.262	2.250
4	1	4	5.120	5.113	2.253	2.250
5	1	5	2.928	2.925	2.885	2.875
6	1	6	5.439	5.425	2.896	2.875
7	1	7	7.311	7.300	2.888	2.875
8	1	8	7.299	7.300	1.641	1.625
9	1	9	7.859	7.838	0.195	0.175
10	2	1	1.416	1.425	0.805	0.800
11	2	2	2.285	2.300	1.631	1.625
12	2	3	3.860	3.863	2.258	2.250
13	2	4	5.098	5.113	2.255	2.250
14	2	5	2.916	2.925	2.900	2.875
15	2	6	5.413	5.425	2.884	2.875
16	2	7	7.288	7.300	2.884	2.875
17	2	8	7.296	7.300	1.655	1.625
18	2	9	7.826	7.838	0.185	0.175
19	3	1	1.430	1.425	0.805	0.800
20	3	2	2.301	2.300	1.612	1.625
21	3	3	3.867	3.863	2.237	2.250
22	3	4	5.116	5.113	2.254	2.250
23	3	5	2.920	2.925	2.883	2.875
24	3	6	5.432	5.425	2.868	2.875
25	3	7	7.296	7.300	2.868	2.875
26	3	8	7.299	7.300	1.632	1.625
27	3	9	7.833	7.838	0.178	0.175
28	4	1	1.412	1.425	0.793	0.800
29	4	2	2.292	2.300	1.623	1.625
30	4	3	3.860	3.863	2.248	2.250
31	4	4	5.102	5.113	2.252	2.250
32	4	5	2.931	2.925	2.892	2.875
33	4	6	5.425	5.425	2.881	2.875
34	4	7	7.307	7.300	2.883	2.875

35	4	8	7.295	7.300	1.631	1.625
36	4	9	7.828	7.838	0.181	0.175
37	5	1	1.412	1.425	0.793	0.800
38	5	2	2.292	2.300	1.611	1.625
39	5	3	3.852	3.863	2.238	2.250
40	5	4	5.102	5.113	2.236	2.250
41	5	5	2.919	2.925	2.873	2.875
42	5	6	5.413	5.425	2.859	2.875
43	5	7	7.294	7.300	2.862	2.875
44	5	8	7.294	7.300	1.619	1.625
45	5	9	7.834	7.838	0.172	0.175

경영 사례 11

개요

C 국립공원은 남아프리카 공화국의 대표적인 보호구역으로, (야생 동물 관리 목장) 국제적인 사냥꾼들에게 트로피 사냥 기회를 제공한다. 현재 C 국립공원은 세 가지 사냥 패키지를 판매하고 있으며, 각 패키지는 이용 가능한 동물의 다른 조합으로 구성되어 있다.

야생동물 관광 경영

야생 동물 관광은 야생 동물 관람과 같은 야생 동물의 비소비적인 사용과 트로피 사냥과 같은 소비적인 사용(상당히 많은 돈을 벌어들일 수 있음)을 통해 21세기 아프리카 최대의 산업이 되어 왔다. 야생 동물 관광으로 가장 잘 알려진 나라 중 하나인 케냐에서 코끼리 관람은 연간 2500만 달러로 추산된다. 남아프리카에서는 사냥과 판매로 매년 7천 7백만 달러가 모금된다. 엄선된 트로피 종의 높은 가격(예: 흰 코뿔소 한 마리당 28,000달러)은 사냥꾼 한 명이 쓰는 지출이 100명의 관광객으로부터 벌어들인 수입과 맞먹는 수익을 창출한다.

게임 리저브

대부분의 게임 리저브(사냥터, 보호 구역)의 크기는 5,000 헥타르 미만이다. 보호구역은 울타리가 쳐진 지역으로 이루어져 있으며, 일반적으로 너무 작아서 대형 포식자를 부양할 수 없기 때문에 필요한 다양한 종을 선택해야 한다. 이 보호구역에는 초식동물이 서식하며, 벌크 방목, 집중 방목, 또는 나무를 먹는다(bulk graze, concentrated graze or browse trees). 각 보호 구역은 식생의 혼합과 그에 따른 동물 종별 지원 능력에 따라 달라진다. 표 1은 가장 일반적인 동물 15마리와 그들의 영양소 요구 사항을 나열한다. 각 종의 영양소 요구 사항은 동물 단위, 즉, AU로 명시되어 있다. 1 AU(동물 단위)는 연간 1000파운드짜리 가축 소가 소비하는 음식의 양이다.

이 동물들은 일정한 나이와 크기에 도달하면 트로피 사냥용으로 판매된다. 예를 들어, 버펄로를 생각해 보자. 수컷은 11살이 되면 사냥을 할 수 있다. 어린 수컷과 나이든 암컷은 선택적으로 수확되며, 충분한 수의 암컷이 번식을 위해 성숙할 수 있도록 하는 동시에 트로피 사냥용 수컷에게도 먹이를 제공한다. 보호구역의 수익은 성숙한 수컷의 트로피 사냥과 선택되고 수확된 어린 수컷과 나이든 암컷의 육류 판매에서 나온다. 표 2는 표 1에 열거된 것과 동일한 15종의 사냥감에 의한 수입을 보여준다. 지속 가능한 종의 혼합, 즉 지속 가능한 개체수를 보장하기 위해 매년 혼합된 무리(성별 및 연령)의 사냥과 선택에 따른 수입은 AU 단위로 나열된다.

사냥 패키지

큰 전리품뿐만 아니라 덜 찾는 종을 팔기 위해 트로피를 패키지로 비축하고, 현실적인 야생 환경을 유지하는데 도움을 준다. 일반적으로 4가지 종류의 패키지가 판매된다.

1. 3대 트로피(리노, 버펄로, 코끼리) 중 하나와 최소 5개의 트로피,
2. 빅 3(3대 트로피) 중 2개, 최소 10개의 트로피,
3. 3대 트로피와 최소 14개 트로피 모두
4. 적어도 eland, nyala, kudu 중 2 개, (빅 3는 하나도 없음).

표 3에는 클래스 2, 3, 4의 세 가지 샘플 패키지가 나와 있다. 1이라고 표시된 것은 그 종이 해당 패키지에 포함된 종이라는 것을 나타낸다.

C 국립공원

C 국립공원은 남아프리카공화국에 새로 형성된 사냥을 위한 공원이다. 이를 위해 15만 평방킬로미터의 야생 지역이 확보되었다. 이 보호구역은 현재 3개의 트로피 사냥 패키지를 제공하고 있다.

이 지역을 관리할 때 고려해야 할 주요 제약조건은 이용 가능한 식량자원과 각 종의 요구조건이다. (표 1, 2, 3 참조) 개별 종 요구 사항은 동물 단위(AU)로 표시된다. 편의상, 판매된 트로피로부터의 수익은 또한 AU 소비에 의해 계산된다. 예를 들어 코뿔소는 AU당 352파운드이고 4.21AU를 소비한다. 이 구역은 bulk graze, concentrated graze 또는 browse graze의 세 가지 방목 유형의 식량 자원을 가지고 있다. 각 종은 그림 1에 (강의 당일에 제공) 나열된 각 방목원의 선호비율을 보여준다.

의사결정

국립공원 측은 트로피 사냥을 위한 동물을 지원하기 위해 각각 벌크방목 – 250 AU(bulk graze), 농축 방목 – 150 AU (concentrated graze), 부라우즈(browse) 방목 – 100 AU로 총 500 AU의 방목을 사용할 수 있다고 결정했다. 경영진은 보호구역이 원활하게 운영되도록 하고 가능한 한 야생 환경을 보존하기 위해 추가적인 운영 제약을 다음과 같이 추가했다.

요구 사항:

1. 사냥 일수가 150일을 넘지 않아야 하며, 하루에 최대 2개의 트로피를 획득해야 한다.
2. 각 시장 클래스에서 판매되는 최대 패키지 수: 클래스 1부터 클래스 3의 경우 10개 패키지 이하, 클래스 4의 경우 8개 패키지 이하.

관리부서는 현재 패키지의 최적의 조합을 확인하려고 한다. 게다가 낭비될 수 있는 방목 자원을 활용하기 위해 새로운 패키지를 개발하는데 관심이 있다. 당신이 회사의 경영 분석가라면 이것에 대해서 어떤 결정을 내릴 수 있겠는가?

표 1 PREFERRED FOOD REQUIREMENT BY SPECIES

specise	Bulk	Concentrate %	Browse	AU/animal
Rhino/White	0.9	0.1	0.0	4.21
Buffalo	0.9	0.1	0.0	2.33
Zebra	0.7	0.3	0.0	1.25
Waterbuck	0.6	0.4	0.0	0.50
Wildebest	0.3	0.7	0.0	1.00
Hartebeest	0.2	0.8	0.0	0.40
Reedbuck	0.3	0.7	0.0	0.40
Warthog	0.1	0.9	0.0	0.60
Elephant	0.4	0.0	0.6	7.32
Eland	0.4	0.2	0.4	0.20
Nyala	0.0	0.4	0.6	0.19
Impala	0.0	0.7	0.3	0.16
Ostrich	0.0	0.5	0.5	0.40
Giraffe	0.0	0.0	1.0	1.58
Kudu	0.0	0.1	0.9	0.24

표 2 REVENUES BY SPECIES

	Return ($) per AU
Rhino/White	352
Buffalo	1,838
Zebra	96
Waterbuck	157
Wildebest	159
Hartebeest	157
Reedbuck	325
Warthog	140
Elephant	30
Eland	156
Nyala	501
Impala	155
Ostrich	251
Giraffe	114
Kudu	93

표 3 HUNTING PACKAGES

Package	1	2	3
Class	2	3	4
Species			
Rhino/White	1	1	0
Buffalo	1	1	0
Zebra	1	1	1
Waterbuck	0	1	1
Wildebest	1	1	1
Hartebeest	0	1	1
Reedbuck	1	1	1
Warthog	1	1	0
Elephant	0	1	1
Eland	0	1	1
Nyala	1	1	1
Impala	0	1	1
Ostrich	1	1	1
Giraffe	1	1	1
Kudu	1	0	1

경영 사례 12

개요

A는 1993년 7월 캐나다 온타리오주 구엘프(Guelph, Ontario)시에 있는 HMT사(트랜스포머제조회사)의 변압기 공장에 (기존의 공장장인 E와 함께) 부공장장으로 합류하였다. 그는 마을 반대편으로 약 10km 떨어진 거리에 위치한 H 가문 소유의 캐비닛 공장(cabinetry plant)에서 변압기 인클로저(transformer enclosures)를 HMT 변압기 공장으로 납품하는 것과 관련된 몇 가지 자재 관리 문제를 알게 되었다. 캐비닛 공장으로부터의 늦은 배달은 매우 불만족스러웠으며, 이 결과로 변압기 공장의 생산 및 납품 지연이 발생하였다. 고객은 이를 받아들일 수 없었다. 캐비닛 공장의 공장장은 늦은 배송의 주요 원인은 예측 정확도, 고객 수요의 잦은 변화, 스케줄 설정 기법, 그리고 설계 변경이라고 믿었고 그 결과는 자원의 낭비와 판매 손실이었다. 그러나 이 문제에 대한 책임을 평가하는 것보다 지연 배달, 재고 부족, 주문 밀림, 공장 간 불만 수준을 줄이는 데 더 많은 관심이 있었다.

HMT사

1917년, H 가문은 전쟁과 다른 목적을 위한 변압기를 제조하기 위해 온타리오주 구엘프에 HMT 변압기 제조 회사를 설립했다. 비록 그 회사가 최근에 공매도를 위해 주식을 발행했지만 H 가문은 여전히 그것을 통제했다. 몇 년 동안 매출은 약 1억 4천만 달러로 증가했다. HMT회사는 비슷한 규모의 3개의 운영 그룹을 가지고 있었으며, 각 그룹은 사장과 운영 임원을 가지고 있었다. 윤활유로 채워진 변압기를 담당하는 그룹은 윤활유로 채워진 변압기에만 국한되어 운영하였다. 캐비너트리 그룹(Cabinetry Group)은 구엘프 시 북서쪽에 제조 공장을 가지고 있었고 구엘프 변압기 공장에서 남동쪽으로 약 5km 떨어진 작은 마을인 애버포일에 9,000 평방미터의 창고를 가지고 있었다. 회사의 관리 사무소는 캐비너트리 그룹의 공장안에 위치해 있었다.

HMT는 이외에도 구엘프에서 서쪽으로 약 20km 떨어진 온타리오주 워털루에, 구엘프에서 북서쪽으로 약 100km 떨어진 온타리오주 워커튼, 미국의 위스콘신주 바라부, 캘리포니아주 콤프턴에 각각 제조 공장을 가지고 있었다. 이들 공장에서는 매우 많은 종류의 전기 변압기를 생산했으며, 인쇄 회로와 디지털 데이터 처리 장비에 사용되는 미니어처 장치에서부터 작고 큰 전기 기구에 사용되는 장치, 상업용 건물과 전기 유틸리티에 사용되는 거대한 장치까지 그 용도가 다양하한 제품을 생산하였다.

HMT사의 카탈로그에는 변압기를 "전자 유도에 의해 한 전압 또는 전류에서 동일한 주파수의 다른 전압 또는 전류로 전기 에너지를 변환하는 전기 장치"라고 정의했다. 공장마다 변압기 범위가 달랐지만 재해 발생 시 유연성과 중복성을 확보하기 위해 일부 중복이 있었다. 미국 위스콘신주 바라부 공장은 구엘프 공장과 매우 유사한 생산 라인을 가지고 있었다. 구엘프 남서부에 있는 시설은 HMT 그룹 중 매출면에서 가장 규모가 컸다. 상업용과 건물을 위한 6, 7개의 건식 변압기 제품(라인 당 여러 개 제품을)을 생산했다.

킬로볼트-암페어 단위는 킬로와트(kW)의 표준 약어이다. kVA는 킬로볼트-암페어 단위의 표준 약어로(kilovolt-amps), 이전에는 킬로와트(kilowatts) 또는 kW로 알려져 있었다. 회사 임원은 kVA를 "변압기가 지정된 온도 상승을 초과하지 않고 정격 2차 전압 및 정격 주파수에서 지정된 시간 동안 전달할 수 있는 출력"으로 정의했다.

변압기는 3kVA(약 30kg)에서 최대 15,000kVA(2만kg 이상)까지 분포되어 있었으나 거의 모든 것이 7,500kVA 미만이었다. 표준 제품 라인은 9-750 kVA 분배 변압기였으며, 각 변압기는 다음과 같은 기능을 가진 완제품의 필수적인 부분인 두꺼운 판금 인클로저(sheet-metal enclosure)로 둘러싸여 있었다.

· 변압기 권선 및 전기를 운반하는 버스 바 보호
· 해당 전기로부터 환경 보호
· 변압기 권선을 위한 내부 장착 베이스 제공
· 조립된 장치를 위한 외부 장착 베이스 제공
· 변압기를 전기 공급원과 건물 모두에 전기적으로 연결하는 데 필요한 도관을 위한 적절한 크기의 펀치아웃 홀을 제공

구엘프 변압기 공장은 캐비닛 공장에서 생산하는 금속 인클로저의 약 10-15%를 구입했다. 나머지는 다른 HMT그룹 내의 다른 공장에 할당되었다. 따라서 구엘프 변압기 공장은 외부 공급업체로부터 인클로저의 약 25%를 구입했다. 공장장의 말에 따르면 "캐비닛 공장에서 만드는 인클로저는 리드 타임이나 특수 기능에 대한 당사의 요구 사항을 항상 충족할 수는 없습니다. 많은 양의 표준 제품을 실행하도록 설정되어 있습니다. 그러나 배전 변압기 인클로저 일부를 그곳에서 구입합니다."

인클로저는 변압기 공장 자재 구매 금액의 약 20%를 차지했으며 나머지 대부분은 반제품이나 작업 중인 자재보다는 원자재였다. 이 변압기 공장은 러그와 서모스탯과 같은 다른 품목들을 구매했지만, 재료구매의 65-75%는 전기강, 구리 및 알루미늄 와이어, 코일 바 스톡이었다. 이 공장은 총 200여개의 상품 및 서비스 공급 업체와 거래했다.

예측 및 생산 계획

매년 10월 회사의 연간 계획 활동의 일환으로 영업 직원은 제품 라인별로 다음 연도의 판매 예측치를 작성했다. HMT사는 10개에서 12개

의 제품 (라인 별 생산) 생산했다. 해가 지남에 따라 회사는 일련의 계획 회의에 대한 예측을 수정했다. 회사의 고위 관리자들은 매 분기마다 지난 분기의 진행 상황과 올해 남은 기간의 전망을 검토했다. 그룹 및 플랜트 직원은 매월 및 매주 각각 실적을 검토했다. 예측에 근거한 그들의 결정을 바탕으로, 캐비닛과 변압기 공장은 다음 해의 생산을 계획했다.

자재 이동

변압기 생산을 위한 자재 이동은 다음과 같이 아주 간단했다. 변압기 공장은 영업부로부터 변압기(또는 단일 맞춤형 변압기)를 주문받았으며, 일반적으로 필요한 납품일은 2주이하였다. 보통 재고가 있는 원자재는 인력이 확보되는 대로 생산에 들어갈 수 있었다. 변압기의 생산 공정은 필요한 코일을 감는 것으로 구성되었다. 코어 스틸 준비, 조립, 바니싱, 최종 조립 및 테스트. 커스텀 유닛의 경우에도 제작에는 보통 5일이 소요되었으며, 빠른 제작에는 24시간이 소요되었다. 적절한 크기의 인클로저 구성품이 변압기 공장의 재고에 충분히 재고가 있는 경우, 권선을 설치하고 인클로저를 조립한 후 출하된 주문을 추가할 수 있다.

경제적 주문량을 고려하여 캐비닛 공장의 특별 주문을 받자마자 일정을 수정했다. 전형적으로 변압기 공장의 표준 외함 2개의 배치를 매주 순환 방식으로 생산하여 대략 매달 단일 인클로저를 생산했다. 변압기 공장에 대한 일괄운행을 마치자 제품을 변압기 공장으로 직접 운송했다. 애버포일 창고를 통해 다른 고객을 위한 제품을 유통했다.

변압기 공장의 인클로저 재고가 주문을 채우기에 너무 적으면 발전소는 9개의 표준 인클로저를 위해 캐비닛 공장과의 기존 주문에 대해 추가 유닛을 주문했다. 그리고 비표준 인클로저에 대한 주문서를 작성했다. 일반적으로 트랜스포머 그룹은 약 3~4개월 분량의 물량 또는 각 표준 인클로저에 대한 구매 주문을 발행하여 동일한 월 단위로 출시했다. 변압기 공장은 9개의 표준 인클로저 각각에 대해 약 2주간의 안전 재고량을 유지하려고 노력했다. 공급은 캐비닛 공장으로부터의 배송과 예측으로부터의 매출 변동에 따라 다양했다.

시스템 문제

부공장장 A는 곧 전반적인 수요와 제품 조합이 모두 상당히 다양하다는 것을 깨달았고, 재고 관리 직원들이 캐비닛 공장에서 신속하게 납품하려고 매우 바쁘다는 것을 깨달았다. 공장장 E는 납기 지연을 없애는데 협력할 의향이 있는 것처럼 보였지만 캐비닛 공장은 다른 고객에 대한 기존 약속을 어기지 않고는 않고 빈번한 변화에 신속하게 대응할 수 없었다.

A는 캐비닛 공장이 자매공장인 변압기 공장을 내부 고객으로 취급하여 외부(또는 제3자) 고객보다 우선순위가 낮다고 생각했다. 공장장 A와 E는 형편없는 배달 서비스에 대해 책임을 돌리는 데 시간을 낭비하고 싶지 않았지만, 두 사람 모두 주문 지연 문제의 주요 원인에 대한 정직한 평가가 그들의 문제를 해결하는 좋은 시작이 될 것이라고 믿었다. HMT사는 두 공장 간의 적시 납품 조정을 시도한 적이 없었다. 두 공장장 모두 적어도 3년 동안 그러한 프로그램을 시도할 준비가 되어 있다고 생각하지 않았다. A의 말을 빌리자면 다음과 같았다.

"기존 시스템을 변경하거나 다른 부품의 실행을 설정하기 위해 종료하는 데 걸리는 시간으로 추가 비용이 발생한다. 또한, 우리가 주문을 한 후부터 캐비닛 공장이 제품을 완성될 때까지의 시간은 우리가 고객에게 약속해야 하는 리드보다 더 길다. 캐비닛 공장은 유연한 제조 장비를 가지고 있지 않고 너무 바빠서 가지고 있는 자원으로 융통성을 발휘할 수 없다. 공장은 8,500개의 재고품을 생산하기 때문에 그 문제는 결코 사소하지 않았다."

A는 재고 부족 상황에 관한 한 필요한 납기일까지 납품할 수 없기 때문에 변압기 판매 손실이 있다고 믿었다. "판매 직원들은 2주 안에 꾸준히 납품할 수 있다면 매출을 5% 늘릴 수 있다고 말한다." 유통 변압기 사업에서는 짧은 리드 타임 대응이 항상 핵심 요구사항이었다. 1993년 경제의 부진으로 인해 그 산업은 과잉 생산 능력을 가지고 있었고 이로 인해 업체들 간의 경쟁이 증가했고 주요 차별화 요소로서 짧은 리드 타임을 더욱 강조했다.

A는 주문품을 제시간에 선적할 수 있는 거의 모든 시스템을 받아들일 준비가 되어 있었다. 일주일 전, 적시 또는 거의 적시 모두 현재 시스템에 대한 개선을 제공하는 것으로 나타났다. 그는 자신의 공장이 커스텀 변압기조차 빨리 생산할 수 있지만 단지 제때에 박스를 획득할 수 없다는 이유로 변압기를 (박스 안에) 넣을 수 없다는 사실에 매우 실망했다.

A는 표준화된 인클로저의 수를 4개 또는 5개로 줄이는 것은 실용적이지 않다고 생각했다. 그는 소형 변압기를 대형 인클로저에 넣을 경우 운송료가 상승하고, 가능한 최소 인클로저에 대한 고객 요청이 빈번하게 발생하는 등의 문제를 예상했다. 각 공장의 주요 자재 관리 직원들과 몇 차례 회의를 한 후, A와 E는 재료 흐름 문제의 주요 원인을 다음과 같이 확인했다.

· 영업부 집계로 판단한 미래 예측치은 대체로 매우 좋았지만, 특정 변압기 주문이 예산에서 매우 광범위한 것은 전혀 이례적인 일이 아니었다. 그 결과, 변압기 공장은 75kVA에서 112.5kVA의 인클로저를 사용할 수 있게 되는 동시에 30kVA에서 45kVA의 인클로저를 신속하게 공급하기 위해 필사적으로 노력할 수 있었다. 이 가장 인기 있는 크기의 제품의 예상하지 못한 판매로 인해 주문이 지연되었다.

· 인클로저에는 최소 6개의 부품이 있었고, 각 부품은 금속 스탬핑이

필요했으며, 일부는 스폿 용접이 필요했다. 캐비닛 공장에서는 변압기 공장보다 훨씬 자본 집약적이었다. 생산이 한 인클로저에서 다른 인클로저로 전환될 때 금형을 바꾸기 위해 스탬핑 프레스를 중단해야 했기 때문에 변압기의 주문과 표준 인클로저의 신속한 주문은 모두 캐비닛 공장의 주문 전달에 심각한 지연을 초래했다. 내각 공장은 계획되지 않은 전환으로 노동 시간을 낭비했을 뿐만 아니라, 중요한 인쇄 매체 운영 시간을 잃어 후속 계획된 생산도 지연시켰다.

· 변압기 공장은 만약 캐비닛 공장이 표준 인클로저의 주문을 제시간에 전달한다면 재촉을 하는 주문자들이 훨씬 적은 혼란을 일으킬 것이라고 믿었고, 따라서 예정되지 않은 주문의 혼란을 피할 수 있었다.

· 캐비닛 공장에서는 거의 모든 인클로저를 조립하지 않은 상태로 납품했지만 전체 인클로저 구성품 세트(일반적으로 6개)만 취급했다. 비록 이 관행이 언뜻 보기에 합리적으로 보였지만 여러 가지 이유로 인해 몇 가지 문제가 발생했다. 예를 들어, 변압기가 실수로 몇 개의 전선을 손상시킨 경우, 인클로저 부품의 균형을 되찾기가 매우 어려웠다. 설상가상으로 고객이 5개의 표준화된 면을 받아들이지만 맞춤형 바닥이 있는 인클로저가 필요한 경우, 변압기는 캐비닛 공장에서 6개의 구성품을 모두 도장해야 했고, 도장하는 동안 기다려야만 했다.

예상되는 발전 계획

최근 HMT 공장 그룹은 미국 유통업체와 구엘프와 바라부 공장에서 생산된 트랜스포머를 유통하는 계약을 체결했다. 트랜스포머 그룹은 이 계약이 1993년 4분기부터 연간 거래량을 크게 늘릴 것으로 A는 예상했다. 추가된 볼륨에는 몇 가지 운영상의 변경, 특히 인클로저 공급 관리를 위한 개선된 시스템이 필요할 것으로 예상했다.

추가 판매는 주로 표준 변압기가 될 것이며 미국과 캐나다 정부 및 안전 협회 요건을 모두 충족하는 (아직 설계되지 않은) 새로운 표준 인클로저로 포장될 것이지만 새로운 계약은 불가피하게 생산을 더 지연시킬 것이다. 미국에서는 윤활유으로 채워진 변압기 외에 일부 건식 분배 변압기가 실외(겨울 날씨가 주요 요인이 되지 않는 지역)에 설치되었다. 따라서 새로운 계약이 발효된 후 생산된 모든 표준 인클로저는 구운 전기 실외 페인트로 코팅되어야 한다. 각 구성 요소는 최종 조립 전에 코팅되어야 한다. 현재 이러한 코팅을 적용할 수 있는 캐비닛 공장 설비가 갖추어져 있지 않았기 때문에 가까운 장래에 주문 제작 시설에서 추가 생산 단계를 추가하거나 작업을 하청해야 할 것이다. 취급, 운송 및 재고 파악이 지연되는 영역이 증가하면 문제를 가속화하거나 재고 부족 및 지연에 대한 책임 배분이 증가할 가능성이 높다. 좋은 소식은 공장 제품의 99% 이상이 하나 또는 두 가지 색이고 고객의 로고 또는 기타 식별 마크로 장식되지 않았기 때문에 색상 변화가 추가적인 복잡성을 더하지 않는다는 것이었다.

의사결정

당신이 공장장이라면 재고 관리와 관련하여 어떤 경영의사결정을 내리겠는가?

경영 사례 13

개요

2001년 4월 22일 월요일 오전 11시 29분, 캐나다 온타리오주 사니아 시에 있는 R 기계제조회사는 A 택배회사로부터 중요한 기계 부품을 늦게 배달받았으나 간신히 생산 중단은 피했다. 자재 관리자인 재무부사장 W는 이전에 접촉한 택배회사 A가 믿을 만하고 우수한 실적이 있다는 것을 알고 있었다. 재무담당 부사장은 현 A 택배회사를 강하게 선호했다. W는 금요일 관리자 회의에서 이 문제를 다루어야 하는가를 고민하고 있었다.

회사 배경

1906년에 설립된 R 기계제조회사는 1989년부터 동업자 세 명이 세운 개인 소유의 회사였다. 그들 중 두 명은 그 사업에서 여전히 활동을 하고 있었다. 이 회사는 고객이 제공한 섀시와 프론트 엔드에 본체와 운영 제어 시스템을 추가하여 건설 장비를 주문 제작했다. 주문 제작 과정은 지방 규정의 의 다양성으로 인해 상당히 복잡했다. 총 매출은 연간 2천만 달러에서 4천만 달러 사이였고, 직원은 60명에서 200명 사이였으며, 제품에 대한 주기적인 수요에 의존했다. 최근의 경기 침체의 결과로 그 산업은 통합되고 있었다. R사의 북미 시장 점유율은 10%였다. 위스콘신주 오쉬코쉬의 업계 선두주자는 70%에서 75%를 차지했으며, 미국에 있는 R사의 전 자매 회사를 비롯하여 미국에는 두 명의 다른 중요한 기업이 있었다.

경영진은 5년 이내에 북미 시장의 25% 점유에 대한 시장점유율을 증가시킬 수 있는 상당한 기회가 존재한다고 믿었다. 차별화된 제품은 시장 부문이 정체된 업계 선두주자와는 달리 성장하는 시장 부문에 포지셔닝 되었다.

칠레/캐나다 무료 무역 협정은 R사의 칠레 시장으로의 이동을 촉진시켰다. 회사는 미국에서 잠재적인 부진을 만회하고 더 나아가기를 기대하고 있었다. 남아메리카와 멕시코로 확장하려는 중요한 기회는 자체 제품과 경쟁사의 제품 모두에 부품과 서비스를 제공하는 애프터마켓의 운영을 확장하는 것이었다.

택배 업무

무게가 75파운드까지 나가는 부품은 상업용 택배로 운송되었다. 연간 배송비는 총 15만 달러이며 5년 이내에 40만 달러로 증가할 가능성이 있었다. R사는 다양한 저회전 품목을 보유하고 있었기 때문에 자본을 확보하기 위해 재고수준을 낮게 유지했다. 이 4백만 달러의 재고는 제조 작업 및 애프터마켓을 공급하는 이중 목적을 수행하였다. 따라서 신뢰할 수 있는 택배 발송은 적절한 재고 수준을 유지하는 데 매우 중요했다. 배송은 미국 50%와 캐나다 50%로 균등하게 분할되었다.

택배업무의 주역은 QPS 택배회사로 북미의 원활한 운영 네트워크를 유지하여 서비스는 믿을 수 있었고 다음날 배달이 일반적이었다. 그러나 때때로 파손된 상태로 소포가 도착하기도 하였다. 2011년 9월 11일 위기의 결과로, 국경을 넘는 배송은 느려졌다. QPS 택배회사는 R사와 같은 고객들이 10,000달러의 예금을 유지할 것으로 예상하면서 재정적으로 설계된 회사였다. 이로 인해 QPS 택배회사 내부가 어려움을 겪었다. 판매부서와 소규모 고객 모두 마찬가지로 과거에 QPS 택배회사는 R사의 택배 물품의 80%를 주문 받았다.

2001년 9월, QPS 택배회사의 비타협적인 태도에 실망한 재무담당 부사장은 원칙적으로 QPS 택배회사를 R사의 공식 택배회사로 지정하는 것을 그만두기로 결정했다. 자본 집약적인 사업을 하는 기계 제조업체는 경제 변동의 영향을 크게 받았다. 제조된 제품에 대한 대금은 30일에서 60일 사이에 수령되었다. QPS 택배회사는 택배 운송을 위해 현금을 선불로 요구했다. 따라서 R사는 자금 압박에 휘말렸다. QPS 택배회사는 밴드 내 현금 잔액이 낮아지면 택배선적을 중단하겠다고 했다. 재무담당 부사장은 그 지역사회의 유망 기업으로서 R사가 QPS 택배회사에 의해 어느 정도 유연성을 제공받는 것이 완전히 합리적이라고 생각했다. 이것이 실현되지 않았기 때문에 그는 택배회사를 바꾸기로 결정했다. 대안으로 캐나다 택배업계의 주요 회사인 B 택배회사를 선택했다.

B 택배회사는 미국의 나텍스(Natex)와 동맹을 맺었다. 장점으로는 저렴한 요율, 지불 조건에서 유연성과 고객들에게 더 수용적인 반응이 포함되었다. 따라서 적절한 소프트웨어와 하드웨어가 R사 컴퓨터 시스템에 설치되었다. 그 후, 택배회사 변동의 불이익이 뚜렷해졌다. R사는 이제 자체 브로커를 통해 국경을 넘나드는 운송을 조정해야 했다. 미국에서의 택배/소포 수거는 불규칙했고 2~3일의 지연은 이례적이었다.

R사 내에서 L은 재무담당 부사장이 변화를 이루도록 이끈 어려움을 이해했다. 그의 상사 재무담당 부사장은 원칙적인 사람이었다. 그는 이 지식을 그의 직원들에게 야기된 불편과 증가하는 불만과 균형을 맞추어야 했다. 그럼에도 불구하고 B 택배회사는 서비스 수준을 향상시키기 위해 R사와의 협력에 매우 개방적이었다. 사무실 간 협의는 관행이 되었다. 그러나 성과가 없었고 L은 새로운 시스템에서 일하는 자신을 발견했다. 공급업자들은 QPS 택배회사에서 다른 택배사로 이전하는 것을 꺼렸다. 따라서 그들 중 다수는 운임을 선불하고 R사에게 청구하기 시작했다. L은 이것이 R사의 비용이 더 들고 해결책을 찾아야 한다는 것을 알고 있었다.

절정에 달한 활동

활동은 2002년 4월 22일 이전 주에 최고조에 달했다. 나텍스는 4월 15일 월요일에 웨스트 필라델피아에서 화물을 픽업하는 데 실패했다. 웨스트 필라델피아에 있는 공급업체는 나텍스 터미널이 8분의 1마일밖에 떨어져 있지 않다는 점을 감안할 때 나텍스가 실패한 이유를 설명하지 못했다. 온타리오주 배리의 중요한 애프터마켓 고객이 매우 필요로 하는 것이 이 배송될 부품이었다. L은 고객에게 17일 수요일까지 납품을 약속했었다.

17일 오후 4시 45분에는 고객사 사장에게 전화를 걸어 납품이 제때 이뤄지지 않은 이유를 설명하고 금요일 납품을 추가로 약속해야 했다. L은 그들과의 친선 관계가 악화되어 가고 있다고 느꼈다. QPS 택배회사는 국경에서 택배/소포에 문제가 있어서 4월 22일 월요일 정오경까지 택배가 R사에 도착하지 않았다. L은 19일 금요일에 재고 창고에서 사용 가능한 마지막 부품을 가져옴으로써 애프터마켓 고객에 대한 R사의 의무를 이행했다. 그러나 이는 22일 월요일 생산을 위협했다. 다행히 교체 부품이 아슬아슬하게 도착해 바로 생산 공정에 배정됐다.

L의 의사결정

L은 지금 택배사와의 상황이 불만족스럽다는 것을 알고 있었다. 그의 상사는 원칙적인 문제에 대해 확고한 입장을 취하는 데 익숙한 매우 헌신적인 사람이었다. QPS 택배회사는 그가 더 이상 논의하고 싶지 않은 주제였다. 게다가 그 당시 회사 주변에는 상당한 불확실성이 있었다.

회복의 조짐이 보였지만 남아있는 모든 샐러리맨들은 상당한 임금 삭감과 함께 크리스마스 보너스의 손실을 견뎌냈다. L은 상당히 만족스러운 직원이었다. 그 회사에서 20년 동안 일했으며, 자신의 운영이 효율적이고 효과적으로 작동하기를 원했지만 그의 상사가 QPS 택배회사로 다시 택배를 맡기는 것을 고려할지를 의심했다. 그는 금요일 정기 경영 회의에서 이 문제를 제기해야 할지 고민했다. 대안은 재무담당 부사장의 어깨에 책임을 맡기고 상황이 더 악화되지 않기를 바라는 것이었다.

L은 어떤 경영 의사결정을 내려야 하는가?

경영 사례 14

개요

1993년 10월, 부장으로 승진한 M은 R (인터내셔널) 여행서비스회사의 우선 항공사(공급사) 중 한 곳과 일련의 협상을 준비하고 있었다. RB는 미국 펜실베니아주 필라델피아에 본사를 둔 국제 여행 서비스 회사인 R 여행서비스회사의 산업 관계 이사였다. 1년 전 항공여행업무 대행하는 새로운 매니저가 업무를 이어받은 이후, 이 공급 업체와의 관계는 악화되었다. 그 결과, RB는 더 적은 수의 기업 고객들을 확보 해오고 있었다. M은 그 공급 업체와의 관계에 대해 어떻게 해야 할지 의아해했다. RB는 계속해서 "이 항공사를 우선 공급자로 간주해야 하는가, 아니면 관계가 더 강하고 협력적인 다른 공급자에게 초점을 맞춰야 하는가?" 고민했다. 그의 주된 의무는 결국 R 여행서비스회사의 고객들과의 필요에 의한 것이었다. M은 그러한 요구를 충족시키기 위해 R 여행서비스회사의 공급자들을 관리하는 가장 좋은 방법을 결정해야 했다.

R (인터내셔널) 여행서비스회사

R (인터내셔널) 여행서비스회사는 연간 15억 달러의 수익을 올린 세계적인 여행 관리/대행 회사였다. 1982년 M. RB가 증기선 매표소를 운영하여 그 역사가 시작되었다. RB 가문은 100년 역사를 통틀어 계속 소유하고 관리했으며, 회장이며 CEO인 H. RB는 1974년에 R 여행서비스회사를 서립하여 R과 함께 그의 경력을 시작했다. 1992년 R 여행서비스회사로 세계 335개 도시에 550개의 지점을 가지고 있었으며, 전 세계 34개 관련 계열회사와 국제적인 제휴를 맺었다. 1992년 이후, 연간 수입은 4천만 달러에서 15억 달러로 증가했다. R 여행서비

스회사는 레저 여행, 회의 및 동기 관리, 기업 여행(회사 수익의 90%를 차지)의 3개 사업부문을 운영했다.

업계 관측통들에 따르면, 1978년 항공 산업의 규제 완화에 의해 제공된 기회를 활용하는 R 여행서비스회사(이하 R사로 약칭)의 능력이 회사의 성장을 부채질했다. 항공 산업의 규제 완화의 등장은 항공사들이 원할 때 언제든지 운임과 일정을 변경할 수 있다는 것을 의미했다. 이로 인해 이용 가능한 노선과 운임의 수가 크게 증가하였고, 정보가 변화함에 따라 매우 불안정해졌다. 이로 인해 이용 가능한 노선과 운임의 수가 크게 증가했다. 그 정보는 매우 불안정해졌고, 끊임없이 변화했다. 인쇄된 매체는 더 이상 여행사에 효율적인 사업 수행 방법이 아니었고, 관세와 일정을 맞추기 위해서는 컴퓨터 예약 시스템(Computerized Reservation Systems: CRS)과 같은 다른 접근이 필요했다.

대형 항공사에 의해 제공되는 컴퓨터 예약 시스템 CRS는 항공 여행에서 영구적인 고정 장치가 되었다. CRS는 실시간으로 관련 정보를 즉시 액세스할 수 있도록 했다. 항공 관세 정보, 특정 좌석의 가용성 및 감각에 대한 환경변화, 어떤 할인 기회를 이용할 수 있었는지에 대한 일정 변경 등이 CRS 시스템에 즉시 반영됐다. 규제완화는 여행업계에 지대한 영향을 미쳤고 일부 전문가들은 여행사의 종말을 업계의 한 요인으로 예상했다. H. RB와 그의 동료 직원들은 다르게 반응했다.

“규제완화는 무엇을 의미합니까? 우리는 우리가 알고 있는지 확신하지 못했다. 하지만 만약 모든 베팅이 취소된다면, 더 빨리 정보를 수집하고 그것을 지식으로 바꿀 수 있는 회사가 거래에서 승리할 것이다.”

1985년, R 여행서비스회사는 CRS로부터 독립적으로 백오피스에서 작동할 수 있는 시스템을 개발함으로써 기술 리더가 되기 위한 또 다른 중요한 단계를 밟았다. CRS는 여행업무를 대행하는데 있어서 필수적이었다. 여행 대행 업무/기능을 제공하는 CRS는 이를 활용하여 사실상 비즈니스의 모든 측면을 통제했다. 모든 하드웨어 및 소프트웨어는 회계 및 여행 관리 보고를 위한 "백엔드" 처리를 포함하여 고정된 기능을 가진 폐쇄형 시스템이었다. 관리 보고 및 시스템은 CRS 제공자(일반적으로 항공사를 말함)에 의해 보조 지원금을 받게 되었다.

H. RB에게 주된 문제는 백엔드 프로세싱에 대한 통제였다. 전반적으로 CRS는 보고와 통제에 대한 기업 고객의 요구에 충분히 대응하지 못했다. CRS 보조금은 기관의 독립성을 더욱 저해했다. H. RB가 다음과 같이 말했다:

“지식은 백오피스에 있다. 백오피스에 대한 CRS 공급자에 의존하는 경우 지식을 충분히 활용할 수 없습니다. 어떻게 유나이티드 항공의 아폴로에게 고객의 사업을 미국으로 옮기는 것을 도와달라고 요청할 수 있습니까?”

R사는 1986년에 자체 백오피스 데이터베이스 시스템인 VISION을 개발하여 CRS를 소유하거나 운영하는 항공사들의 통제에서 벗어나게 되었다. CRS는 여전히 예약에 사용되었지만, 거래에 대한 기록은 항상 VISION에도 반영되었다. 그 결과 VISION 데이터베이스는 완전하고 정확한 정보를 제공했으며 보고 및 분석에 상당한 유연성을 제공했다. VISION은 R가 기업 고객에게 광범위한 보고를 제공할 수 있도록 했을 뿐만 아니라, 기관이 서비스 공급업체와의 시장 점유율과 물량을 추적할 수 있도록 했다. R사는 이제 역사적 사실에 기초하여 항공사와 가격 협상과 리베이트의 기회를 엿볼 수 있었다.

여행 산업–공급업체와의 관계

협상된 요금과 요금의 사용은 1980년대의 여행 산업에서 나타나는 중요한 트렌드였다. 1982년 초만 해도 회사 내에 여행 부서를 가지고 있는 경우를 대상으로 조사한 기업의 약 2분의 1이 호텔 및 렌터카 회사와 직접 요금을 협상하고 있었다. 이러한 협상에 의한 특별가격은 주로 기업 전체의 할인, 특정 회의 및 행사에 대한 특별 단체 가격이었다. 1980년대 중반, 가격 협상의 새로운 국경이 열렸다.

기업 여행에 대한 자세한 데이터에 액세스함으로써 기업들은 그들의 높은 물량의 경로를 식별하고 경로별로 우대 운임을 위해 공급업체와 협상할 수 있었다. 협상된 가격에 대한 기회를 극대화하기 위해서는 구매력을 효과적으로 활용하기 위해 전체 조직에 걸쳐 여행 정보를 통합해야 했다. 조직은 항공 공급자에게 요금 프로그램으로부터의 물량 증가가 더 낮은 요금을 상쇄할 수 있다는 것을 입증할 수 있어야 했다. 단일 대행기관을 사용함으로써 이러한 정보 통합이 촉진되었다. 또한 여행사의 구매력 자체가 협상에서 중요한 요소가 될 수 있어 적은 수의 여행사를 통한 여행 통합의 이점을 창출할 수 있었다. 시장 점유율을 증가 시킬 수 있는 기관의 능력은 프로그램의 효과를 입증하고 규정 준수를 감시할 수 있어야 하는 협상 가격을 좌우했다. 예약 당시 여행사들은 회사가 협상한 합의 사항을 준수하도록 독려할 수 있는 좋은 위치에 있었다.

R사는 협상된 노선별 운임 사용에 있어 업계의 선구자였으며 따라서 단일 기관을 통해 통합 여행 계좌로 향하는 추세를 보였다. VISION 시스템은 그 당시 업계에서 진정으로 혁신적이었고 RB가 필요한 상세한 분석을 제공할 수 있도록 허용했다. RB는 고객을 대신하여 여행 공급업체와 협상을 했다. 노선별 협상 프로그램은 기업 여행 시장에 접근하는 방식에 큰 변화를 가져왔다. 기업 여행은 대리점 수수료에 의해 거의 독점적으로 판매되었다. R사는 서비스와 동반 관계를 기반으로 더 협력적인 접근법을 채택했으며, 리베이트 대신 항공요금을 낮추어 절약을 보장했다.

RB는 표준 10%의 수수료를 받으면서도 고객의 전체 여행비용을 줄일 수 있다고 주장했다. 이러한 주장은 VISION 시스템의 보고에 의해 뒷받침될 수 있으며, 지불된 가격을 최저 요금과 비교할 수 있었다. RB는 "RB식 접근법"을 다음과 같이 기술하였다.

"리베이트는 관련된 사람에게 도움이 되지 않는다. 서비스 회사가 그들의 수수료를 줄 때 그것은 그것의 사람들에게 지불하고 미래에 투자할 많은 것을 남기지 않는다. 결국 그것은 회사와 고객들에게 피해를 준다. 우리는 모두가 승리할 수 있는 위치를 확고히 지키려고 노력한다. 우리는 2천만 달러의 예산이 있는 고객에게 통합 구매를 통해 여행비용을 100만 달러 줄일 수 있다는 것을 보증할 수 있다.

RB는 고객을 대신하여 공급업체 협상을 관리하기 위해 산업 관계 부서를 구성했다. 이를 통해 모든 협상이 중앙 집중식으로 진행되어 고객에게 일관된 메시지를 전달할 수 있었다. 산업 관계 담당자는 공급업체 회사의 관계 관리자와 긴밀한 관계를 구축했다. 1991년 M은 산업 관계 책임자로 임명되었다. M은 1986년 데이터 분석가로 부서에 입사했으며 1988년 산업 관계 부장으로 승진했다. 매니저로서 그는 책임이 있으므로 공급업체 관계 관리 팀을 포함하도록 부서를 확장했다. 이 팀은 비즈니스 및 마케팅 계획을 수립하고, 공급업체 관계에서 R 여행서비스회사의 사업부를 안내하며 고객에게 귀중한 공급업체 제품과 서비스를 제공할 수 있도록 함으로써 RB가 선호하는 공급업체 관계를 개선하고 향상하기 위해 노력했다. M은 부서가 수행하는 프로세스를 다음과 같이 설명했다.

"우리는 우리 부서를 수익관리 그룹으로 포지셔닝했다. 여행사로서 우리의 고객들은 우리가 그들의 여행 예산을 관리하기를 기대하고 있다. 고객의 요구를 최저 비용으로 충족시키기 위해 이 작업을 완료한 후에는 마진을 극대화하고 표준 10% 이상의 오버라이드를 달성하기 위해 모든 계정의 매크로 번들링을 수행해야 한다. 계약은 보통 1년이지만 그건 형식적인 것에 불과하다. 주요 공급업체와 함께 공동 목표를 설정하는 것으로 시작한 다음 목표를 완전히 달성하기 위해 이를 어떻게 측정할지 다시 살펴보자. 그 협상은 비용을 줄이기 위해 1년에 한 번 열리는 회의와는 분명히 다르다. 우리가 계속해서 세부 사항을 조율하고 있기 때문에 그것은 진행 중인 일련의 협상들에 가깝다. 주간 및 월간 관리 보고서는 우리가 활동을 관리하는 데 도움이 된다. 우리는 우리의 모든 정보를 항공사와 공유한다."

성공적인 협상을 위한 동기를 제공하기 위해 RB는 고객을 위한 가장 경제적인 경로를 확보하기 위해 재고 포지션을 취하는 것과 같은 기술을 사용했다. RB는 여행패턴을 연구했고, 공급자들은 역사적 자료를 바탕으로 일정 수준의 사업을 보장받았다. 이 회사의 공유 회사는 고객이 하루 중 특정 시간, 요일 또는 연중 두 지점 사이를 이동하는 데 얼마나 많은 비용이 드는지 정확히 보여준다. 고객은 이 정보를 사용하여 여행이 더 경제적인 시간으로 이동 패턴을 전환할 수 있었다. 그런 다음 고객에게 최상의 요금과 서비스를 제공하는 항공사로 사업을 전환하는 방법을 보여주었다. (그림 3은 여행 패턴, 항공사 시장 점유율 및 협상된 항공료 프로그램의 영향을 설명하는 데 일반적으로 사용되는 항공료 활동 보고서의 샘플: 강의 당일에 제공함) RB는 다음과 같이 설명하였다.

"참여하는 공급업체는 더 많은 비즈니스를 창출합니다. 우리의 고객은 상당한 절감 효과를 얻으며, 우리는 이러한 절감 효과를 공유합니다."

항공사와 제휴함으로써 RB는 여행 과정에서 자신의 역할을 명확히 정의할 수 있었다. 고객 및 여행사와 협상된 합의는 항공사에 브랜드 충성도를 보장했다. R사의 경영정보관리시스템(MIS) 부서장인 D는 다음과 같이 말했다.

"브랜드 충성도를 개발하는 것은 항공사에 현실적인 문제이다. 그들을 위해서 우리는 그들이 감당할 수 없는 여행의 측면을 돌보는 메커니

즘을 만들고 있다. 항공사의 이상적인 상황은 여행사 대리점을 갖는 것이다. 우리는 적절한 항공사와 제휴하여 항공사가 할 수 있는 것보다 더 낮은 비용으로 고객과의 관계를 강화함으로써 이것을 유리하게 활용한다."

RB는 고객 및 공급업체와 긴밀한 파트너십을 맺는 것의 이점을 강하게 믿었다. 그는 다음과 같이 말했다:

"기업은 고객의 요구를 충족시키는 데 있어 공급업체 관계의 중요성을 간과할 수 없습니다. 우리의 경우, 우리는 최종 제품인 여행 자체를 제공하기 위해 항공사, 호텔 및 렌터카 공급업체에 의존합니다. 우리는 고객 및 공급업체와 전략적 파트너십을 통해 협력할 수 있도록 해야 합니다. 우리가 보기에 모두 무엇을 예상해야 하는지 정확히 알아야 한다."

RB의 전략은 항공사와 고객에게 더 낮은 비용과 더 나은 서비스를 동시에 호소하는 것이었다. 그는 고객과 공급업체가 일반적인 적대 관계보다 벤처의 진정한 파트너처럼 협력할 때 더 많은 것을 이룰 수 있다고 느꼈다. 공급자의 선택은 신뢰에 크게 의존했다. RB는 선호 공급업체 관계 형성 과정을 다음과 같이 설명하였다.

"항공사와 관련하여, 우리는 파트너십을 존중할 것이라고 생각했던 임원들과 함께 들어갔다. 신뢰와 존중, 공급자의 생존 가능성, 지리적 중복과 연계가 핵심이었다. 우리는 그들의 고위 경영진의 사고 과정에 초점을 맞췄다. 주요 쟁점 중 하나는 우리가 잠재적으로 경쟁하는 회사들과 장기적인 관계를 구축하려고 하지 않은 것이었으므로 그것은 대부분의 항공 대행사(에이전시)가 하려고 했던 게임이었다."

M에 따르면 "우리는 모든 항공사와 이런 관계를 맺고 있지는 않다. 우리는 선호하는 물량에 맞춰 결정을 내려야 했다. 사업을 지휘하는

우리의 능력은 우리 산업의 생명선이다. 선호 공급업체의 수는 수년간 줄어들었고 앞으로도 계속 줄어들 것이다. 통계적으로나 윤리적 관계를 발전시키고 유지하는 측면에서나 그렇게 많은 사람들에게 진정한 지지를 줄 수 있을 뿐이다. 우리는 종종 단기적인 희생을 초래하는 어려운 결정을 내리면서 여기서 높은 길을 걸어왔지만, 장기간에 걸쳐 우리는 개방적이고 신뢰하는 관계를 형성해 왔으며, 이것은 우리 산업을 반드시 나타내는 것은 아니다.”

R사는 개방적이고 신뢰하는 관계를 유지하는 데 전념했다. 또한 업계에서 윤리적인 주체로 알려지기 위해 노력하였다. R사의 캐나다 지부의 최고 사업부서 관리자 DV는 다음과 같이 말했다.

“우리는 공급 업체와의 관계를 위태롭게 한다면 우리는 아무것도 할 수 없다고 고객에게 말할 것입니다. 우리 산업 관계 부서는 R사의 명성과 이미지를 구축하기 위해 매우 열심히 일해 왔는데 왜 우리가 그걸 손상시킬 위험을 감수해야 합니까?”

RB는 다음과 같이 말했다.

“우리가 항상 해왔던 일들 중 하나는 그리고 우리의 현재와 미래의 고객들에게 우리는 그들과 협상하는 데 있어서 우리의 공급자들과 매우 솔직할 것이라는 것을 분명히 했다. 우리는 우리가 배달할 수 있다는 것을 알지 못하는 것을 배달하겠다고 약속하지는 않을 것이다.”

이러한 개방과 신뢰의 정책은 기업뿐만 아니라 고객 및 공급업체에도 정착되었다. H. RB는 R사의 팀워크와 직원 권한 부여에 기반한 문화를 형성하기 위해 노력했다. 그의 성공은 R 여행서비스회사가 미국에서 일하기 가장 좋은 100대 기업이라는 책에서 상위 10위 안에 들 때 인정되었다. (표 5-강의 당일에 제공함)

R사는 고객에게 아무것도 숨길 이유가 없다는 것이었다. H. RB는 다음과 같이 말했다. 즉, "무언가를 숨기려고 하면 할수록 사람들은 호기심이 많아진다. 우리는 개방성이 상호적이라는 것을 발견했다. 우리가 고객들과 공급자들에게 더 솔직할수록 그들은 우리에게 더 솔직해진다. 우리가 쌓아올린 신뢰의 수준은 상호적이다."

H. RB는 또한 R사가 가능할 때마다 고객의 제품을 사용해야 한다고 주장했다. 할은 이 정책의 중요성을 다음과 같이 설명했다.

"JR Corporation이 우리의 고객이기 때문에 우리는 그들의 종이 제품만 사용합니다. 우리가 화장실을 방문할 때마다 그 고객들의 제품이 얼마나 중요한지 다시금 느낀다."

R사의 파트너십 비전은 전통적인 고객-공급자 관계를 넘어 확장되었다. "파트너십의 확실한 수준은 "기업 결혼"에 대한 생각이다. 이것은 완전한 신뢰의 환경에서 일어나는 교환의 결과일 것이다. 즉, 사람들의 교환이다."

RB는 이러한 수준의 파트너십이 다른 방법으로는 달성할 수 없는 고객의 요구에 대한 통찰력을 제공한다고 느꼈다. 그는 다음과 같이 말했다.

"그 혜택은 상호적이다. 이 정도의 파트너십에 참여하는 고객은 비즈니스로서 달성해야 하는 목표와 당면 과제를 이해하게 됩니다. 서로의 입장이 되어 걷는 것은 진정한 팀워크를 위한 발판을 마련한다."

RB에 따르면 주요 고객들과 "기업 결혼"을 성사시키는 것은 R사와의 관계를 진정으로 공고히 할 것이다. 즉, "관계를 위험에 빠뜨리는 유일한 것은 파트너에 대한 새로운 관리이다. 만약 그들의 신념이 다르면, 그것은 치명적인 이별을 초래할 수 있다. 변화에 적응하는 데 하룻밤도 채 걸리지 않을 것이지만, 오직 고객의 참여와 이해만으로 가능하다."

현재 상황

글로벌 항공(Global Airlines)의 경영 변화가 현재 문제를 촉발시켰다. R사는 5년 전 글로벌 항공과 우선 공급 관계를 구축했다. RB는 가장 큰 국가 중 몇 개와 함께 R사를 위한 매우 많은 국내 도시를 (O/D 조합을) 위해 글로벌 항공과 노선별 재정의를 하는데 성공적인 협상을 했다.

글로벌 항공은 미국 3대 항공사 중 하나였으며 기업 여행객들에게 양질의 기내 서비스를 제공하는 업계 선두주자로 자리매김했다. 글로벌 항공을 포함한 미국 항공 산업은 1990년부터 1992년까지 심각한 재정적 어려움에 직면했다. (종합 데이터는 1982년부터 1992년까지의 그림 6과 7을 참조 - 강의당일에 배부) 그러나 글로벌항공은 1992년 초 구조조정과 대폭적인 비용절감 노력에 따라 대부분의 미국 항공사들보다 잘 회복되고 있는 것으로 보였다.

경영 축소계획의 일환으로 기업 관계 부서의 관리를 포함하여 많은 최고 경영자들이 구조 조정되었다. RB는 전 기업 관계 부사장 C와 매우 강한 관계를 유지했다. C는 로젠블루스의 기업 충성도를 높이고 협상된 운임을 통해 지분을 옮기는 접근 방식을 지지했다. 그는 항공사가 대기업 고객을 위해 비용 효율적으로 수행할 수 없는 여행 관리 기능을 제공하기 위해 타 여행사와 제휴하는 것의 중요성을 인식했다.

구조조정은 글로벌 기업 관계 부서의 상당한 축소로 이어졌다. 나머지 직원들은 운영 부사장인 BW에 의해 구조가 재편되었다. BW는 1992년에 고용되었고 이전에 미국에서 가장 큰 통신 회사 중 하나에서 일한 적이 있다. 그는 여행이나 운송업에 대한 경험이 전혀 없었다.

캐나다 지부의 DV는 BW의 임명 직후 BW와의 미팅 일정을 잡았으나 그 회의는 실망스러웠었다. BW는 기업 고객들과 협상되었던 저가 대량 노선이 많이 줄어들 것이라고 발표했다. 이는 R 여행서비스회사의 고객들이 이러한 노선을 운항하는 데 드는 여행비용이 크게 증가하게 되어 그들의 불만족으로 이어질 것이다. RB와 고객들은 다른 항공사에서 할인이 가능한지 둘러보기 시작했다. DV는 선택권이 상당히 제한적이라고 느꼈다. 이 항로를 운항한 다른 대형 항공사 두 곳 모두 큰 영업 손실과 매우 높은 부채 부담으로 어려움을 겪고 있었다. 그들의 미래 생존 가능성은 보장되지 않았다. 이들 항공사의 서비스 수준도 수익성 저하와 함께 악화되어 비용 조절을 시도했다. 항공사 중 한 곳은 R사의 가장 큰 경쟁사 중 한 곳에 소수 지분을 소유하고 있었다. 그러나 두 항공사는 특히 여행사가 항공사의 경쟁사들로부터 시장 점유율을 높일 수 있는 능력을 보여줄 수 있다면 가격에 대해 협상할 의지를 보이고 있었다.

대신에 DV는 글로벌 항공과의 관계를 회복하려고 노력하려고 했다. 문제의 고객들은 요금 인상에 대해 불만족스러워했지만 모두 R사와 매우 강한 관계를 맺고 있었으며, 여행 관리 제품을 광범위하게 이용했다. 그들의 총 여행 계좌는 1억 5천만 달러가 넘었다. 아마도 더 나은 서비스를 위해 글로벌 항공에 로비를 하기 위해 함께 일하는 것이 BW의 마음을 흔들 수 있을 것이다.

의사결정

해결책이 무엇이든 간에, DV는 창의적으로 해결해야 할 것이다. 비록 양보할 수 없지만, DV는 공정하고 진실해 보였다. RB는 과거에 글로벌 항공과의 관계에서 이점을 입증하는 데 성공했었다. DV는 계속해서 좋은 관계를 유지하고 싶다면 미래의 협력에 어떤 이점이 있는지 어떻게 입증해야 할지를 결정해야 했다. 당신이 RB 또는 DV라면 어떤 경영의사결정을 내리겠는가?

경영 사례 15

개요

프로세스 개선이란 기존 비즈니스 프로세스를 식별, 분석 및 개선하여 성능을 최적화하거나 모범 사례 표준을 충족하거나 단순히 품질을 개선하는 비즈니스 관행과 고객 및 최종 사용자 환경을 말한다. 프로세스 개선은 비즈니스 프로세스 관리(BPM), 비즈니스 프로세스 개선(BPI), 비즈니스 프로세스 재설계, 개선 프로세스와 같은 다른 이름으로도 알려져 있다. 이름에 상관없이 그들은 같은 목표를 추구한다. 즉, 오류를 최소화하고 낭비를 줄이며 생산성을 향상시키며 효율성을 합리화한다. 프로세스 개선 기술 프로세스 개선을 구현하도록 설계된 몇 가지 방법론이 있다. 각 방법론은 이러한 변화의 성공 또는 실패를 식별, 수정 및 분석하는 것을 목표로 한다. 본 사례에서는 A 식품 서비스 기업(외식업체)의 서비스 프로세스 개선에 대한 내용을 담고 있다.

프로세스 개선 방법론 사례

이와 같은 공통된 목표가 있지만 각 방법론은 비즈니스 요구에 따라 다르다. 일부 방법론에서는 린 프로세스 개선 기법에 초점을 맞추고 다른 방법론에서는 프로세스를 개선하기 위해 회사 문화를 수정하는 데 초점을 맞추고 있다. 프로세스 워크플로우를 시각적으로 표현하는 방법론도 있다. 다음은 이를 나타낸다.

- Kaizen: Kaizen은 날씬하고 민첩한 연습에 초점을 맞추고 지속적인 개선을 촉진한다. 카이젠은 일상 업무나 회사 문화를 조금 바꿔 품질, 생산성, 효율성을 높이는 데 초점을 맞추고 있다. 실수나 실수를 처벌하는 것이 아니라 재발하지 않도록 노력하는 분위기를 조성한다.

- 5S: 5S 모델은 카이젠과 린 방법론의 일부이며 분류, 조직, 정제, 표준화 및 지속의 5가지 중요한 단계를 가리킨다. 5S 모델은 공정 개선의 일관성을 높이는 데 기여하며 공정 개선을 표준화할 수 있다.

- PDCA: 이는 카이젠 방법론의 일부이다. PDCA는 계획, 실행, 점검 및 조치를 나타낸다. 이를 통해 개선이 필요한 프로세스를 보다 효율적으로 식별할 수 있다. 문제 파악(계획), 해결방안 생성 및 구현(도), 데이터를 기반으로 타당성 평가(확인), 최종 결과 기록 및 성공계획(법) 구현한다.

- 6 Sigma: 6 Sigma는 가라테 벨트로 분류된 시퀀스를 통해 작업자의 성과를 높이는 대중적인 공정 개선 방법론이다. 그린벨트에서 시작하여 블랙벨트로 넘어가는 방법에 대해 알아보자. 6 Sigma는 프로세스 개선을 정의, 측정, 분석, 개선, 제어(정의, 측정, 분석, 개선 및 제어)와 정의, 측정, 분석, 설계, 검증(DMADV)의 두 가지 방법으로 분류한다.

- 원인 및 결과 분석: 원인과 결과 분석은 Six Sigma에서 파생된 또 다른 기법이다. 차트 기법을 사용하여 먼저 문제를 식별하고, 결함을 발견하며, 프로세스가 작동하지 않는 이유를 자세히 설명한다.

- SIPOC Analysis : SIPOC Analysis는 DMAIC 또는 DMADV의 측정 단계에서 발생하는 6 sigma 방법론에 속하는 일러스트레이션 형식으로, SIPOC는 출시 전 요구사항과 필수사항을 파악하고 공정 개선 프로젝트를 정의, 수립한다.

- VSM: VSM(Value Stream Mapping)은 비즈니스 프로세스에 대한 고객의 인식을 시각적으로 표현한다. 이는 조직에 대한 제품, 프로세스 및 서비스의 가치를 식별하는 데 기여한다. 다른 방법론과 마찬가

지로, 우리는 낭비와 중복을 제거하고 가능한 한 단순화하는 데 중점을 둔다.

• TQM(Total Quality Management): 고객만족을 통한 장기적인 성공 추구에 중점을 둔 TQM(Total Quality Management)은 지속적인 프로세스 개선에 회사의 전반적인 참여에 기여한다. 직원들이 실수를 두려워하지 않고 공유된 사업 목표를 향해 나아가는 문화를 만들어 직원들에게 힘을 실어주는 방법론이다.

• 칸반(Kanban): Kanban은 사업부, 임원 및 직원이 프로세스 개선에 참여하도록 권장하는 프로세스 워크플로우 시각화 도구이다. 린 프로세스 개선을 구현하고 장려하는 또 다른 방법론이다.

• 프로세스 매핑: 프로세스 개선 계획을 개략적으로 보여주는 또 다른 워크플로 시각화로 공정 흐름도, 공정 차트, 함수 흐름도, 공정 모형이라고도 한다. 궁극적으로 프로세스 워크플로우에 대한 필수 정보를 처음부터 끝까지 전달하는 흐름도를 생성한다. 프로세스 개선에서 자동화의 역할, 번거로운 수동 작업을 제거하고 인적 오류를 줄이기 위해 프로세스를 개선하는 가장 쉬운 방법인 자동화는 프로세스 개선에 중요한 역할을 한다. 프로세스 자동화를 통해 조직은 개선해야 할 영역과 무엇이 유효한지 파악할 수 있다.

프로세스 개선에서 자동화의 역할

번거로운 수동 작업을 제거하고 인적 오류를 줄이기 위해 프로세스를 개선하는 가장 쉬운 방법인 자동화는 프로세스 개선에 중요한 역할을 한다. 프로세스 자동화를 통해 조직은 개선해야 할 영역과 무엇이 유효한지 파악할 수 있다. 로봇 프로세스 자동화는 자동화에서 인기 있는 주제이며, 기업들은 프로세스를 단순화하기 위해 이를 받아들였다. 이것은 복잡한 프로세스에 포함된 작업이나 단계에서 인간의 행동을 모방한다. 자동화는 일련의 규칙과 트리거를 통해 작동하므로 특정 프로세스 부품에서 수동 작업이 필요하지 않으며, 로봇 프로세스 자동화는 인간이 과거에 수행했던 작업을 대체한다.

RPA를 통해 자동화되는 프로세스 개선 사항으로는 이메일 자동 회신, 온라인 주문 처리, 안내 데스크 티켓 분류, 시스템 간 데이터 전송, 급여 관리 등이 있다. 이를 통해 비즈니스 프로세스의 효율성이 향상될 뿐만 아니라 작업자의 작업 시간이 단축되고 자동화가 처리할 수 없는 복잡한 작업에 집중할 수 있다.

프로세스 개선 작업 및 교육

프로세스 개선은 관련 제목보다 높은 비즈니스 개념이다. 따라서 공정 개선 영역에 속하는 여러 제목이 있다. 일반적으로 프로세스 개선 관리자 또는 지속 개선 관리자라고 하는 직업이 있다. 페이스스케일(Facescale's)의 자료에 따르면 공정 개선 관리자의 평균 급여는 82,000달러이다. 지속가능성 개선 관리자의 평균 연봉은 8만3000달러, 공정 개선 책임자의 평균 연봉은 11만 달러다. 페이스스케일의 자료에 따르면 프로세스 개선 일자리 이외의 유니버설 타이틀과 평균 연봉은 다음과 같다.

- 프로세스 분석가: $60,000
- 프로세스 설계자: 95,000달러
- 지속 가능성 개선 전문가: $62,000
- 비즈니스 프로세스 기술 분석가: $73,000
- 프로세스 엔지니어: $72,000
- 비즈니스 프로세스 분석가: 64,000달러
- 프로세스 개선 엔지니어: $70,000
- Business Excellence 매니저: $105,000
- Lean 프로세스 개선 관리자: 87,000달러

프로세스 개선에 대한 많은 교육이 있다. 6시그마, 카이젠 등 특정 방법론을 고수하면 공인인증서를 취득하거나 방법론 교육을 받을 수 있다. 해당 분야의 공인인증서를 이미 보유하고 있거나, 회사가 특정 방법론에 집착하지 않는 경우 다른 공정개선인증서를 발급받거나 개발을 위한 다음 교육 과정을 이수할 수 있다.

- BPM Essentials: 비즈니스 프로세스 모델 및 알림(BPMN) 기술 및 스타일 교육 과정
- BPM 연구소: 비즈니스 프로세스 관리 전문가(BPMP) 인증
- BP 추세 연관성: 비즈니스 프로세스 관리 원칙 및 비즈니스 프로세스 모델링, 분석 및 설계 개요
- Coursera: 비즈니스 관리: 디지털 시대를 위한 전략 및 품질 관리
- 국제 학습 트리: 비즈니스 프로세스 관리(BPI) 교육
- Udemy: 마스터 비즈니스 프로세스 개선 및 프로세스 매핑
- 워터마크 학습: 비즈니스 프로세스 개선

프로세스의 개념

프로세스라는 용어는 1960년대에 멀티틱스 시스템을 개발할 때 처음 사용되었다. 그 이후, 프로세스의 개념은 경영 활동의 특정 단위에서 사용되기 시작했다. 제안은 진행이나 과정이라는 의미에서 다양한 학문 분야에서 널리 사용되고 있기 때문에 한 마디로 정의하기 어렵다. 그러나 경영학의 관점에서 보면 1980년대부터 그 과정은 다음과 같이 정의되어 왔다.

–내부 및 외부 고객에게 서비스를 제공하기 위한 내부 활동의 총합이다. 이 프로세스의 목적은 비용, 기간 및 서비스 수준에 따라 측정할 수 있는 제품 또는 서비스를 개별 고객에게 제공하는 것이다

– 프로세스는 입력과 출력이 명확하게 정의된 시간과 공간을 통해 수

행되는 활동의 순서이다

- 프로세스는 하나 이상의 입력을 사용하여 고객에게 가치 있는 출력을 생성하는 일련의 활동이다

또한 프로세스는 측정 가능한 입력을 측정 가능한 결과로 변환하는 부가가치가 있는 일련의 활동으로 정의된다. 위의 정의를 종합하면, 하나 이상의 입력을 사용하여 고객에게 가치 있는 출력을 생성하는 부가가치 행동의 총합으로 요약할 수 있다. 따라서 핵심 구성 요소는 입력, 추가 작업 및 출력이다.

서비스 프로세스의 정의

위에서 논의된 프로세스의 개념은 서비스에 대응하여 이해될 필요가 있다. 서비스에서 프로세스가 중요한 이유는 다음과 같다. 제조에서는 공정보다 최종 제품이 더 중요하다. 물론 제조공정으로서의 공정관리가 최종제품의 품질을 좌우하지만 결과적으로 소비자들은 제품의 생산 공정보다는 최종제품에 초점을 맞춘다. 그러나 서비스에서는 서비스 프로세스가 서비스 제품과 일치하기 때문에 프로세스가 중요해진다. 제조업 최종제품 생산은 기계와 품질관리를 통해 동질성을 유지할 수 있지만, 무형성, 소멸성, 동시성 등의 특성으로 인해 일관된 생산이 불가능하기 때문에 공정관리를 통해 일관된 서비스를 제공할 수 있을 것으로 판단된다.

서비스 프로세스는 서비스가 제공되는 절차 또는 흐름을 의미한다. 서비스에서는 그 자체가 상품이고, 다른 한편으로는 유통의 성격을 띠고 있다. 고객은 서비스 프로세스를 경험하여 구매 효과를 얻고 금액을 지불한다. 또한 고객이 서비스 프로세스에 참여할수록 관리의 필요성이 더욱 커진다.

프로세스 개선

프로세스 개선은 앞서 언급된 비즈니스 프로세스 리엔지니어링(Business Process Reengineering; BPR)의 개념으로 특징지어졌으며, 이는 혁신적인 성과 개선을 달성하기 위한 비즈니스 프로세스의 근본적인 변화로서 프로세스 이노베이션(process innovation) 및 비즈니스 리엔지니어링(business reengineering)이라고도 하며, 그 정의는 다음과 같다.

비즈니스 리엔지니어링은 다음과 같이 정의된다. "비즈니스 리엔지니어링은 비용, 품질, 서비스, 속도 등 핵심 경영 성과 지표의 도약을 달성하기 위해 비즈니스 프로세스를 근본적으로 재고하고 근본적으로 재설계하는 것"이라고 정의했다. 비즈니스 리엔지니어링은 비즈니스 프로세스를 재설계하고 정보기술(IT)을 접목해 경쟁력을 확보함으로써 경영 성과를 획기적으로 높이는 경영혁신 기법이다. 따라서 공정 개선은 다음과 같이 추진되는 것이 바람직하다.

- 수정이나 개선이 아니라 근본적인 변화가 되어야 한다.
- 정보 기술은 전략적으로 사용되어야 한다.
- CEO의 강력한 하향식 리더십이 필요하다.
- 고급개념 시대에 걸맞게 시간과 경험을 중시해야 한다.

A 식품 서비스 회사의 서비스 프로세스 개선 사례

식품 서비스 또는 외식업체의 서비스 제공 과정에 대한 효과적이고 효율적인 관리는 A 식품 서비스 기업이 추구하는 목표 중 하나다. 이러한 서비스 효율성을 달성하기 위해서는 서비스 프로세스에 대한 분석이 전제되어야 하며, 외식산업에서 서비스 프로세스 분석을 수행할 때의 장점은 다음과 같다. 첫째, 모든 작업 프로세스를 프로세스 형태로 표현할 수 있으며, 프로세스를 검토하기 위한 문서 작업이 동시에 수행된다. 또한 프로세스를 한 눈에 볼 수 있도록 하는 동시에 전체 시스템의 구조와 기능을 파악할 수 있다. 또한, 서비스 프로세스를 분석하는 것은 서비스 제공 시스템의 현황을 파악한다는 점에서 매우 의미가 있다.

A 식품 서비스 기업(외식업체)은 서비스 프로세스 개선을 원하고 있다. 이를 위해서 다음과 같은 절차를 수행한다. 서비스 프로세스, 즉 서비스 전달 시스템은 서비스가 생성되어 고객에게 전달되는 전 과정을 의미하며, 이러한 전달 시스템을 설계하는 것은 고객 만족을 위한 창의적인 과정이다. 실제로 서비스 프로세스를 분석하기 위한 다양한 기법이 있으며, 가장 일반적인 분석 도구로 서비스 청사진이 사용되고 있다. 서비스 청사진(Blueprint)은 핵심 서비스의 특성이 나타나도록 인식하기 쉬운 방식으로 핵심 서비스의 그림을 나타낸다. 직원, 고객 및 기업은 서비스 제공 프로세스에서 자신의 역할을 설명하고 서비스 프로세스와 관련된 단계와 흐름을 설명하여 전반적인 서비스를 이해한다.

대부분의 서비스는 동적 시스템이기 때문에 미리 정해진 순서에 따라 전달되어야 한다. 따라서 설계가 미흡한 프로세스는 서비스 품질에 악영향을 미치기 때문에, 식당과 같은 서비스 회사들은 이러한 오류를 방지하기 위해 주로 '흐름도'와 유사한 서비스 청사진을 사용한다. 서비스 청사진 외에도 '서비스 주기', '서비스 프로세스 다이어그램', '시간 요인 분석', '요인 분석 다이어그램' 등 다양한 기법이 존재한다.

건물을 신축하면 설계도면이라는 도면에 설계내용이 표시되며 도면에 형태와 사양이 표시된 형태로 작성된다. 건설 분야에서 주로 활용되던 청사진을 서비스 부문에 소개되어, 서비스 설계 시 서비스 제공 시스템, 즉 서비스 프로세스를 시각적 다이어그램으로 표현하는 형태로 적용 가능하다는 점에 착안하여 서비스 청사진이 개발되었다. 서비스 청사진은 "서비스 제공에 관여하는 서로 다른 사람들이 자신의 역할과 관점에 상관없이 서비스를 이해하고 객관적으로 처리할 수 있도록 서비스 시스템을 정확하게 기술한 그림"이라고 할 수 있다. 서비스 청사진은 서비스 제품 개발의 설계 및 재설계 단계에서 특히 유용하다. 이를 통해 서비스 제공 과정, 고객과 직원의 역할, 가시적인 서비스 구성요소를 동시에 표현함으로써 서비스가 시각적으로 가시화된다. 또한 서비스 청사진(Blueprint)는 서비스를 논리적 구성 요소로 나누고 프로세스의 각 단계, 작업, 작업을 수행하는 수단 및 고객이 경험한 서비스의 물리적 환경을 보여 준다.

의사결정

A 외식업체(식품 서비스 회사)의 서비스 프로세스 개선 사례에서 보듯이 대표적인 서비스 프로세스의 분석 기법인 서비스 청사진을 작성하는 단계는 다음과 같은 3단계로 구성된다. 첫 번째 단계는 서비스 프로세스를 분류하는 단계이다. 고객의 눈에 보이는 활동과 보이지 않는 활동을 눈에 보이는 선으로 나누어 차트를 작성한다. 가시선 아래 보이지 않는 활동에는 주방에서 식사를 준비하거나 사무실에서 전화로 주문을 받는 것이 포함된다. 눈에 보이는 고객의 시선은 고객의 행동과 직원의 일선 행동으로 구성되며 보이지 않는 고객의 시선은 직원의 후방 행동과 지원 프로세스로 구성된다. 2단계는 실패 지점을 제시하는 단계로 A 외식업체의 (서비스에 대한) 장애점을 제시함으로써 장애를 사전에 방지하고 고객에게 보다 높은 서비스 품질을 제공한다. 세 번째 단계는 성과를 분석하는 단계로 각 서비스가 수행되는 데 필요한 시간을 관찰하여 비정상적인 고장이나 지연이 있는지 분석한다. A 외식업체의 서비스 프로세스 개선 방안을 구체적 예를 들어 제시하라.

경영 사례 16

개요

기업들은 다양한 산업에 투자하여 매출을 올리고, 내부 정책을 바꾸고, 다양한 방법으로 매출을 올리려고 노력한다. 그 중에서도 기업 내부에서 원인을 찾고 분석하는 방법이 점점 다양해졌으며, 그 과정에서 공정 개선이 중요해졌다. 기업들은 '시간 단축, 품질 향상, 비용 절감, 사이클 시간 단축, 재작업률 저하 또는 제품 및 서비스의 부정적인 측면 개선'을 의미하는 외부 원인을 찾기보다는 내부 프로세스 개선에 대해 고민하기 시작했다. ' 여기서 서비스 산업을 연관 지어 보면, 위에서 언급한 부정적인 측면은 고객이 정해진 시간보다 오래 기다리게 하거나 직원 서비스 대응의 질이 떨어지고 효율성이 떨어지는 곳에 과잉 투자하게 하는 것으로 볼 수 있다. 직원들의 교육과 교육이 좋지 않고 고객들이 이용하는 시설도 좋지 않은 게 대표적인 사례인 셈이다. 서비스업은 기본적으로 사람을 대하는 사업이기 때문에 서비스 품질이 떨어지는 것은 기업 이미지에 큰 영향을 미치기 때문에 다른 어떤 산업보다 고객에게 민감하게 느껴진다. 따라서 프로세스 개선이 중요하고 효율적이어야 한다. 기업들이 자신에게 맞는 다양한 전략을 실행하고 변화를 꾀해야 하는 이유다.

이와 같이 기업의 내부 프로세스를 개선하기 위해 다양한 전략이 사용되고 있으며, 6 시그마, '데밍의 14원칙', 'ISO9001'과 같은 품질 대책이 있다. 6 시그마는 자원 낭비를 최소화하고 고객 만족도를 극대화해 기업 수익성을 높이는 활동을 말한다. 6 시그마는 일본의 TQM 프로그램에서 시작되었고 미국의 모토로라에서 시작되었다. 국내에서는 1996년 LG전자 창원공장, 한국중공업, 삼성SDI 등이 처음 도입해 미국 GE 기업들과 사업관계를 유지했다. 본격적인 확장 과정은 유명해졌고 IMF 외환위기 이후 기업들이 더 효율적이고 생산적인 방법을 찾는 데 활용되면서 더 많은 기업들이 이를 이용했다. 사용하는 기업이 늘면서 제조업에서 시작된 6시그마가 곧 서비스업에서 사용되기 시작했고, 일부 기업과 공공기관이 도입했다. 6시그마를 분석하는 이유는 프로세스 개선 측면에서 자원 낭비를 최소화하고 고객 만족을 유도하는 방법이 가장 효율적이다. 또 제조·생산관리에서 6시그마를 통한 DMAIC 방식이 기업들 사이에서 인기를 끌었지만 서비스업에서는 적용이 쉽지 않다. 따라서 서비스업에서 어떤 점을 보완하고 활용해야 하는지 분석하기 위해서 필요하다. 제조업과 생산업에서 흔히 사용되는 6시그마는 제조업에서 탄생한 전략이기 때문에 서비스업에서는 적용이 어렵다. 따라서 서비스업에서의 6시그마 적용을 위해 국내외 기업들이 사용하는 6시그마 적용 사례를 분석하고 6시그마의 장단점이나 보완해야 할 부분을 분석하고자 한다.

6시그마 사례

서비스 업계의 6시그마(Sigma) 애플리케이션 사례

국내 기업들은 점차 업종별로 6시그마를 적용하기 시작했고, 서비스·금융 등 비제조업체들도 고객만족을 위해 적용하기 시작했다. 이 가운데 신한은행은 국내 금융회사가 뱅크오브아메리카와 씨티은행을 벤치마킹해 처음 적용한 은행이다. 신한은행은 금융산업 특성에 맞게 6시그마를 적용해 업무 방식을 표준화하고 혁신인력 양성에 나섰다. 요즘 금융업계는 직원들과 대면하지 않고 대부분의 업무를 앱을 통해 할 수 있었지만, 당시만 해도 직원들과 대면해야만 해결할 수 있는 일들이 많았다. 그렇기 때문에 직원들의 교육과 교육이 매우 중요했고 서비스의 질을 높이기 위해서는 서비스의 질을 높이는 것이 중요했다. 신한은행은 직원들을 위한 교육뿐만 아니라 양질의 서비스를 제공하기 위한 6가지 시그마 과제를 설정했다. 이는 서비스 품질 개선 이후 재무성과와 고객만족도가 주로 과제였으며, 6시그마를 금융업에 적용할 수 있음을 보여주는 첫 번째 성공사례다.

이는 1, 2차에 걸쳐 진행되었으며, 1차에는 6시그마 팀을 구성하여 13개 과제를 수행하였으나 2차에는 각 부서 또는 각 부서에서 공통 과제를 추진하였다. 예를 들어 'ARS 운영체제 개선'과 '자동장치 고장 감소 및 고장 처리 시간 단축' 관점에서 고객이 생각한 방안, 서비스 품질 개선 및 리드 타임 단축 등으로 구성됐다. 신한은행은 6시그마가 성공한 이유를 6시그마를 통해 해결할 적절한 문제를 선정하고 CEO의 적극적인 지원으로 꼽았다. 회원들이 적극적으로 참여한 것도 큰 도움이 됐다. 조직생활에서 6시그마에 대해 이야기하면서 외부 홍보 수단을 통해 직원들에게 알렸고, 6시그마를 수행하기 위한 교육훈련이 진행되었다. 또한 다양한 행사와 사내 방송을 통해 직원들의 적극적인 참여를 유도하는 노력이 장려되었다. 업무 외에 신경 써야 할 부분이 아닌 일상적인 사업이 될 수 있도록 회사 내부 분위기를 조성한 셈이다. 신한은행은 6시그마를 적용하고 업무를 수행해 많은 비용을 절감했으며, 연간 약 87억원의 재무실적을 기록했다고 밝혔다. 또한 생산성 향상 효과 등 다양한 개선을 통해 200억 이상의 재무성과를 창출했다. 이처럼 신한은행이 내부적으로 실시한 6시그마는 업무에 대한 관점이 바뀌었고, 다양한 부서의 팀 활동과 협력 활동은 조직 간 소통에 기여했으며, 사내 조직력을 더욱 강화시켰다. 대외적으로는 비용을 절감하고 고객 서비스 제공 품질을 개선하면서 고객 요구사항을 효율적으로 처리하면서 회사 이미지를 긍정적으로 유지할 수 있다.

또 다른 국내 기업은 KT이다. 통신업계는 가시적인 상품을 제공하지 않기 때문에 고객 입장에서 정확히 파악하기 어렵다. 예를 들어 인터넷이 잠시 끊겼다가 직원에게 알리지 않고 그냥 넘어가면 어디서, 얼마나 많은 사람이 피해를 봤는지 계산할 수 없고, 고객은 그에 상응하는 서비스를 정당한 가격에 받을 수 없다. 통신산업 특성상 고가의 장비가 사용되고 전국에 위치해 있어 한 곳에서 문제가 발생하면 많은 구간에서 오류가 발생한다. 따라서 보다 효율적인 운영과 서비스 제공을 위해 세부적인 점검이 필요하며 주의를 기울여야 한다. KT가 품질경영 우선순위를 정하기 시작했고, 품질의 우수성에는 고객만족경영과 기술력이 포함된다. 대외적으로는 영업환경이 바뀌었고, 내부적으로는 매출 증대와 신규 고객 발굴을 위해 6시그마를 진행했다. KT는 6시그마 전문인력을 양성하여 6시그마를 수행하고, 이를 위해 사이버교육과 집단교육을 실시하였으며, 6시그마의 기초와 통계분석방법을 지도하였다. 이들은 통신서비스업에 따라 교육내용을 개편하고 사례를 중심으로 교육도서를 발간해 직원들을 적극적으로 교육했다. 6Sigma 운영을 위한 전산시스템 구축에는 직원 간 소통을 활용했으며, 우수한 성과를 거둘 경우 보상을 제공해 직원들의 의욕을 향상시켰고, 전체 직원의 14%에 해당하는 5,400여명이 업무를 수행했다.

통신산업 특성상 통신문제를 간과하는 경우도 있었지만 이를 막기 위해 네트워크 운영과 고객관리 개선을 시도했고, 6시그마 대비 품질이 20% 향상돼 NCSI(전국고객만족지수) 1위를 차지하는 데 일조했다. 직원들도 6시그마 프로젝트에 대한 보상을 받았고 소통이 활발해지면서 긍정적으로 보는 사람이 많아졌고, 인식도 달라져 사내에서도 6시그마에 대한 긍정적인 태도를 유지할 수 있었다. 이를 통해 내부적으로 체계적인 6시그마 전략을 적용한 작업방법의 효율성이 높아졌다. 전문가 양성 교육은 직원들의 교육 수준을 높였고, 이에 따라 직원들의 업무 처리 능력도 향상되었다. 동시에 기술의 품질을 향상시키는 동시에 외부적으로 재작업 공정을 줄여 고객에게 제공되는 서비스의 품질을 향상시켰다. 회사의 품질 우위를 높여 고객 만족도를 높였고, 그 결과 대내외 역량을 강화하는 성공적인 효과를 거뒀다.

6시그마 보완점

6시그마는 지속적으로 발전하는 공정개선 전략으로 서비스업에 비해 제조업에서 널리 활용되고 있다. 제조업에서 태어난 이론이기 때문에 서비스업에서는 완벽하지 않지만 약간의 차이가 있다. 위에서 논의한 사례를 보면 서비스업의 6시그마에 대한 찬반양론을 확인할 수 있으며, 제조업과의 차이로 인한 문제도 분명히 존재한다. 서비스업에는 6시그마의 장점을 살려 최대한 문제점을 보완하면 현재 얻는 것보다 더 많은 이익을 얻을 수 있다. 서비스업에서 6시그마를 활용한 기업 중에는 성공한 기업도 많지만, 이들 기업 역시 내부 사정에서 의견을 통합하거나 적절한 과제를 도출하는 데 어려움이 많았다. 이를 실무적으로 적용하는 것도 쉽지 않고, 대기업이 아닌 중소기업도 적용에 어려움을 겪을 수 있다.

위 사례에서 어떤 어려움이 있었는지 알아보기 위해서는 첫째, 사람마다 사고 기준이 다르기 때문에 서비스가 주관적이기 때문에 사람들 사이에 분쟁이 발생할 수 있다. 신한은행의 경우 부서장과 과장 등 사람마다 생각이 달랐고, 부서별 사업제안서와 관련해 양과 질에 차이가 있었고, 이에 따른 리더십 차이와 조직태도를 적절히 재정비해야 했다. 또한 과제 제출 및 생성 과정에서 타 부서와의 협조가 필요한 경우가 있었으며, 이를 방지하기 위해서는 각 부서별로 관심의 경계를 설정하거나 소통에 있어 서로 배려할 필요가 있다. 따라서 부서 간 소통이 활발해지면 업무 수행이 쉬워진다. 또한 부서장이나 관계자는 의견이 충돌할 때 회사의 이익을 위해 자신감을 갖고 명확한 의견을 표명할 수 있어야 한다. 6시그마를 수행하기 위해서는 조직의 구성원들이 협력하여 업무를 수행해야 하므로 구성원들 간의 불필요한 갈등을 해결하고, 갈등을 자제하는 것이 목표를 달성할 수 있다. KT의 경우 직원들이 6시그마 시행 초기에 혁신과제를 설정했다고 했지만 기업들은 다른 과제와 같거나 불필요하다고 판단하는 경우가 많았다. 또한 직무설정은 직원들의 본연의 업무와 업무에 대해 별도로 생각함으로써 업무와 중립성을 가져왔고, 단기적으로는 품질을 확보하기에 부족했다. 따라서 직원들은 관리자와 충분한 검토를 거쳐 스스로 업무를 설정해야 하며, 이 과정에서 다른 직원들과 상당히 비슷하거나 회사 입장에서 불필요한 업무를 그만둘 수 있어야 한다.

둘째, 제조업이 시작한 전략이기 때문에 서비스업에서 사용하기에는 성과측정 활동이 올바르지 않을 수 있다. 실제로 제조업의 경우 생산량, 불량률 등 정확한 지표가 있었지만 사람을 치료하는 사업인 무형의 노동력을 제공하는 서비스업의 경우 정확한 지표가 존재하기 어렵고 점수나 지표로 측정하는 것이 현실적으로 불가능하다. 평가를 하더라도 주관적인 의견이 포함될 것이고, 성과가 과장되거나 축소될 수 있기 때문에 형평성에 어긋난다. 공정 개선 방향으로 늦어질 수도 있지만 내부적으로 공정한 기준을 세우고 그에 따른 성능을 측정하는 것이 옳다. 예를 들어 배송의 경우 당일 배송 업무로 설정하고, 이를 지키지 않을 경우 고객 응대 시 고장 여부를 확인하거나 만족도를 측정하는 등 성과 측정 방안을 마련할 필요가 있다. 최근 서비스업에 대한 고객만족도 점검을 통한 주기적인 개선이 이루어지는 경우가 많으며, 전화 상담 시 상담원의 친절도나 서비스 품질에 대한 설문을 요청하는 경우도 있다. 맥도날드의 경우 매장 이용 시 앱에서 사용하는 매장에 대한 설문조사가 가능하며, 고객의 의견을 반영해 직원, 매장 환경, 서비스 품질 등 만족도를 묻기 위해 노력하고 있다. 인적자원 개발과 교육, 제품 및 서비스 품질 향상을 장려하고, 내부 평가에서 객관적 지표를 통해 업무의 방향성이 올바른지 여부를 평가하는 것도 중요하다.

마지막으로 6시그마를 수행하는 기간을 최대한 단축하는 것이 중요하다. 6시그마는 자본과 시간을 많이 투자하는데 장기적으로 가면 개선에 성공해도 큰 손해를 볼 수 있다. 물론 기업문화를 바꾸는 일은 한순간에 이뤄지는 것이 아니라 시간이 걸린다. 그러나 장기적으로 전문적인 교육을 받지 못한 일반 직원들을 끌고 다니는 것은 오히려 독이 될 수 있다.물론 6시그마 전담 전문가들은 지속적인 장기 교육이 필요하겠지만, 일반 직원들은 장기적으로 업무를 도출하고 달성하는 데 피로감을 느낄 수 있어 일반적이지 않은 업무의 과부하로 볼 수 있다. 따라서 기존에 교육받은 전문가의 역량이 중요하며, 직원들이 믿고 따라야 하며, 성과기간 단축은 문제를 조속히 파악하고 효율적인 운영을 위해 필수적이다. KT의 6시그마 평가 내용 중 업무만 주 업무로 수행하는 데 6개월이 걸려 인력 낭비가 발생할 수 있다는 점이 언급됐다. 또한, 수행기간이 장기간에 걸쳐 진행될 경우 업무수행에 대한 집중도가 저하되고 우선순위를 섣불리 결정하지 못할 수 있다. 구성원들의 소통을 통해 회사에 필요한 업무만 선별하고 최대한 앞으로 당겨서 기간을 달성할 수 있도록 서로 협력하는 것이 중요하다. 매출이 증가함에 따라 비용이 증가하면 공정이 정상적으로 개선되지 않은 것으로 볼 수 있으며, 내부적으로 이런 일이 발생하지 않도록 기간을 적절하게 조정해야 한다. 또한 직무수행기간을 단축하여 직무를 완수할 때 직원들이 보람을 느끼고 제멋대로 행동하도록 유도하여야 한다.

Lean 6시그마는 여기서 약간의 대응책이 될 수 있다. 기존 6시그마의 단점을 보완한 전략이다. 많은 시간과 어려운 내용을 교육하는 문제를 시작으로 도요타의 JIT(Just In Time) 방식을 활용해 낭비를 줄이고 공정을 간소화해 효율적인 운영에 초점을 맞춘다는 계획이다. 6시그마의 자원 낭비를 최소화하고 고객 만족도를 극대화해 기업 수익성 개선 기반을 유지하면서 린 생산 방식의 장점을 결합한 전략이다. 이 역시 제조업을 중심으로 개발된 개념이라 당장 서비스업에 적용하기는 힘들겠지만 적용할 경우 제조업보다 더 큰 효율성을 달성할 수 있다. 린 6시그마의 등장은 속도, 품질, 비용으로 요약할 수 있다. 품질 개선, 속도 향상, 낭비 해소, 공정 간소화 등에 초점을 맞춰 고객과 기업 모두에게 가치를 제공할 수 있는 대안이 대표적이다. 서비스업에 적용하면 빠른 업무 처리를 유지하면서 품질이 향상돼 직원들의 빠른 업무 수행에 도움이 될 것을 전제로 한다.

6시그마는 기업 입장에서는 분명 효과적인 경영 전략이지만 잘못 사용하면 손해가 될 수 있다. 신한은행과 KT의 시어는 6시그마의 성공 사례로, 다른 서비스 업종의 기업들이 6시그마를 적용하는 데 기여했음을 알 수 있다. 신한은행은 서비스업 특성에 맞게 6시그마를 개선·적용하고 업무 방식을 표준화하며 혁신 인력을 양성했다. 신한은행은 직원 교육과 함께 양질의 서비스를 제공한다는 과제를 설정했는데, 이는 서비스 품질이 향상되면서 기업 재무성과와 고객만족도가 향상돼 성공사례가 됐다. 1, 2차에 걸쳐 지속적으로 시행하였으며, 고객의 입장에서 고려한 조치로 서비스 품질을 개선하고 리드 타임을 단축하였다. 신한은행의 경우 6시그마가 성공한 이유를 6시그마와 CEO의 전폭적인 지원을 통해 해결하기에 적합한 문제로 선정했다. 회원들의 적극적인 참여를 유도하는 데도 도움이 됐다. 신한은행은 6시그마 실적 때 직원들의 부담을 덜어주고 싶었고, 직원들이 과체중이 아닌 평소 업무가 될 수 있도록 기업 분위기를 조성했다. 신한은행은 6시그마를 적용하고 비용을 절감하는 등 상당한 재무성과를 기록했다. 신한은행이 실시한 6시그마는 내부적으로 조직 구성원 간 의사소통 능력과 외부적으로 회사가 제공하는 서비스의 질을 높이는 데 기여했다.

KT의 경우 6시그마를 주로 품질경영에 적용하여 6시그마를 수행할 수 있는 전문인력 양성을 위한 전문교육 및 교육을 실시하고 6시그마의 기초와 통계분석방법을 교육하였다. 직원들의 의견을 교환할 수 있는 사이트를 제공하고, 업무수행에 있어 우수한 성과에 대한 보상을 제공하여 직원들에게 동기를 부여하기 위해 6시그마 운영을 위한 전산시스템을 구축하였다. 이상과 같이 품질경영에 집중하기 위하여 통신망 운영 및 고객서비스 분야의 개선을 시도하여 좋은 성과를 거두었다. 내부적으로도 직원들이 6시그마를 긍정적으로 생각하고 근무 방식의 효율성이 높아졌다. 동시에 기술 분야에서 품질 향상을 통해 외부 세계가 우위를 점했고, 이를 바탕으로 고객 서비스의 질을 향상시켰다. 결과적으로 대내외 역량을 강화하는 성공적인 효과를 거두었다.

6시그마는 생산·제조업에서 시작된 이론이기 때문에 서비스업에 적용하기에는 차이가 있기 때문에 이를 보완할 필요가 있다. 첫째, 서비스 주관적이기 때문에 사람마다 생각이 다르다는 것을 인식해야 한다. 좋은 생각이라고 느낄 수도 있지만, 타인에게 전혀 혁신적이지 않거나 회사에 이익이 되지 않는다고 판단할 수도 있다. 따라서 구성원들은 충분한 의사소통을 통해 의견을 교환하고 6시그마의 목적에 따라 기업에 이익이 될 수 있는 과제를 도출하여 수행하는 것이 중요하다.

둘째, 주관적인 평가 방안이 많은 서비스업에서 사용하는 것은 정확하지 않을 수 있다. 제조업과 생산업은 불량률과 생산량 등 정확한 지표를 갖고 있지만 서비스는 무형이기 때문에 객관적으로 판단할 수 없다. 따라서 고객만족도 조사를 실시하거나 매뉴얼을 재구성하는 등 직원들이 최소한 수용할 수 있는 객관적 지표를 만드는 것이 중요하다.

마지막으로 이행기간을 최대한 줄여 6 시그마 과제를 달성하는 것이 중요하다. 6시그마 업무를 장기간 유지할 경우 전문인력을 제외한 일반 직원들은 평소 업무에 포함되지 않는 추가 업무로 간주할 수 있어 피로감이 가중된다. 또한 장기적으로 교육훈련을 지속하는 것은 기업에 많은 비용이 들기 때문에 장기적으로 유지하기보다는 하루빨리 과제를 달성하고 성과를 측정할 수 있도록 돕는 것이 바람직하다.

의사결정

린 6시그마는 6 시그마에 대한 보완책으로 떠오르고 있다. 기존 6시그마의 단점을 보완하는 전략인 린 6시그마를 통해 낭비를 줄이고 공정을 간소화하고 효율적인 운영에 집중함으로써 고객과 기업 모두에게 가치를 제공할 수 있다. 이를 서비스 산업에 적용하면 빠른 업무처리를 기반으로 품질을 개선하고 경쟁 시장에서 우위를 점할 수 있다.

6시그마와 린 6시그마의 장단점이나 보완해야 할 부분에 대하여 논하라.

경영 사례 17

개요

서비스(Service)는 서비스를 받는 사람을 위해 변화를 수행함으로써 가치를 창출하고 특정 시간과 장소에서 고객에게 수익을 제공하는 경제 활동이다. 서비스는 고객의 활동과 과정을 지원하는 것이다. 이는 시간, 장소, 형태, 정신적 효용을 창출하는 경제 활동으로 고객에게 제공되고 고객이 받은 결과와 경험의 조합이다. 서비스는 행동, 프로세스 및 결과이며, 공동 제작자 역할을 하는 고객들에게 시간이 지남에 따라 희미해지는 무형의 경험이다. 제품은 유형적인 것으로 생산 후에 판매되고 사용되는 반면, 서비스는 무형이며 생산과 소비가 동시에 발생한다. 제품 구매는 서비스가 동반되는 경우가 많고, 서비스 구매는 제품이 동반되는 경우가 많다. 제품이나 서비스가 연속적으로 존재한다는 것을 이해하는 것이 바람직하다.

서비스는 고객 가치 창출, 서비스 차별화, 고객 관계 관리, 다양한 관점에서 이해하는 것이 바람직하다. 고객 가치 창출의 관점에서 서비스란 고객의 활동이나 프로세스를 지원하는 것을 의미한다. 고객에 대한 서비스는 제품 및 서비스와 정보와 같은 기타 요소의 조합으로 구성된 모든 유형의 패키지를 포함한다. 제품이나 서비스의 가치는 고객이 구매한 패키지를 소비할 때 고객의 가치 창출 과정을 통해 창출된다. 고객이 가치를 창출할 수 있는 패키지를 찾고 있기 때문에 기업은 고객에게 일상 활동에서 가치를 창출할 수 있는 요소로 구성된 패키지를 제공해야 한다

서비스 차별화

기업이 서비스 차별화 관점에서 서비스에 집중해야 하는 이유는 여러 가지가 있다.

1. 고객은 단순한 기술적인 것 이상의 것을 요구합니다.
2. 이러한 요구는 경쟁의 심화와 함께 증가하고 있다.
3. 정보기술 등 기술 발전으로 새로운 서비스 창출이 쉬워졌다.

기업은 경쟁사와 차별화되는 부가 서비스를 제공해 경쟁 우위를 확보해야 한다. 고객 관계 관리 관점에서 고객과의 상호 작용은 고객이 서비스 제공업체와 만나는 고객 접점이라는 프로세스에서 발생한다. 고객이 이러한 접점에서 가치를 인식하면 관계가 형성되고, 이는 다시 고객 충성도로 이어져 회사에 이익이 된다. 고객과의 관계를 관리하는 것은 기업이 수익을 창출하는 데 도움이 된다.

서비스 특성

서비스에는 4가지 일반적인 특성이 있다.

1. 무형성으로 대부분의 서비스는 무형이다. 서비스가 유형의 물체를 사용하거나 유형 물체에 내재되어 있는 경우가 있으나 서비스 자체가 유형물체가 아닌 경우도 있다. 무형성 때문에 서비스를 구매하더라도 소유권은 제품을 소유하는 것과 다르다. 서비스의 경우 유형적인 것을 소유하는 것이 아니라 가치를 얻는다.

2. 생산과 소비의 불가분성, 생산과 소비의 불가분성은 생산과 소비가 동시에 일어나는 것을 의미한다. 동시 생산과 소비는 다음의 두 가지 경우를 포함한다. 1) 의사가 환자를 치료할 때와 같이 소비가 발생할 때 서비스 제공자가 있다는 뜻이다. 2) 고객이 미용실에서 서비스를 받을 때와 같은 서비스 생산 과정에 참여하는 것을 의미한다.

3. 이단성은 서비스의 변동성이 크다는 것을 의미한다. 제품의 경우 일관성을 유지할 수 있지만, 통상 서비스는 생산과 동시에 소비되기 때문에 고객과 시간에 따라 제공되는 서비스가 크게 달라질 가능성이 크다.

4. 소멸성은 재고를 보유할 수 없다는 것을 의미한다. 오늘 발생한 KTX의 빈 좌석, 호텔의 빈 방, 병원의 빈 입원실은 내일 사용할 수 없다.

서비스 분류 및 방법

서비스를 분류하는 목적은 그룹별로 유사점을 찾아 전략을 수립하거나 이를 바탕으로 효율적으로 운영하는 것이다. 서비스 분류 방법은 다음과 같다.

1. 고객 참여를 반영한 서비스 팩토리 설계에 사용. 2. 서비스 제공 방법에 대한 대안을 평가하기 위해 사용. 3. 수요와 공급의 균형. 4. 서비스 프로세스에 대한 기술 적용의 판단.

고객이 서비스를 구매할 때 단순히 서비스의 구성요소가 아닌 개념을 구매하는 것으로 볼 수 있다. 예를 들어, 고객이 침대, 욕실, 음식 등과 같은 구성 요소를 구입하는 것이 아니라, 숙면, 저렴한 비용, 편안함 및 기억에 남는 경험을 구입하는 호텔을 생각해 보면 서비스 개념은 서비스 제공자가 제공하는 서비스와 고객이 구매하여 이용하는 서비스가 무엇인지 고객에게 명확하게 전달하기 위하여 다음과 같은 내용을 포함하여야 한다.

1. 서비스 주제(고객이 구매하여 이용하는 서비스의 핵심)
2. 고객 및 서비스 조직과의 상호 작용. 고객과 서비스 조직 간의 상호 작용은 다음과 같이 나눌 수 있다. 직원과 고객의 상호작용, 조직

의 시설과 고객의 상호작용, 조직의 시스템과 고객의 상호작용, 그리고 그 과정에 참여하는 다른 고객의 상호작용.

3. 고객 참여. 고객은 양식 작성, 본인의 정보 제공, 홈페이지 이용 등 서비스 과정에 참여해 서비스를 받는 공동 제작자다. 따라서 고객이 얼마나 잘 준비되어 있거나 협력할 의사가 있는지는 서비스 개선 여부에 달려 있다. 예를 들어 환자가 정확한 정보를 제공하지 않으면 의사가 정확한 진단을 내릴 수 없게 된다.

서비스 운영관리/체계

서비스 운영관리는 서비스 사용자에게 서비스를 제공하는 것과 관련이 있습니다. 따라서 서비스 운영관리는 고객의 요구를 이해하고, 서비스를 제공하는 과정의 관리, 회사의 목적 달성 여부, 서비스의 지속적인 개선 등을 포함한다. 운영관리는 생산운영관리에서 비롯되었으며, 생산운영관리에서 개발된 다양한 개념이나 기법을 대부분 서비스 운영관리에 적용할 수 있지만, 서비스의 특성을 고려해야 한다. 또한 서비스의 특성상 제조업과 다른 새로운 개념이나 기법이 요구되는 경우도 있다. 예를 들어, 서비스에서는 고객과 직접 접촉하는 직원의 역할이 매우 중요하기 때문에 고객 연락처 관리가 중요하다. 일반적으로 연산은 입력을 출력으로 변환하는 정보 변환 프로세스를 의미한다. 즉, 재료, 설비, 고객, 종업원, 기술, 설비 등을 투입하여 서비스나 제품을 만드는 활동을 말한다. 따라서 이러한 활동을 회사의 목적에 맞게 관리하는 것을 서비스 운영 관리라고 할 수 있다.

서비스 운영체계는 크게 입력, 전달 과정, 출력, 성능 측정, 개선으로 구성된다.

1 입력. 입력에는 고객에게 서비스를 제공하는 데 필수적으로 필요한 요소가 포함된다. 특이한 점은 고객도 투입 요인에 포함돼 서비스가 제조업과 다르다는 점이다. 예를 들어 미용실 서비스의 경우 고객이

입력 요인임을 쉽게 알 수 있다. 이러한 점 때문에 서비스 운영 관리는 생산 운영 관리와 다르다.

2. 서비스 제공 프로세스. 입력요소를 이용하여 일정한 배송과정을 거쳐 고객에게 서비스를 제공한다.

3. 계산. 고객 입장에서는 시간과 노력, 돈을 투자해 서비스 패키지를 얻는데, 이 패키지가 서비스 경험과 서비스 결과라는 두 가지 유형으로 구성된다고 한다. 서비스 경험은 고객이 서비스 과정을 통해 직접 경험하는 것을 의미한다. 여기에는 고객이 직원에게 어떻게 대우받았는지, 고객이 서비스 조직이나 시설에 대해 어떻게 느끼는지 등이 포함된다. 보다 구체적으로 살펴보면, 다음은 고객의 서비스 경험에 해당한다. 서비스 프로세스의 개인화 정도, 서비스 조직의 대응성, 직원 유연성, 고객 친밀도, 서비스 조직의 직원 및 정보 시스템에 대한 접근 용이성, 직원 예의 및 능력, 다른 고객과의 상호 작용. 예를 들어, 환자가 병에서 회복하는 것은 의료의 결과이다. 이러한 결과는 유형적이거나 무형적일 수 있다. 무형의 결과로서, 다음과 같은 것들을 고려할 수 있다. 고객의 공정성, 만족도 등에 대한 판단, 고객의 절망감, 기쁨 등의 감정, 고객이 평가한 서비스의 가치 등 고객의 의도, 재구매 또는 불만을 호소할 것인지를 판단한다.

4. 성능 및 개선을 측정하고 개선한다. 서비스 제공이 완료되면 그 결과를 평가하고 문제가 발견되면 개선하는 과정을 거쳐야 한다.

서비스의 고객은 다양하고 그들의 기대와 욕구는 다양하다. 이처럼 다양한 고객을 공략하기 위해서는 고객의 니즈와 기대를 파악하고, 고객과의 관계를 발전시키고 관리하는 것이 중요하다. 체험경제에서 고객들은 단순한 서비스가 아니라 그 이상의 서비스를 찾고 있으며, 이를 위해 훨씬 더 많은 비용을 지불할 용의가 있다. 예를 들어 카페가 직접 원두를 볶고 간 커피를 제공하는 등 제품이 서비스 활동으로 발전할 때, 고객은 받은 돈의 몇 배를 기꺼이 지불한다. 한 걸음 더 나아가서 특별한 상황에서 서비스를 구성하면, 예를 들어 알프스에서 커피를 제공하면 서비스가 경험이 되고, 고객은 커피를 포함한 전체 경험에 대해 기꺼이 비용을 지불한다. 이러한 경험 경제의 탄생은 서비스 기업들에게 새로운 사업 기회를 제공한다.

제공되는 서비스에 대한 서비스 기관의 견해와 고객의 견해가 일치하지 않으면 고객 불만이 발생한다. 이를 사전에 예방하기 위해서는 서비스 조직이 고객에게 제공하는 서비스가 무엇인지 명확히 하고 이를 잘 홍보할 필요가 있다. 이를 위해서는 서비스 개념을 명확히 하는 것이 중요하다.

금융서비스, 광고, 호텔체인, 패스트푸드, 컨설팅, 렌터카 등 산업에 속한 많은 기업들이 이제 단일 국가가 아닌 글로벌 체인으로 운영되고 있다. 이러한 경향은 경쟁을 심화시키고 경쟁을 심화시켜 일류 기업이 되지 않고서는 살아남기 어렵게 만들었다. 일류 기업이 된다는 의미는 경쟁 우위 확보를 의미한다. 따라서 경쟁우위 확보를 위한 경쟁전략과 운영전략을 개발할 필요가 있다.

서비스 차이점

서비스와 제조의 가장 중요한 차이점 중 하나는 고객이 프로세스에 참여한다는 것입니다. 따라서 대부분의 경우 서비스에서 고객과의 접촉이 발생한다. 고객이 서비스 조직(직원을 포함한 모든 것)에 연락하여 고객이 서비스에 대한 인상을 받는 사건을 서비스 카운터(Service Counter) 또는 진실의 순간(Moment of Truth)이라고 하며, 고객이 서비스 카운터의 결과에 따라 서비스 경험에 만족하는지 여부가 결정된다. 서비스 카운터는 고객 및 직원뿐만 아니라 다른 고객, 서비스 제공 시스템 및 물리적 환경과도 관련이 있습니다. 고객에게 가치를 창출하는 효과적인 서비스 시스템을 구축할 때 이러한 요소와 요소의 관계를 고려해야 한다.

서비스 운영 관리에서 가장 중요한 부분은 서비스 제공 시스템이다.

서비스 제공 시스템은 서비스 프로세스, 직원 및 리소스로 구성된다. 서비스 프로세스는 항상 일관된 서비스를 제공하고 고객에게 맞춤형 서비스를 제공할 수 있는 유연성을 보장하도록 설계 및 관리되어야 합니다. 고객의 서비스 경험에 가장 직접적인 영향을 미치는 요소는 고객과 직접 접촉하는 직원이라고 할 수 있다. 그러므로 직원들의 관리는 매우 중요합니다. 서비스 특성상 재고 보유가 어렵기 때문에 자원을 효과적으로 활용하기 위해서는 수요와 공급의 매칭이 중요하다. 이러한 수요와 공급의 매칭은 수요 관리와 공급 관리를 통해 가능하다.

서비스 공급 여력이 부족해 대기가 길어지면 고객이 구매를 포기하거나 구매를 하더라도 재구매를 포기할 수 있다. 하지만 그만큼 비용이 많이 들기 때문에 서비스 공급 능력만 늘릴 수는 없다. 즉, 서비스 수준이 높아질수록 서비스 제공 비용은 증가하지만 고객 불만 비용은 감소하고, 서비스 수준이 감소하면 서비스 제공 비용은 감소하지만 고객 불만 비용은 증가한다. 이러한 상황에서 서비스 제공에 따른 두 가지 상반된 비용과 고객 불만 비용의 균형을 이루는 최적의 서비스 수준을 찾을 필요가 있다. 이를 위하여 경영과학적 대기열 모델을 사용할 수 있다. 대기열 모델을 통한 대기시간 및 평균 대기시간 분석은 서비스 공급능력을 이해하는데 도움이 되며, 이를 고려하여 서비스 공급능력의 규모를 결정할 때 결정이 이루어져야 한다.

신기술의 등장이나 기존 기술의 향상으로 인해 많은 서비스 기업들이 고객을 대하는 방식을 빠르게 바꾸고 있다. 그 중에서도 서비스 분야의 가장 강력한 변화는 정보기술의 발달에서 비롯된다고 할 수 있다. 정보의 수집, 공유, 활용 측면에서 속도가 빨라지고 그 범위가 확대되고 있다. 예를 들어, 고객에 대한 다양한 정보가 데이터베이스에 포함되어 있으며 이 정보는 직원들이 쉽고 빠르게 이용할 수 있어 고객과의 관계 마케팅이 가능하다. 또한 새로운 마케팅 기회를 의미하는 데이터 분석을 통해 새로운 트렌드나 새로운 시장 세분화가 가능하다.

인터넷의 발달로 서비스 제공자와 고객 사이의 통신과 정보 교환은 과거보다 빠르고 자유로워졌으며, 인터넷은 서비스 제공에 있어 새로운 비즈니스 모델이 되었다. 인터넷 기반 서비스는 속도가 빨라 시간적으로는 장점이 있지만 어디서든 접근이 가능해 공간적인 장점이 상당하다.

서비스 품질의 최종 결정은 고객에게 달려 있다. 고객은 자신이 기대하는 품질과 경험한 품질을 비교함으로써 품질을 인식하는데, 이러한 품질 인식은 서비스 기업의 경쟁력과 직결된다고 할 수 있다. 따라서 경쟁 우위를 확보하기 위해서는 지속적으로 서비스 품질을 개선하기 위한 노력이 필요하다. 서비스 품질을 개선하기 위해서는 측정이 이루어져야 하며, SERVQUAL 모델이 평가방법으로 사용됩니다. 이 측정도구는 유형재, 신뢰성, 대응성, 보증성, 공감성 등 5가지 요소로 측정해 고객 기대치와 지각된 가치의 차이를 확인할 수 있다는 장점이 있다. 이 측정을 통해 기대값과 지각값의 차이가 발견되면 서비스 품질격차 모델을 이용하여 품질문제의 원인을 파악하고 기대값과 지각값의 차이를 줄일 수 있다.

서비스 경쟁에서 우위를 확보하기 위한 방안 중 하나로 생산성 향상이 제시된다. 그러나 서비스의 생산성은 제조업의 생산성과 다르다. 서비스에서 생산성과 품질을 분리하기 어렵기 때문이다. 즉, 서비스에서 생산성을 높이면 품질이 떨어지는 경우가 많다. 따라서 효율성 향상에만 집중하는 것은 문제가 있다. 중요한 것은 생산성과 품질을 동시에 높일 수 있는 방안을 마련하는 것이다. DEA분석은 종종 서비스 생산성을 향상시키는 기술로 사용된다. 이 기법은 동일한 서비스를 동시에 제공하는 기업을 비교하고, 효율성을 잘하는 기업과 비교함으로써 무엇이 잘못되고 어떻게 효율성이 향상될 수 있는지에 대한 정보를 제공한다.

TQM(Total Quality Management)을 비롯한 많은 고급 관리 기술에서

강조되는 지속적인 개선으로 지속적인 개선이 강조되는 이유는 경쟁 심화로 고객 요구와 기대가 바뀌고 고객 만족 기준이 높아지고 있기 때문이다. 새로운 서비스가 점점 빠르게 시장에 진입하고 있으며, 이러한 새로운 서비스는 기존 서비스에 비해 품질과 가치가 우수하므로 기업의 생존 측면에서 품질 향상과 새로운 서비스 창출을 위해 노력해야 한다. 이 개선을 위해 필요한 것은 측정이다. 측정 없이는 개선이 없다는 말처럼 기존 시스템의 성과를 객관적으로 측정해 개선 방향과 개선 활동 후 얼마나 성과가 나타나는지를 판단해야 한다.

의사결정

서비스를 평가하기 위한 방법은 무엇이 있으며 어떤 장점이 있는가?

경영 사례 18

개요

우리들 대부분은 항공사에 대해 다소 알고 있지만 모두가 항공사 업무와 그 서비스가 무엇을 정확히 의미하는지 아는 것은 아니다. 아마도 해외여행과 무역을 위해 종종 항공 서비스를 이용할 것이다. 그러나 실제로는 아직 주목받지 못한 이 산업에 대한 많은 비밀이 있다. 이 산업은 거대하며, 가까운 미래에 경제에 대한 능력과 기여 가능성 때문에 정부로부터 비정부, 개인에 이르기까지 이 산업에 투자하고자 한다. 이 서비스 부문은 요즘 고용의 큰 원천이다. 많은 직책이 생겼지만 여전히 충분한 인력을 찾지 못하고 있다. 항공 산업은 모든 나라에서 매년 엄청난 수익을 창출하고 있으며, 많은 경우 점점 더 혁신적이고 수익성이 높아지고 있다.

수익관리

수익관리를 통해 항공사는 재고 관리를 자동화하고, 수요가 적고 많은 다양한 항공편의 요금을 적절히 조절하며, 수요를 많이 끌어들여 항공편의 수익을 높일 수 있다. 개별 비행편의 수익은 비행편의 좌석 재고의 가격 설정에 의해 결정된다. 그리고 이러한 설정을 사용하기 위해서는 항공사는 각 가격대에서 판매를 촉진하기 위해 어떤 등급과 가격을 사용할 수 있는지 이해하여야 만 한다.

항공 산업에서 수익관리는 항공사의 수익을 극대화하는 과정이며 고객을 유지하기 위한 고객 기대치를 초과한다. 고객의 행동을 분석하면 제품에 대한 수요를 예측하여 예상 수익을 창출하기 위해 가격과 가용성을 최적화할 수 있다. 간단히 말해, 수익관리는 적절한 고객에게 적절한 서비스를 적시에 제공하고 우수한 유통 네트워크를 통해 최적의 가격을 청구해야 한다는 사실을 명확히 하기 위해 노력하고 있다.

예를 들어, 이 개념은 이해하기 쉬울 것으로 기본적으로 항공 서비스는 항공 산업의 일부일 뿐만 아니라 환대 산업을 대표한다. 알다시피 항공사들은 같은 가격으로 전체 항공편의 좌석을 판매하지는 않는다. 즉, 그들은 수요와 승객 오퍼를 기반으로 가격 모델을 분류하는 전략을 가지고 있다. 최근 코로나 유행으로 3년의 기간 동안 모든 항공사는 사업에서 많은 손실을 입었다. 그래서 항공사들은 수익면에서 보다 가치 있는 고객들을 알 수 있도록 효과적으로 도와주는 시스템을 사용함으로써 그들의 사업을 활성화하기 시작했다.

우리는 그것을 몇몇 5성급 호텔들과 비교할 수 있다. 그 호텔들은 항상 그들의 대부분의 방을 임대함으로써 그들의 이익을 극대화하려고 노력한다. 따라서 이를 위해서는 내부 서비스와 전반적인 환대에 대한 고객의 관점을 고려해야 한다. 그들은 또한 고객들이 기꺼이 더 많은 돈을 지불할 수 있는 요인들을 알아내야 한다. 호텔 경영자들은 수요가 너무 많아 정가를 올릴 때와 수요가 너무 적어 할인을 해야만 하는 경우를 고려하여 가격과 객실의 배정을 해야 한다.

경쟁과 다양한 경제적 압박이 많이 가중되고 있는 만큼 항공사가 한정된 자원으로 서비스 품질을 성공시키고 지속적인 개선을 유지하는 것이 그 어느 때보다 중요하다. 항공사 수익관리는 이 산업의 발전하는 시나리오와 현재 당면 과제 때문에 수익을 극대화하는 과정을 가능하게 하는 데 도움이 되는 많은 전략을 제공한다. 이 산업을 활성화하려면 많은 분야에 집중해야 하며 가장 중요한 한 분야는 수익관리로 항공사는 이를 활용하여 성공에 더 많은 초점을 맞추어야 한다.

수익관리 프로세스는 고객이 항공사를 선택하는 이유를 이해하는 것에서 시작된다. 시장을 구성하는 동인이 무엇인지 파악한 후에는 어떻게 하면 차량을 관리하고 보다 효율적으로 운영할 수 있는지 더 잘 이해할 수 있다. 이 과정의 마지막 부분은 항공사가 목표 그룹을 충족하고 수익을 내기 위해 얼마나 많은 돈이 필요한지 알아내는 것이다.

초기에는 수익관리 시스템이 이해하기가 그리 쉽지 않았고 적용 과정도 복잡했다. 최초의 이니셔티브는 1980년대에 미국 항공사에 의해 이루어졌고 그 당시에는 컴퓨팅 기술이 오늘날과 같지 않았다. 게다가, 그들은 그것을 하기 위해 많은 한계에 직면해 있다. 오늘날 고급 분석 도구, 빅 데이터, AI와 같은 것들이 많은 도움을 주며, 이것들은 수익관리 과정을 쉽게 개선한다. 이 전체 프로세스는 회사의 수익관리 목표를 충족하는 상업적 전략으로 비즈니스 역량을 실질적으로 향상시킨다. 이 시스템은 중요한 결정을 내리기 위한 수익관리 프로세스와 전략을 단순화한다.

그러나 기술과 항공사의 도움으로 모든 것이 어떻게 그렇게 빠르게 변화하고 있는지를 목격함에 따라 계속해서 새로운 장애물과 아이디어를 가져오는 변화 단계를 거치고 있다. 항공 산업은 모든 항공사가 매우 효과적인 방법으로 운영하기 때문에 이제 매우 경쟁적인 환경이 된다. 항공사로서는 이제 정기적으로 새로운 도전에 직면하여 새로운 전략과 관리 시스템으로 극복하는 것이 일반적이다. 오늘날의 항공사들은 성공하기 위해 이용 가능한 모든 수익원을 최적화해야 한다. 시장은 빠르게 변화하고 있고 항공사들은 이러한 변화하는 환경에 대처할 필요가 있다. 또한 수익 흐름, 보조 판매, 제휴, 파트너십, 수수료, 세금 등을 유지해야 한다. 어떤 항공사든 많은 양의 복잡한 데이터를 평가하고 다양한 종류의 통찰력을 탐구할 수 있는 그러한 응용 프로그램이나 적절한 시스템을 가지고 있을 때만 이것을 할 수 있다. 정기 수요를 고려해서 특정 항공편을 쉽게 수동으로 유지할 수 있다. 수요가 낮은 요일, 중간인 요일 및 높은 요일에 대해 서로 다른 인벤토리 시스템을 설정하는 작업은 수동으로 수행되며 이 프로세스는 매우 인상적이다. 그러나 이 수동 과정은 항상 같은 범주에 속하는 모든 비행편을 고려하고 동일한 방식으로 작동하게 한다. 이로 인해 항공사들은 정기적으로 손실을 계산해야 하며 그러한 것은 비용으로는 인식되지 않는다.

결과적으로, 항공사는 현대 기술을 사용하여 수익관리 프로세스를 설계하는 데 관심이 있으며, 종종 가장 불확실한 상황에 대하여 스마트 솔루션을 제공하는 AI 수익관리 시스템을 개발하려고 노력한다. 항공사 운영자들은 그러한 애플리케이션을 효율적으로 실행해야 하며 또한 그들이 시장을 통제하는 데 도움이 될 수 있는 도구를 가지고 이에 대처해야 한다. 이 프로세스를 완료하는 데 시간이 걸릴 수 있지만 결과는 훌륭할 수 있다. 수익관리를 올바르게 사용하고 이를 올바르게 이행할 수 있는 항공사는 고객에게 가장 많은 수익을 창출하는 동시에 고객에게 가장 많은 금전적 가치를 제공할 수 있을 것이다.

수익관리가 중요한 이유

통합은 권한 하에서 항상 고려할 필요가 있는 중요한 요소로 재고, 발권, 이용 가능한 서비스 용량, 비행 일정, 일기 예보 및 항공 노선과 관련된 기타 측면과 같은 모든 작업을 효과적으로 수행해야 한다. 이를 위해 항공사 분석가는 가장 가치가 있는 해결책을 찾기 위해 사용할 수 있는 최상의 방법이나 도구를 찾아야 한다. 약간의 비효율성은 항공사가 엄청난 손실을 계산하게 만들기 때문에 그들은 모두 이 과정에서 더 효율적일 필요가 있다. 수익관리 시스템은 항상 앞에서 언급한 단순화된 프로세스에 의존하며, 이 단순화된 프로세스는 다양한 항공사 역량과 분석하기 위한 적절하게 통합된 시스템을 포함한다. 이 프로세스는 일반적으로 가용성에 영향을 미치는 비즈니스 규칙과 규정에 초점을 맞추고 가능한 한 빨리 잠재적인 충돌을 피하려고 한다.

수익관리에는 일반적으로 적절한 최적화가 필요한 세 가지 단계가 있다. 가격, 용량, 그리고 수요는 어떤 항공사에 도움이 될 수 있는 몇 가지 강력한 재료와 기준이 필요한 요소들이다. 판매와 연동되기 때문에 항상 가격이 최우선이고, 이후 항공사들은 판매 수익과 함께 국내선과 국제선에서 더 나은 위치를 만들기 위해 경쟁사들의 가격 전략을 분석하기도 한다.

소비자에게 양질의 서비스를 제공할 수 있는 역량은 기업이 비즈니스를 얼마나 성공적으로 운영하는지를 결정한다. 항공 산업에서 스케줄링은 중요한 측면이며 가격 및 판매 모두에 대한 조정은 수익을 극대화할 수 있는 더 많은 기회를 가능하게 한다. 항공사 분석가는 항상 단일 노선과 다중 노선 모두에 대한 수익률과 수익의 최적화를 통해 수익을 증가시키는 전략을 수립할 준비가 되어 있다. 또한, 대부분의 항공사는 프로그램을 지원하기 위해 상당한 양의 좌석을 보장하고 그러한 좌석들은 공식적인 규칙과 규정을 조정하는 데 도움이 될 뿐만 아니라 그들의 호의도 증가시키는 몇몇 특별 프로그램을 가지고 있다.

이러한 결정은 종종 정확한 비행일보다 훨씬 전에 내려지며 이전에는 모든 프로세스가 수동으로 제어되었기 때문에 프로세스가 더 느려지고 부정확한 정보를 수집했다. 항공사는 모든 관련 기능 영역에 보다 직접적이고 지속적으로 관여해야 한다. 우리는 오늘날의 기술이 이러한 중요하고 복잡한 프로세스를 더욱 신뢰할 수 있게 만들어 주는 것을 충분히 다행으로 생각해야 한다. 왜냐하면 이제 이 프로세스는 모든 관련 팀과 함께 상호 작용하고 데이터를 수집하며 시스템을 자동화하기 때문이다. 이러한 기술을 사용함으로써, 수익관리 시스템은 항공사가 사업과 의사 결정 과정에서 인적 노력을 줄이는 데 도움이 된다. 나날이 모든 시스템이 복잡해지고 있지만 그것을 운영할 수 있는 사람들에게 친숙해지고 있다. 가장 중요한 것은 이 수익관리 시스템이 이전에 수동 작업으로 정확하게 수행되지 않았던 때보다 고객에게 더 나은 서비스를 제공할 것이라는 점이다.

수요 예측은 이익을 극대화하는 가장 유용한 방법으로 분류된다. 항공사들이 수요를 효과적으로 예측하기 위해 노력하는 쉬운 일이 아니다. 예를 들어 특정 노선에 대한 동향, 과거 데이터, 이전 보고서 및 고객 행동 등의 정보가 충분하지만 이러한 정보가 항공사의 가격 결정에 도움이 되는 항공편 및 노선에 대한 충분한 세부 정보를 항상 제공하는 것은 아니다.

최근 수익관리 시스템은 다양한 종류의 노선에 대한 수요를 예측하기 위해 사용되며, 노선은 특정 또는 여러 개일 수 있다. 이 시스템은 많은 양의 외부 요인과 복잡한 데이터를 고려한다. 또한 수요를 예측하기 위해서는 상당한 양의 정보가 필요하며, 일부 항공사는 특수 스포츠 이벤트와 특정 항공편에 미치는 영향을 예측하기 위해 특수 도구를 사용하고 있다. 예를 들어, 우리가 알고 있는 바와 같이 카타르는 2022년에 FIFA 월드컵을 개최할 것이고, 이에 집중함으로써 (카타르 항공과 같은) 항공사들은 다가오는 행사의 참석자들에게 그들의 이익을 극대화하면서 최고의 가격을 제공하기 위해 노력하고 있다.

자동차 렌탈회사와 여객선회사, 그리고 여행사들은 각자의 특성에 알맞은 수익관리시스템을 준비하고 있다. 특히 프랑스의 국영철도회사인 SNCF는 고속철도를 위한 새로운 예약시스템과 수익관리시스템을 개발하여 사용하고 있다. 최근 항공사, 호텔, 카렌탈 회사 그리고 몇몇 철도회사에서 자신들의 수익을 극대화하기 위하여 경쟁적으로 도입하고 있는 수익관리시스템에 대하여 알아보기 위하여 대표적인 프랑스의 국영철도회사(SNCF)와 아메리칸 항공(American Airlines)의 수익관리시스템 구축에 대하여 살펴보기로 한다.

프랑스 국영철도의 사례

프랑스 국영철도(Societe Nationale des Chemins de Fer Francais; SNCF)는 유럽의 약 140개 도시에 연간 약 5천만 명의 승객을 수송하는 세계적인 철도회사 중의 하나로 1주일에 약 3,000 편 이상의 열차를 운행하고 있다. 유럽 내의 여행수요가 증가하고 유럽공동체 내의 철도에 관한 규제가 완화되어 항공사 및 타 육상 교통과의 경쟁이 심해지자 SNCF는 1980년대에 철도산업은 기본적으로 변화하고 있으며 새로운 경쟁환경에서 효과적으로 철도를 운영하기 위해서는 새로운 정보기술을 이용하는 것이 필수적이라고 결론을 내렸다.

기존의 예약시스템을 전반적으로 검토한 SNCF는 자신들이 자랑하는 고속철도시스템 TGV에 걸맞은 새로운 예약시스템을 개발하기로 결정하고 관련전문회사인 SABRE와 함께 1989년부터 예약시스템(RESARAIL)을 개발을 시작하였다. 이 시스템은 그 기본개념을 항공사의 예약시스템에서 채택하여 전 세계적인 판매망(GDS; Global Distribution System)과 직접 연결되어 있어 전 세계의 새로운 고객에게 자신들의 열차스케줄을 공급하고 있다. 이렇게 하여 미국의 대리점에서 유럽의 고속열차 승차권을 판매할 수 있게 되었고, RESARAIL은 바로 SNCF의 새로운 판매 전략의 중심으로 떠올랐다.

판매확대와 서비스질의 확대를 통하여 운영비용을 절감하고 새로운 고객을 유인하려는 새로운 전략에 따라 SNCF는 고객을 만족시킬 수 있는 방법 찾기에 노력함으로써 고객중심, 시장중심으로 되어갔다. 판매망을 확대하여 새로운 고객에게 접근함과 동시에 SNCF는 그들로부터의 운영수익을 극대화하기 위하여 RailRev라는 여객철도전용의 수익극대화 시스템을 개발하였다.

SNCF는 주어진 스케줄, 할당된 열차 및 복잡한 요금구조를 만족시키면서 성수기에는 회사에 많은 이익을 주는 고객을 보호하고, 비수기에는 빈 좌석이 발생하지 않도록 할인요금 단계별로 좌석재고를 최적으로 할당하여 수익을 극대화한다는 전략을 세웠다. 이를 위하여 정교하고 증명된 수학적 모델과 관계형 데이타베이스를 사용하도록 설계된 RailRev라는 의사 결정지원도구를 사용하여 열차 출발 전후의 데이터를 수집·저장하고, 이를 토대로 열차별, 출발/목적지(Origin/

Destination)별, 그리고 요금클래스(fare class)별로 수요를 예측한다. 또 출발/목적지와 요금 클래스별로 초과예약을 받을 수 있는 수준을 결정하여 이에 근거하여 좌석을 할당한다.

단체고객의 요청에 대하여서는 그에 대한 기회비용을 평가하고, 특별한 관리를 요하는 예외적인 열차는 분리하여 사용자의 별도관리를 받도록 하였다. 또한 RailRev가 수익에 미치는 영향을 지속적으로 추적, 평가하여 최적의 좌석할당이 지속될 수 있도록 하고 있다. SNCF는 열차좌석을 할당하는데 있어 다음과 같은 네 가지 원칙을 사용하고 있다.

○ 모든 종류의 할인은 모든 열차에 예외 없이 적용한다.
○ 모든 열차에 대하여 회사에 많은 이익을 주는 고객을 우선한다.
○ 각 출발/도착지 단위로 각 요금클래스에 대하여 할당되는 모든 종류의 할인은 모든 열차에 예외 없이 적용한다.
○ 수요예측은 예약 시작 전에는 과거의 예약실적으로, 예약 중에는 예약시스템과 연계되어 실시간적으로 예측하며 예약담당자의 판단을 추가할 수 있도록 한다.

아메리칸 항공사의 사례

항공사의 운영에 가장 결정적인 것은 예약 시 재고를 얼마나 효율적으로 이용하느냐 하는 것이다. 아메리칸 항공사(American Airlines)는 1960년대 초부터 예약과 좌석재고로부터 수익을 창출하는 정교한 수단에 대하여 연구해 왔다. 자동화된 예약시스템, 복잡한 노정연결시스템, 그리고 일상화된 요금전쟁 등으로 방대한 크기와 해석에 어려움을 갖는 문제를 해결하기 위하여 수학에 기반을 둔 기술을 개발하는 것을 극심한 경쟁에서 살아남기 위한 필수적인 과제로 인식하게 되었다. 1979년 항공규제 철폐시대가 도래하자 아메리칸 항공사(American

Airlines)는 양적인 관점에서 사업영역에서 일어나는 문제를 분석하고 이러한 문제를 해결하기 위하여 적절한 관련기술을 적용할 수 있는 인재들을 구하기 시작하였다. 그리고 수익경영의 구체적 모형을 Operations Research에 기반을 둔 모형을 사용하여 좀 더 효율적으로 처리할 수 있게 하였다. 지금은 Operations Research 기술이 항공산업 뿐만 아니라 타 산업 전체에 널리 이용되고 있지만 아메리칸 항공사(American Airlines)는 1970년대 초부터 수익관리/경영 관리시스템에 사용된 Operations Research 관련 기술들을 개발해왔다.

이러한 작은 문제들에 대한 해를 모아 전체적인 수익을 최대로 할 수 있는 수준으로 재결합하는 구조의 수익경영 관리시스템을 설계하였다. 즉, 수익경영 관리업무를 초과예약, 할인좌석의 할당 및 주요거점도시의 수송량 관리의 세 개의 카테고리로 나누고 각 카테고리의 최적화와 전체의 최적화를 도모하였다.

1)초과예약

초과예약은 예약을 한 고객이 취소를 하지 않은 상태에서 탑승을 하지 않을 경우 빈 좌석으로 출발함으로써 생기는 손실을 방지하고자 하는 아주 고전적인 수익경영 관리방식이다. 이론적으로 최적의 초과예약수준은 한 항공편에 예약을 하나 더 허용할 때 발생하는 한계수입과 이로 인하여 발생할 가능성이 있는 한계비용이 같은 점에서 결정된다. 따라서 이 수준을 초과하게 되면 총수입은 감소하게 된다.

실제에 있어서 위와 같은 개념으로부터 산출된 최적수입균형점은 서비스에 대한 만족도와 같은 다른 요구사항을 감안하게 되면 너무 높게 책정될 가능성이 많다. 즉, 초과예약의 목적은 전체 순이익의 극대화에 있기 때문에 초과예약의 목적함수에 관련 항공편의 순이익 외에 초과예약으로 인하여 탑승을 거부당한 고객이 같은 항공사의 다른 항공편을 이용할 확률(recapture probability)까지 포함하여 초과예약수준을 설정할 수 있도록 하였다.

이를 위하여 SABRE라는 자동화된 예약시스템을 통하여 초과예약수준을 산출하는데 필요한 모든 데이터를 수에 기록되도록 설계되어 있어 분리모델을 사용하여 고객이 가장 선호할 것 같은 항공편의 추정이 가능하도록 하였다. 그러면 다시 SABRE에 의하여 그 추정된 선택한 항공편에 좌석여유 데이터를 사용하여 recapture probability를 추정한다.

2)할인좌석의 할당

항공기에 승객의 수요를 창출하기 위하여서는 여러 가지 형태의 할인좌석을 운영해야 한다. 그러나 보다 많은 금액을 받고 좌석을 팔 기회를 잃어버리는 것을 최소로 하기 위하여서는 예약의 추이에 따라 할인좌석의 할당량을 변경해야 한다. 할인요금으로 얻은 수입과 전액(full-fare)요금 좌석으로 얻은 수입을 비교하기 위하여 의사결정모델은 주로 전액좌석이 팔릴 확률을 사용한다.

full-fare 요금 좌석이 팔릴 확률은 장래의 예상되는 수요, 수요예측의 정확도에 대한 정보, 그리고 sell-up 확률을 종합하여 계산한다. 여기서 장래의 수요예측은 수요데이터를 지수형태로 사용하는데 여기에는 인과관계가 고려되어 예약시점부터 출발 때까지의 남은 시간에 민감하게 작동하도록 설계되어 있어 예약시스템의 예약 데이터가 바뀔 때마다 수요 예측치를 재계산한다.

sell-up 확률은 고객이 이미 알고 있는 할인좌석이 매진되었을 때 더 비싼 좌석이라도 구입할 확률을 말한다. (현재까지는 이 확률이 아주 주관적이기 때문에 다른 방법을 고민 중에 있다.) 할인좌석할당은 어느 두 가지의 서로 다른 요금 사이의 좌석할당에 대한 문제가 아니라 많은 종류의 할인요금사이의 좌석할당에 관한 문제이다. 여기에 사용되는 기본원칙은 초과예약 시와 같다. 즉, 어떤 특정 할인요금으로 한 좌석 요청받았을 때 한계수입이 다른 모든 경우의 할인좌석에 대한 한계순이익과 균형을 이루는 것이다.

이것을 실제 구현하는 방법은 네스팅(nesting)을 통하여 이루어진다. 네스팅은 여러 가지 할인요금에 대하여 가능한 좌석의 수를 더 비싼 좌석의 수에 연속적으로 포함시키는 구조로 어떤 할인좌석의 판매가능량은 더 싼 좌석의 판매가능량을 합한 것에다 자신의 예측수요를 더한 것과 같다. 따라서 가장 비싼 요금을 지불하는 승객에게는 초과예약수준이 허용하는 한계까지 판매할 수 있다. (또 상위요금에 대한 수요예측을 잘 수행하고 있다.) 할인좌석을 할당하는 기본원리는 한계수익의 균형에 대한 이론으로 이것을 다중할인요금과 sell-up 확률까지 포함하는 모형으로 발전되었다.

3)거점도시의 수송량 조정

대부분의 항공사는 자신이 운영하는 대부분의 항공기들이 연결되는 거점(hub)을 가지고 있다. American Airlines의 거점도시는 Texas의 Dallas(Fort Worth airport)로 이 거점도시에 도착하는 승객의 ⅔는 다른 도시로 계속 여행하는 사람들이다. 이런 의미에서 보면 거점도시에 도착하는 항공편은 다른 약 30개 이상의 도시를 목적지로 하는 여행의 단순한 한 행정(leg; 한번 출발하여 내리는 구간)으로 간주된다. 이 경우 도착하는 항공편의 요금은 연결되는 가능한 모든 목적지를 포함하는 복잡한 수익계산의 일부분으로 간주되어야 한다.

Dallas(Fort Worth)로 들어오는 항공편의 좌석의 가치는 귀항하는 항공편에서 얻는 수익뿐만 아니라 그 항공편으로 들어온 승객이 계속하여 연결할지도 모르는 항공편에 달려있기 때문에, Dallas(Fort Worth)로 들어오는 항공편의 전액좌석의 수입이 연결되는 여정에 있는 할인좌석의 수입보다 적을 수도 있다. 그런 가능성 때문에 단순히 요금만 고려한 좌석할당은 실패할 수가 많다. 요금과 여정을 동시에 고려하여 좌석을 할당하는 경우에 문제는 요금과 여정의 가능한 조합이 너무 많다는 점이다.

American Airlines는 이러한 극단적인 경우를 대비하여 가상 네스팅이라는 개념을 사용하여 균형적인 해결책을 찾아내었다. 즉 단일 항공편에 대하여 요금별로 네스팅을 하고 한계수익을 비교하여 좌석을 할당하는 것과 같은 방법으로 유사한 수익가능성을 갖는 요금-여정조합으로 네스팅을 하여 가장 고수익을 올릴 수 있는 요금-여정조합은 초과예약수준에 도달할 때까지 판매할 수 있도록 하였다.

의사결정

많은 조직은 수익관리 시스템을 사용하여 수익을 극대화한다. 수익경영은 수익관리와 약간 다르지만 모든 회사의 수익을 극대화하기 위해 널리 사용된다. 수익경영과 유사하게 작동하지만 몇 가지 제한 사항도 있다. 이것은 항공사들이 수익을 극대화하는 또 다른 인기 있는 방법이다. 규제 완화가 항공사들이 자체적으로 가격을 정할 수 있도록 허용했을 때, 수익관리를 사용하기 시작했다.

결론적으로, 판매실적 높이기 위해서 조직에서는 수익관리 시스템이 수익을 극대화하기 위한 필수적인 방법이다. 그것은 재무부와 영업부 모두 조직의 주요 목표에 도움을 줄 수 있도록 한다. 결과적으로 조직은 구조적 함정을 피할 수 있다. 현대 기술을 활용하는 것은 항공사가 가격 업데이트에 대응하여 오버부킹을 분석하고 수요를 관리하며, 필요에 따라 요금을 관리하고 수준을 조정하는 데 유리하다. 항공 운송의 성장은 전통적으로 다른 산업에 비해 급증하고 있다. 팬데믹 기간 동안, 항공 산업에서는 많은 위기를 겪었다. 경제 발전은 항공 운송 수요와 연결되며 항공사 수익관리는 국가 경제에 간접적으로 영향을 미치는 수익 수단을 극대화하는 최선의 방법을 결정한다. 수익관리 시스템은 고용 기회를 창출할 수 있는 숙련된 팀과 인력을 필요로 한다. 항공운송, 항공산업, 항공사들은 대개 최근 몇 년 동안 수익관리 시스템의 혜택을 더 많이 받고 있는데, 이는 우리가 기술이 주효한 4차 산업혁명으로 가는 길이기 때문이다. 그것은 항공 산업에 기여할 뿐만 아니라 이 산업에 새로운 것을 더하고 다른 산업 회사들의 주요 기술 도구가 된다.

항공편의 좌석을 여러 클래스로 분류하여 서로 다른 요금을 책정하는 것이 그렇지 않은 동일 요금제에 비해 많은 수익을 가져다준다는 것을 예를 들어 보여라.

경영 사례 19

개요

2002년 9월 12일 수요일, T는 다음 주 월요일로 예정된 이사회에서 발표를 준비하고 있었다. T는 토론토에 본사를 둔 캐나다 고급 소매 체인인 H. R.사의 물류 책임자로 한 달 전에 고용되었다. 회사의 사장인 A의 요청에 따라 T는 그가 새로운 직책에서 취할 주요 조치들을 식별할 수 있는 상세한 계획을 준비하고 있었다.

회사 배경

1837년 퀘벡 시에서 모자와 모피 가게로 설립된 H. R.사는 캐나다의 최고급 소매상 중 하나로 성장했다. 이 회사는 캐나다 7개 도시에 10개의 매장을 운영하며 유럽, 아시아, 미국에서 수입된 디자이너 패션과 화장품(프라다, 구찌, 아르마니, 돌체 & 가바나, 오스카 드 라 렌타 등)을 판매했다. H. R. 브랜드는 최고 품질의 디자이너, 브랜드 및 개인 레이블을 기반으로 클래식에서 최신 필수품에 이르기까지 모든 것을 제공하였다. 캐나다의 사업가 G가 이끄는 W그룹은 H. R.을 소유했다.

최고 판매 기간은 3월/4월, 7월/8월, 11월/12월이었지만, 회사는 다양한 제품을 홍보하기 위해 연중 홍보 캠페인을 실시했다. 토론토 블루어 스트리트에 있는 회사의 플래그십 스토어에 위치한 구매자들은 연간 약 21,500개의 주문을 발행했다. 대부분의 경우 몇 달 전에 명령이 내려졌다. 이 회사는 약 3,000개의 서로 다른 공급업체를 보유하고 있었지만, 한 해에 약 1,000개의 공급업체만이 사용되었다. 마찬가지로 약 500,000

개의 SKU(Stock Keeping Unit)를 보유하고 있었지만, 주어진 시간에 약 50%만이 활성화되었다. 화장품과 같은 일부 제품 카테고리는 상당히 안정적으로 유지되었다. 하지만, 패션 트렌드의 변화는 각 계절에 새로운 상품의 도입을 필요로 했다. 결과적으로 T는 매년 주문하는 SKU의 약 40~50%를 신규 도입이 차지할 것으로 추정했다.

물류 기능

구매자들은 공급자들에게 매달 1,200개에서 2,500개 사이의 주문을 발행했다. 모든 상품은 온타리오주 미시소가에 위치한 H. R.의 1차 유통 센터(DC)로 배송되었다. 공급자들은 선적 준비를 할 책임이 있었고, 가격은 워싱턴 DC에서 무료였다.

80,000 평방피트의 DC는 유입되는 상품을 즉시 처리하고 상점으로 배송해야 하는 플로우 스루 창고로 설계되었다. DC의 운영에는 로트 픽킹, 티켓팅, 상품 태그 부착 등이 포함되었다. 약 55시간의 비노조 전임 직원들이 2교대로 창고에서 근무했다. 근로자들은 시간당 14달러의 급여를 받았고 복리후생비는 약 25% 증가했다. 경영진은 기존 인력을 보충하기 위해 임시 직원을 가끔 사용했다.

DC는 평균적으로 매달 4천만 달러의 재고를 받았지만 성수기에는 6천만 달러에 이를 수 있다. 매년 약 136,000 보루와 32,000 세트의 매달린 상품을 받았다. 세트는 12인치 크기의 금속 행거로, 매달린 상품을 쉽게 취급하고 운반할 수 있도록 보관했다. 한 세트는 세 개의 큰 모피 코트를 들고 있는 것에서부터 12벌의 여름 드레스까지 다양할 수 있다. 매년 약 330만 개의 상품이 DC에서 매장으로 배송되었으며, 판매량의 약 3분의 2가 판매 성수기에 배송되었다.

매장에서 판매되지 않은 상품은 H. R.의 2차 창고로 돌아갔고, 이 창고는 미시소가에 위치한 60,000 평방피트의 시설이기도 했다. 창고를 1평방피트당 연간 5달러에 임대했고 세금, 유지보수, 보험료로 1평방피트당 연간 2달러 50센트를 추가로 지불했다. 열, 빛, 전력과 같은 가변 비용은 1평방피트당 연간 약 1.50달러였다. 2차 창고에는 두 명의 감독관과 10명의 시간제 직원이 근무하고 있었다. 상품들은 위니펙과 토론토에 위치한 H. R.의 아웃렛 매장으로 배송될 때까지 그곳에 남아 있었고, 그곳에서 상품들은 상당한 할인된 가격에 판매되었다. Last Call에서 판매되지 않을 경우, 상품은 2차 창고로 반송되었고, 처분을 위한 만족스러운 준비가 이루어질 때까지 보관되었다. T는 2차 창고에 약 1백만 달러의 상품이 있었다고 추정했다.

현재 상황

T는 H. R.에 의해 19년 동안 그 자리를 지켜온 은퇴한 물류 책임자를 대신하여 고용되었다. T는 영국과 미국에서 20년 이상의 경험을 가졌으며, 물류 책임자 자리에 와서 재무담당 부사장에게 보고했다. 물류 조직의 반열에 오른 그의 전임자는 전환 과정의 일환으로 T가 도착한 후 2주 동안 머무르기로 동의했다. 그의 첫 주 동안 T는 직원들이 전화로 많은 시간을 소비하여 매장으로 배송을 신속하게 진행하는 것을 관찰했다.

공급업체와 이전 주문을 확인하고 조정하는 데 많은 시간이 소요되었다. 상점들은 항상 상품을 찾는 전화를 걸었고 직원들은 공급업체와 운송 서비스 제공업체와의 주문 배송 상태를 지속적으로 추적해야 했다. 공급업체들은 사전 통보 없이 단순히 물류 센터에 상품을 전달했고, 그 결과 일상적으로 무엇을 기대해야 할지 예측할 수 없었다. 접수 직원들은 아침에 무엇을 기대해야 할지 몰라 만을 열곤 했다. 설상가상으로, 받고 있는 상품이 정확한 수량인지 아니면 품질인지 몰랐다. 공간이 많지 않고 재고

도착률의 변동성으로 인해 많은 문제가 발생했다.

두 창고 모두 용량이 가득 찼고, T는 DC에 약 4천만 달러 상당의 재고가 있을 것으로 추정했다. 그는 9월의 상황을 다음과 같이 묘사했다.

건물의 모든 가능한 장소에 재고가 있었다. 컨베이어 아래에 있었고 통로에 흩어져 있었다. 트럭에서 짐을 내리고 상점에 보낼 수 있는 상품을 처리할 공간을 찾는 것은 어려웠다. 가게에서 물건을 추적하기 위해 전화가 올 때마다, 그것은 그 물건을 찾으려는 보물찾기와 같았다. 상점 관리자들은 그의 물류 센터가 재고 소진을 야기하고 있다고 끊임없이 불평했다.

이사회 준비

T는 H. R. 물류 그룹에 새로운 관점을 가져올 것이라는 기대를 가지고 고용되었고, 그는 자신의 부서가 그룹 내에서 강력한 기여를 할 수 있다고 강하게 느꼈다. 다음 주 월요일 회의에서 그는 자본 지출에 대한 재정적 정당성을 포함한 세부 계획의 개요를 설명할 것으로 예상되었다. T는 DC의 레이아웃 및 프로세스 흐름 개선, 시스템 및 비즈니스 프로세스, 인적 자원 전략에 집중하기를 원했니다.

T는 두 창고의 혼잡을 걱정했지만, 그가 고려해야 할 한 가지 방법은 창고 운영을 DC로 통합하고 보조 창고를 닫는 것이라고 생각했다. 그는 이 옵션이 추진된다면 2만 평방 피트의 메자닌 바닥이 DC에 100만 달러의 비용으로 추가될 수 있을 것으로 예상했다.

매장 관리자들의 의견을 바탕으로 T는 DC로 인한 재고 소진 수준에 대한 우려가 있다는 것을 알고 있었다. 그는 상품이 DC에서 상점으로 충분히 빠르게 흘러가지 않기 때문에 이 문제가 발생한다고 믿었다. 토니는 또한 이 분야에서 회사의 실적에 관한 사장의 최근 언급을 떠올렸고, 토니는 월요일 회의에서 재고 소진 수준을 어떻게 줄일 계획인지에 대한 질문을 받을 것이라는 것을 알고 있었다.

의사결정

T가 어떤 재고 정책을 가져야 하는지 예를 들어 설명하라.

경영 사례 20

개요

2004년 초, 캐나다 웨스턴 온타리오의 TH 도넛의 전망은 밝았다. 캐나다 온타리오 주에 57개의 매장을 둔 이 회사는 가볍고 따뜻하고 입안에서 녹는 도넛으로 고객들의 사랑의 정점을 달리고 있었다. 지난 4년 동안 웨스턴 온타리오의 TH 도넛 제품의 소비자 구매가 급증했으며, 하루에 100만 개의 도넛이 판매되었다. 상당한 고객은 상당히 흥분하였으며, 이 지역에 첫 번째 매장을 여는 것을 둘러싸고 종종 발생했다. 2000년 온타리오주 런던에 새로운 TH 도넛 스토어가 문을 열었을 때, 100명 이상의 사람들이 오전 5시 이전에 눈보라 속에서 첫 번째 도넛을 컨베이어 라인에서 빼낸 도넛을 사기 위하여 긴 줄을 섰다. 한 시간 안에 드라이브 스루 차선에 75대의 자동차가 모였으며, 세 개의 TV 방송국과 라디오 방송국이 상점 현장에서 생중계를 했다. 2001년 토론토에 문을 연 TH 도넛 스토어 1호점은 영업 첫 22일 동안 50만 달러의 매출을 올렸다. 개장일은 지역 TV와 라디오 방송국에서 다루었고, 가게의 대규모 개장 이후 일주일 동안 비번인 경찰들조차 교통 체증을 돕기 위해 투입되었다.

캐나다 런던의 첫 번째 매장은 2002년 회계연도의 회사 기록인 480,693 달러의 매출을 기록했다. 2003년 7월 킹스턴에 첫 번째로 문을 연 가게는 73,813 달러의 기록적인 오프닝 데이 수익과 506,917 달러의 기록적인 오프닝 주 판매량을 기록했다. 첫 7주 동안 매출이 2백만 달러를 넘어섰다. 2003년 6월 윈저에 첫 매장을 열었을 때, 몇몇 고객들은 개장을 기대하며 밤을 지새웠고 다른 고객들은 첫 번째 핫 도넛을 경험하기 위해 몇 시간 동안 줄을 서서 기다렸다. 윈저 시내에서 약 30분 거리에 있는 스토어는 운영 첫 6개월 동안 5만 명 이상의 고객을 끌어 모았다. 사우스 벤드에서는 활기찬 한 고객이 17일 동안 주차장에서 야영을 하며 그 도시의 첫 번째 TH 매장의 그랜드 오픈을 위한 첫 번째로 줄을 섰다. 소문과 고객들의 관심을 활용하기 위해 TH는 2002년부터 2003년까지 기록적인 속도로 새로운 매장을 추가했다. 이 회사의 전략과 사업 모델은 충분한 수의 신규 점포를 추가하고 기존 점포의 매출을 활성화해 연간 매출액 성장률 20%, 연간 주당 이익 성장률 25%를 달성하는 것을 목표로 했다. 막 완성된 2004 회계연도에 총 회사 매출은 2003 회계연도의 4억9150만 달러와 비교하여 35.4% 증가한 6억6560만 달러를 기록했다. 2004 회계연도의 순이익은 3,350만 달러에서 5,710만 달러로 70.4% 증가했다. TH의 주가는 2000년 4월 회사가 상장된 이후 8배나 상승하여 투자자들과 분석가들로부터 높은 인지도를 얻었다. 2004년 2월, 주식은 2005 회계연도의 수익 추정치의 30배에 거래되었다.

다수의 증권 분석가들은 TH의 전략과 성장 잠재력이 회사의 주가를 계속 상승시킬 것인지에 대해 의심했다. 한 분석가에 따르면, "장기적인 성공의 가능성은 이 주식에 있다." 또 다른 분석가는 "시장이 도넛 사업의 장기적인 성장 기회에 대해 지나치게 낙관적이라고 생각한다"고 말했다. 세 번째 분석가는 "단일 제품 개념은 실행할 수 있는 시간이 너무 많다"라고 말했다. 실제로, 퀵서비스 제품을 보유한 식당들은 현재 어떤 식당 유형보다 수익 증가가 가장 느렸다. TH 도넛 스토어들은 특히 선택 시장에서 매장의 수가 확대되면서 평균 매장 매출이 둔화되고 새로 문을 연 매장이 처음 한두 개 점포만큼 실적이 좋지 않다는 가맹 점주들의 보도를 우려했다. 주요 시장의 유명 매장 오픈에서 초기 구매 열풍이 불자 4, 5, 6호점이 오픈하면서 인기가 사그라지는 경향이 있었으며, 신규 매장은 기존 매장의 매출을 식히기 시작하여 신규 매장의 매출 증가 가능성이 완화되었다. 캐나다 전역의 몇몇 가맹점들과 몇몇 다른 곳들은 새로 문을 연 매장들의 과도한 확장과 실망스러운 매출 때문에 재정적으로 어려움에 처해 있다고 말했다.

회사 배경

1953년, BR은 캐나다 온타리오 주 파두카에 있는 한 도넛 가게를 샀다. 그가 구입한 것은 회사의 자산과 TH 브랜드, 열정을 가진 팀을 포함했다. 그리고 이 회사의 LB가 몇 년 전 뉴올리언스에서 만든 이스트로 만든 비밀 도넛 요리법에 대한 권리도 포함했다. 몇 년 후, 더 큰 시장을 찾던 BR과 그의 파트너는 미국 테네시주 내슈빌로 그들의 사업장을 옮겼다. 사업은 신선한 도넛을 생산하고, 마케팅하고, 지역 식료품점에 배달하는 것으로 구성되었다. 1957년 여름, 가족 사업을 그만두기로 결심하고 내슈빌을 떠났다, BR은 도시가 담배와 직물 중심지로 발전하고 있었기 때문에 개나다 토론토로 이주했고 갔고 도넛 제조 장비와 비밀 요리법을 가져갔다. TH 도넛은 캐나다 토론토에 있는 도넛 스토어로 BR은 도넛 가게가 번영하는 동안 지역 경제에 좋은 발전을 할 것이라고 생각했다. 내슈빌에서 그와 동행한 두 파트너는 마지막 25달러를 세일럼 칼리지 건너편에 있는 건물을 임대하는 데 사용했다. 재료를 살 돈이 남아있지 않은 BR은 현지의 한 식료품상에게 그들이 필요로 하는 것을 빌려달라고 설득했고, 첫 번째 도넛이 팔리면 돈을 지불하겠다고 약속했다. 도넛을 배달하기 위해 그는 폰티악 차 뒷좌석을 꺼내 배달 랙을 설치했다. 1957년 6월 23일, 첫 번째 팀은 TH 도넛은 토론토의 첫 번째 스토어에서 만들어졌고 식료품 소매상들에게 배달되었다.

사람들은 뜨거운 도넛을 살 수 있는지 물어보기 위해 가게에 들르기 시작했다. 너무 많은 요청이 있었기 때문에 BR은 가게 벽에 구멍을 내기로 결정했고, 그래서 그는 지나가는 사람들에게 도넛을 소매점에서 팔 수 있었다. TH 도넛은 토론토에서 높은 인기를 얻었고, 가게는 번창했다. 1970년대 후반까지 TH는 3개의 지방에 19개의 가게를 가지고 있었으며, 각각의 가게는 시간당 700개의 도넛을 생산할 수 있었다.

1950년대 초, BR은 MH를 만났고, MH는 베이커리에 분유를 팔았다. BR은 사업을 성장시키는 데 도움을 줄 사람을 찾고 있었고, MH는 1954년에 파트너로 회사에 합류했다. 두 사람은 직원 6명을 시작으로 도넛 혼합물을 섞기 위한 장비 부서와 공장을 짓기 시작했다. TH의 확장은 도넛을 만드는 과정의 각 단계를 통제하고 튀김과 설탕을 입히는 과정에서 나오는 대로 고객에게 뜨거운 도넛을 배달할 수 있도록 하는 것이었다. 1960년에 그들은 모든 팀을 표준화하기로 결정했다. 녹색 지붕, 빨간색 유리 벽돌 외부, 내부 전망 창, 도넛 생산을 위한 오버헤드 컨베이어, 바 스툴이 있는 H 도넛 스토어는 T가 외관을 만들었다. TH의 상표는 이렇게 해서 그 시대에 사용되었다.

MH는 영업에 집중했고, BR은 새로운 상점을 위한 유망한 장소를 찾고 다른 남동부 도시와 마을로의 확장을 지원하기 위해 은행 자금을 조달하는 데 집중했다. MH는 1958년 TH의 CEO가 되었고, 1973년 BR이 사망했을 때 그는 대표 경영자가 되었다. TH의 수익은 1954년 100만 달러 미만에서 1974년 하딩이 은퇴할 때까지 5,800만 달러로 성장하였다. 본사는 토론토에 남아 있었다.

1976년, 일련의 변화를 시도했다. 조리법이 바뀌었고, 회사의 대본이 들어간 간판들이 더 현대적인 모습을 연출했다. 고객들이 이 변화에 부정적인 반응을 보이자, 사업은 쇠퇴했다. 프랜차이즈 그룹은 1982년에 2,200만 달러의 레버리지 인수로 회사를 인수했다. 새로운 주인들은 빠르게 원래의 요리법과 원래의 간판들을 복원했다. 매출은 반등했지만 1980년대 초 두 자릿수 금리로 인해 매수 부채를 갚는 데 수년이 걸렸고, 확장할 여지는 거의 없었다.

매출을 늘리기 위해, 회사는 주로 관련 점포의 프랜차이즈화, 몇 개의 새로운 회사 소유 점포의 개점, 그리고 사외 판매를 통한 매장량 증가에 의존했다. 제휴 상점들은 특정 지역 내에서 TH 시스템을 사용할 수 있는 15년 라이센스 계약에 따라 운영되었다. 그들은 사내 매출의

3%와 기타 브랜드 매출의 1%(슈퍼마켓, 편의점, 모금 프로젝트를 위해 도넛을 판매하는 자선 단체 및 기타 도매 구매자)의 로열티를 지불했다. 관련 상점들과 많은 회사 상점들의 주요 강조점은 도너츠와 개인 상표를 지역 식료품점과 슈퍼마켓에 도매하는 것이었다. 기업의 수익은 1989년에 1억 1,700만 달러로 점차 증가했고 그 후 6년 동안 제자리걸음을 했다.

새로운 리더십과 전략

1990년대 초 금리가 하락하고 바이아웃 부채의 상당 부분이 상환되면서 회사는 새로 임명된 최고 운영 책임자인 SL 아래서 확장을 조심스럽게 실험하기 시작했다. 48세에 SL은 팀에 합류했다. 1978년 토론토 대학교를 졸업하고 3년 후에 산업 관계 학위와 심리학 부전공으로 인간 관계학을 전공하여 졸업했다. 회사의 제품과 장기적인 성장 잠재력을 굳게 믿고 경영진을 거쳐 1992년 사장 겸 최고운영책임자, 1994년 이사회 위원, 1998년 사장 겸 CEO, 1999년 이사회 의장이 되었다.

1992년 사장이 된 직후, SL은 정체된 판매와 회사 전략의 단점에 대해 점점 더 우려하게 되었다. "이 모델은 우리에게 적합하지 않았습니다. 브랜드보다는 도매 채널에서 판매하는 것이 더 중요했습니다." 그와 다른 TH 경영진들은 수년간 열정적인 고객들이 들려준 수천 개의 TH 도넛 이야기를 염두에 두고, 외부 판매를 강조하는 것이 도넛에 대한 고객들의 열정과 충성심을 적절히 활용하지 못했다고 결론지었다. 두 번째 단점은 캐나다 시장에 대한 독점적인 집중이 캐나다 도넛 시장의 나머지 부분에서 회사의 브랜드 형평성과 제품 품질을 활용하려는 노력을 불필요하게 한 것이다. 이용 가능한 데이터를 통해서 표준 7,000 평방피트 규모의 상점들이 (매우 많은 양이 판매되는 장소를 제외한) 모든 곳에서 운영되기에는 경제적이지 않다는 것을 알게 되었다.

1990년대 중반까지 100개미만의 프랜차이즈 및 회사 소유 매장과 기업 매출이 6년 동안 1억 1천만 달러에서 1억 2천만 달러 범위에 머물면서, 회사 임원들은 새로운 전략과 공격적인 확장이 필요한 시기라고 결정했다. 1996년부터 TH는 회사의 위치를 바꾸기 위한 새로운 전략을 시행하기 시작했고, 초점을 도매 베이커리 전략에서 회사의 소매점에서 판매를 촉진하고 고객들의 TH 도넛 이야기에서 자주 강조되는 핫 도넛 경험을 강조하는 전문 소매 전략으로 전환했다. 새로운 전략의 두 번째 주요 부분은 지역 가맹점과 회사 소유 점포를 모두 사용하여 전국적으로 점포수를 확대하는 것이었다. 전략을 시작하기 위한 준비 과정에서 회사는 몇 가지 다른 매장 크기를 테스트했고, 결국 2,400에서 4,200 평방피트 범위의 매장이 회사의 시장 재배치 및 확장 계획에 더 적합하다는 결론을 내렸다.

프랜차이즈 전략 부분은 회사가 일반적으로 대도시 통계 지역에 의해 정의되는 영역을 허가하여 다 단위 식품 운영에 대한 입증된 경험을 가진 프랜차이즈 업체를 선정하도록 요구했다. 가맹 점주들은 자신들이 개발하고자 하는 지역 시장에 대해 철저히 숙지하고, 일정 기간 내에 자신들의 영역에 일정한 수의 점포를 개설할 수 있는 자본력과 조직력을 갖출 것으로 기대되었다. 프랜차이즈 지역 개발자의 최소 순자산 요건은 점포당 75만 달러 이상 이었다. 지역 개발자들은 TH에게 그들이 개점할 때마다 2만 달러에서 4만 달러의 프랜차이즈 수수료를 지불했다. 그들은 또한 모든 판매에 대해 4.5퍼센트의 로열티를 지불하고 회사가 운영하는 광고 및 홍보 기금에 수익의 1.0퍼센트를 기부해야 했다. 가맹 점주들은 높은 품질과 서비스 기준을 엄격히 준수할 것으로 예상됐다.

2000년 초까지, 회사는 33개의 TH 매장을 운영하는 13개의 지역 개발자들과 계약을 맺었고, 5년 안에 그들의 지역에 130개의 매장을 더 열겠다고 약속했다. 게다가, 그 회사는 61개의 점포를 자체적으로 운영하고 있었다. 매출은 2억 2천만 달러로 급증했고, 이익은 기록적인

6백만 달러였다.

2000년 4월 회사를 상장하기로 결정한 후, 1999년 말과 2000년 초에 회사 주식의 기업공개(IPO)를 준비하는 데 많은 시간을 보냈다. 이전의 회사 구조인 TH 도너츠 주식회사는 새로운 회사 형태인 TH 도너츠 주식회사로 합병되었다. 새 회사는 IPO 수익금을 오래된 회사 소유의 점포를 리모델링하거나 이전하는 데 사용하고, 부채를 상환하며, 프랜차이즈 매장에 합작 투자하고, 도넛 믹스를 만드는 능력을 확장할 계획이었다.

345만주의 IPO는 주당 21달러로 초과 청약이 이뤄졌고, 4월에 주식 거래가 시작되자 가격이 빠르게 올랐다. TH는 2000년 캐나다의 모든 IPO 오퍼링 중에서 두 번째로 실적이 좋은 주식이었다. 2001년 5월 뉴욕 증권거래소에서 주식 거래가 시작되었다.

2000년 초와 2004년 초 사이에 회사는 TH의 매장 수를 44개에서 57개로 늘렸고, 도넛 판매를 하루 평균 300만개에서 평균 750만개로 늘렸으며, 세계적으로 유명한 백화점 해로드스포에 위치한 유럽 최초의 공장을 여는 등 국제적인 확장 과정을 시작했다. 런던, 캐나다, 멕시코로 지속적인 확장이 이루어졌다. 2004년 회계연도에 TH는 2003 회계연도의 23.9%와 2002 회계연도의 6.4%에 비해 포장도넛 시장의 30.6%를 차지했다.

비즈니스 모델 및 전략

TH의 비즈니스 모델은 다음과 같은 세 가지로부터 수익과 이익을 창출하는 것을 포함했다.

–회사 소유 매장에서의 판매.
–가맹점의 로열티와 신규 출점에 따른 가맹점 수수료.

–도넛 믹스, 맞춤형 도넛 제조 장비, 커피 등을 프랜차이즈 매장에 판매한다.

자본 요건을 최소화하고 매력적인 로열티 흐름을 제공하며, 지역 매장 운영에 대한 책임을 다 단위 체인을 효율적으로 운영하는 안팎을 잘 아는 성공한 가맹점주들의 손에 맡겼기 때문에 프랜차이즈화에 끌렸다. TH는 새로운 매장의 매력적인 경제성 때문에 최고 품질의 프랜차이즈를 유치하는 데 거의 어려움을 겪지 않았다.

TH는 수직적으로 통합된 공급망을 개발하여 토론토와 앨버타의 회사 공장에서 도넛을 위한 혼합물을 제조했으며, 회사 소유 및 프랜차이즈 매장에서 사용할 수 있는 독점적인 도넛 제조 장비도 제조했다. 회사의 혼합물 및 장비 판매는 수익과 수익 모두에서 상당한 부분을 창출했다.

1997년 이전에 지어진 많은 상점들은 주로 도매 빵집으로 설계되었고, 그들의 형식과 장소 위치는 사람들이 많고 교통량이 많은 고밀도 지역에 위치한 새로운 상점들과는 상당히 달랐다. 이들 오래된 점포의 사내 매출을 개선하기 위해 리모델링을 하거나 사내 매출을 더 잘 유치할 수 있는 부지로 폐업 및 이전하는 프로그램을 시행하고 있었다. 신규 시장에서는 매장 내 사내 판매에 초기 노력을 집중한 뒤 TH 제품에서 발생하는 관심을 활용해 슈퍼마켓과 편의점 계좌를 확보하고 패키지 매출을 성장시킨다는 전략이었다.

지금까지 회사는 새로운 시장에 제품을 소개하기 위해 광고에 거의 돈을 쓰지 않았고, 대신 지역 미디어 홍보, 제품 증정, 입소문에 의존했다. 거의 모든 경우에 지역 신문들은 자신들의 지역에 첫 TH 매장의 개장을 주요 기사로 다루었다. 토론토에서의 그랜드 오프닝은 5명의 TV와 4명의 라디오 방송국에 의해 생중계되었다. 오전 5시 30분 매장 오픈 전날 밤 11시 30분에 50명이 줄을 서 있었다. 밴쿠버의 첫 번째 매장이 열렸을 때, 5대의 원격 TV 트럭이 현장에 있었고, 라디오 기자들은 주차장에서 픽업 트럭에 진을 치고 있는 고객들을 인터뷰하고 있었고, 전국적으로 라디오 쇼가 현장에서 생중계되었다. 고객들은 뜨거운 TH 도넛 간판이 처음 켜졌던 첫 날 오전 5시 30분 그랜드 오픈 훨씬 전에 문과 드라이브 스루 창구에 줄을 서는 것이 일반적이었다.

회사 운영 제품 및 제품 품질

TH 도넛은 제한된 시간과 장소에서 제공되는 특별한 도넛을 포함하여 거의 50가지 종류의 생산했다. 지금까지 가장 많이 팔린 것은 효모를 기반으로 한 오리지널 레시피로 만든 이 회사의 대표적인 핫 오리지널 유약 도넛이었다.

회사 조사에 따르면 TH는 연령과 소득을 포함한 모든 주요 인구 통계 그룹에 걸쳐 어필하는 것으로 나타났다. 많은 고객들이 사무실, 클럽, 가족을 위해 도넛을 다스 단위로 구매했다. 한 열성적인 프랜차이즈 업체에 따르면 다음과 같다.

"우리는 이것이 제가 유일무이한 맛이라고 밖에 표현할 수 없는 매우 독특한 제품이라고 생각합니다. 그것들은 무게와 질감이 매우 가볍습니다. 그들은 이 놀라운 유약을 가지고 있다. 원래의 뜨거운 도넛 중 하나가 줄에서 떨어질 때, 그것과 같은 것은 없습니다."

2003년, TH는 레스토랑 및 기관의 선택 체인 부문에서 2위 브랜드를 제치고 1위를 차지했다.

회사는 고객들로부터 매달 수천 통의 이메일과 편지를 받았다. 어느 모로 보나, 대부분은 TH 제품에 열정적인 고객들이었고, 그들의 지역에 가게를 열자고 호소하는 사람들도 항상 있었다. SL은 다음과 같이 언급했다.

“당신은 당신의 제품과 사업에 대한 열정 이상의 것을 가져야 합니다. 왜냐하면 거기서 당신의 에너지를 끌어내기 때문입니다. 우리는 훌륭한 제품을 가지고 있습니다. 우리는 충성스러운 고객들을 가지고 있고, 우리는 훌륭한 브랜드 자산을 가지고 있습니다. 우리가 TH 이야기를 가진 사람들을 만날 때, 그들은 항상 미소를 지으며 그것을 한다.”

커피 TH는 또한 매장의 뜨거운 도넛 경험과 더 밀접하게 연계하여 구내 커피 및 음료 제공의 규모와 매력을 개선하기 위한 전략적 이니셔티브를 시작했다. 2001년 초 TH가 시카고에 본사를 둔 고급 커피를 공급하고 볶으며 커피 기반 및 비커피 음료를 광범위하게 판매하는 소규모 커피 회사인 디지털 자바를 인수했을 때 첫 번째 움직임이 있었다. SL은 인수 이유를 다음과 같이 설명했다.

“우리는 TH 브랜드가 자연스럽게 뜨거운 도넛 경험과 더 밀접하게 일치하는 커피와 음료 제품으로 확장된다고 믿는다. 우리의 커피 사업의 수직적 통합은 커피의 소싱과 로스팅을 통제할 수 있는 능력을 제공한다. 공급 체인에 대한 통제를 강화하면 품질 표준, 레시피 공식화 및 로스트 일관성을 보장하는 데 도움이 될 것입니다. 이 기능을 통해, 첫 번째 우선순위 중 하나는 TH를 더 많은 청중을 위한 커피 목적지로 만드는 데 도움이 될 최고의 블렌드와 로스팅을 개발하는 데 필요한 연구와 벤치마킹이 될 것입니다.”

“커피 외에도 에스프레소 기반 음료와 냉동 음료를 포함한 모든 종류의 음료를 제공할 계획입니다. 우리는 음료 오퍼링을 업그레이드하고 확장함으로써 커피와 일반적으로 음료에 전념하는 사업의 비중을 크게 늘릴 수 있다고 믿는다.”

디지털 자바를 인수한 이후로, TH 매장의 커피 판매량은 제품 공급 확대와 품질 향상으로 인해 거의 40% 증가했다. 2003년에 스무스, 리치, 볼드, 로스터블 데카프의 네 가지 커피를 판매하고 있었는데, 모두 세계에서 가장 많이 재배되는 지역의 상위 5%의 커피 원두를 사용했다. 음료 매출은 매장 매출의 약 10%를 차지했으며 커피는 음료 전체의 약 절반을 차지하고 나머지 절반은 우유, 주스, 청량음료, 생수 등으로 나눠졌다. 앞으로 몇 년 동안, TH는 음료 판매를 상점 판매의 약 20%로 늘리기를 희망했다.

상점 운영

각 상점은 40피트의 유리창을 통해 고객들이 도넛이 만들어지는 것을 볼 수 있는 도넛 극장으로 설계되었다. 새로운 상점의 크기는 2,400평방피트에서 4,200평방피트 사이였다. 상점들은 드라이브 스루 창문과 50명 이상을 수용할 수 있는 식당 공간이 있었다. 매장 장식은 민트 그린 벽과 매끄러운 금속 의자가 있는 1950년대 빈티지 스타일이었다. 전형적인 상점은 약 65명의 정규직을 포함하여 약 125명의 사람들을 고용했다. 사내 매출의 약 절반은 오전 시간대, 절반은 오후와 저녁 시간대에 발생했다. 많은 상점들이 24시간 문을 열었고, 대부분의 도넛 제조는 오후 6시에서 오전 6시 사이에 이루어졌다. 매장 트래픽이 가장 많은 시간에는 거의 항상 생산이 진행되었다. 그러나 몇몇 대도시 지역에서 외부 판매를 위한 도넛 제조는 대량 생산, 포장 및 지역 유통을 위해 특별히 장비된 중앙 커미셔너리에서 이루어졌다.

각각의 도넛은 만드는 데 약 한 시간이 걸렸다. 재료들이 반죽에 섞이고 난 후, 반죽을 굴려서 자른다. 조각들은 12피트 높이의 기계 안으로 들어갔고, 각각의 조각들은 높은 습도와 126도의 낮은 열에서 33분 동안 철사 선반 위에서 회전하여 반죽이 부풀게 했다. 상승 과정이 완료되면, 도넛은 컨베이어를 따라 이동하여 한쪽 면에서 튀겨지고, 뒤집혀지고, 다른 쪽 면에서 튀겨지고, 이 모든 검사 후에, 프로스팅을 바른 도넛은 따뜻하고 설탕이 든 토핑으로 된 폭포를 통해 향했고, 다른 도넛은 채워지거나 서리가 내리기 위해 베이킹 섹션의 다른 부분으로 향했습니다. 공정의 혼합, 상승, 튀김, 배수 및 유리 부분으로 구분되며, 가게의 크기와 장소에 따라, 전형적인 하루의 생산량은 4,000에서 10,000 다스 사이였다.

각 생산 매장마다 눈에 띄는 "HOT DOUNTS NOW" 네온사인이 고객들에게 베이커리 컨베이어 벨트에서 갓 만든 오리지널 유약 도넛이 떨어져 나와 즉시 구매할 수 있음을 알렸다. 일반적으로, 표지판은 6시부터 11시까지 빛났다. 그리고 나서 늦은 오후부터 늦은 시간까지 다시 켜졌다.

가게 위치에 따라, TH의 원래 유리 도넛은 각각 60에서 75센트, 또는 다스 당 4.50달러에서 7.50달러에 판매되었다. 일부 상점들은 생산 라인에서 바로 나오는 뜨거운 도넛에 대해 약간의 프리미엄을 부과했다. 고객들은 일반적으로 12개 이상 구매 시 12개당 $1.00의 할인을 받는다. 다음과 같은 세 가지 방법으로 수익을 얻는다.

-도넛의 사내 판매
-커피 및 기타 음료 판매
-브랜드 및 개인 레이블 도넛을 지역 슈퍼마켓, 편의점 및 모금 단체에 오프프레미스 판매

TH 매장은 학교, 교회, 시민 단체에 모금 운동을 위해 판매를 적극적으로 홍보했다. 회사는 포장되지 않은 신선한 도넛을 지역 슈퍼마켓 체인과 편의점에 배달하는 매우 효과적인 시스템을 개발했다. 노선 운전자들은 고객 주문을 받고 소매 계정으로 직접 제품을 배달할 수 있는 능력을 가지고 있었는데, 일반적으로 TH 브랜드 디스플레이나 베이커리 케이스(브랜드가 없는 도넛)에서 상품화되었다. TH의 인기는 많은 지역 슈퍼마켓들로 하여금 브랜드 진열장이나 수십 개의 패키지

로 제품들을 비축하기 시작하게 만들었다.

TH는 퍼시픽 벨 파크에서 열린 샌프란시스코 자이언트 야구 경기에서 4개의 팩을 5 달러에 파는 데 준비를 했다. 첫 경기의 3번째 이닝에 의하여 2,100개의 팩을 매진시키고 공급을 증가시켰음에 불구하고 다음 2개의 경기의 4번째와 6번째 이닝 후에 다시 매진되었다. 4번째 게임에서는 3,450개의 포팩이 공급되었다. 라스베가스 매장의 가맹점주는 고객들이 2시 이전에 온라인으로 주문할 수 있도록 하는 웹사이트를 가지고 있었다.

텍사스의 한 프랜차이즈 업체가 메트로플렉스 슈퍼마켓, 편의점 및 기타 지역 소매업체에 TH 12팩을 공급하기 위해 18,000평방피트 규모의 새로운 생산 및 유통 센터를 건설했다. 새로 문을 연 TH 매장은 내부 및 외부 수요를 모두 충족시킬 수 있는 베이킹 용량이 없었기 때문이다. 유사한 프랜차이즈 운영 방식이 있었다. 내슈빌, 신시내티, 애틀랜타, 시카고, 필라델피아에 있는 도매 제빵 및 유통 센터를 평가하여 몇몇 센터들은 독립적인 TH 매장을 열기에는 너무 작은 것으로 간주되는 외딴 지역에 팀 호튼 매장을 공급하는 배달 능력을 확립했다.

2004년, 약 20,000개의 슈퍼마켓, 편의점, 트럭 정류장, 그리고 다른 외부 장소들이 TH 도넛을 팔았다. 이러한 장소들 중 점점 더 많은 수가 쇼핑객들이 선택할 수 있도록 다양한 종류의 트레이가 매일 구비된 특별한 진열장을 가지고 있었다.

새 매장을 여는 데 드는 비용은 약 200만 달러(구입한 표준 장비 패키지 포함)였지만, 새 매장 건설은 토지 및 건축 비용이 높은 지역에서 최대 250만 달러까지 다양할 수 있었다. 초기 프랜차이즈 비용은 대당 4만 달러였다. 부지 선정은 가구 밀도, 주간 고용 및 주거 센터와의 근접성, 기타 소매 교통 발생기와의 근접성을 기준으로 했다.

2004년에는 28개의 회사 소유 점포와 58개의 프랜차이즈 점포(5개의 오래된 점포가 문을 닫았기 때문에 점포는 81개에 불과했다)로 기록적인 수의 새로운 점포가 문을 열었다. 다가오는 2005 회계연도에 75개의 새로운 점포를 열 계획이 있었다.

새로 문을 연 상점들의 주간 매출은 새 상점이 문을 연 첫 2주 동안 10만 달러에서 50만 달러 사이가 될 수 있다. 주간 매출은 몇 달간 운영된 후 4만~5만 달러 정도로 완만한 경향을 보였지만, 경영진은 신규 매장이 운영 첫 해에 연평균 300만 달러 이상의 매출을 기록할 것으로 예상했다. 2003년 회계연도에 회사의 276개 점포(개점 1년 미만 포함)의 매출은 평균 282만 달러였다. 2004년 회계연도에 모든 357개 점포의 매출은 평균 276만 달러로 2003년보다 약간 낮았는데 이는 신규 점포수가 증가했기 때문이다(신규 점포 86개 중 약 절반이 6개월 미만으로 개점했음).

제조 및 유통

매장에서 사용되는 모든 도넛 믹스와 장비는 회사에 의해 제조되고 공급되었으며, 부분적으로는 체인 전반에 걸쳐 일관된 레시피 품질과 도넛 제조를 보장하기 위한 수단이었으며, 부분적으로는 프랜차이즈 운영에서 매출과 이익을 창출하기 위한 수단이었다. TH Manufacturing and Distribution Unit만의 수익은 지난 3년간 전체 TH 수익의 평균 약 30%를 차지했으며 연간 영업 수익의 38~45%를 기여했다. 맞춤형 스테인리스 도넛 제조 기계 라인은 시간당 230에서 600 다스의 도넛을 생산할 수 있었다. 프랜차이즈 업체들은 2003-2004년에 표준 도넛 제조 장비 패키지를 위해 TH에게 약 770,000 달러를 지불했다. 프랜차이즈 매장에서의 도넛 판매 증가는 또한 혼합물, 설탕, 그리고 다른 공급품들을 프랜차이즈 가맹점에 판매함으로써 증가된 수익으로 이어졌다. TH는 일리노이주 에핑엄에 187,000평방피트 규모의 최첨단 제조 및 유통 시설을 열었는데, 이 시설은 준비된 도넛 믹스의 혼합 및 포장과 혼합물, 장비 및 기타 공급품을 캐나다 중서부와 서부 지역의 상점에 배포하는 것을 전담하고 있다. 이 시설은 단가를 상당히 낮췄고 토론토에 있는 오래된 공장의 생산 능력의 3배를 제공했다.

훈련

1999년 중반부터 TH는 멀티미디어 관리 교육 커리큘럼을 만드는 데 투자했다. 프로그램에는 교실 수업, 컴퓨터 기반 및 비디오 교육 모듈, 매장 내 교육 경험이 포함되었다. 교육 프로그램의 온라인 부분은 7가지 유형의 시험 문제뿐만 아니라 그래픽, 비디오, 애니메이션을 최대한 활용했다. 모든 상점은 회사의 인트라넷과 인터넷을 통해 교육에 액세스할 수 있었다. 과정에 등록한 직원은 인터넷 연결을 사용하여 집에서 모듈에 액세스할 수 있었다. 학습자의 테스트 결과는 인적 자원 데이터베이스로 직접 전송되었다. 학습자는 첫 번째 시도에서 테스트 점수가 자료를 잘 흡수하지 못했음을 나타내는 수업으로 자동 리디렉션되었다. 이 온라인 코스는 참가자의 90%로부터 90%의 숙달을 달성하도록 설계되었으며 필요에 따라 업데이트될 수 있다.

관리자들을 위한 그 과정은 시간제 직원들에게 적합한 프로그램으로 재구성되어 있었다. 이 과정은 또한 작은 조각으로 나누어 개인의 필요에 맞게 맞춤화될 수 있다. 2003년, TH는 성과 관리 시스템뿐만 아니라 학습 이니셔티브 프로그램을 설립함으로써 리더십 개발에 집중했다. 2003년에는 18명의 직원이 고위 관리 분야에서 역량을 높이기 위해 리더십 연구소에 참석했다.

성장 잠재력

2003년과 2004년 초까지 경영진은 회사가 아직 초기 단계에 있다고 자신감을 나타냈다. 경영진은 인구 밀도가 높은 특성이 여러 매장에 기회를 제공하고, 브랜드 구축 노력에 더 많이 노출되며, 여러 단위의 운영 경제를 제공하기 때문에 이러한 시장이 매력적이라고 생각했다. 그러나 이 회사는 10만 가구 미만의 2차 시장이 상당한 매출과 수익 잠재력을 가지고 있다고 믿었는데, 2차 시장에 적합한 소규모 매장 디자인을 모색하고 있었다.

2002년, CEO SL는 "우리는 캐나다의 모든 마을에 완전한 공장을 세우는 것에 전적으로 전념하고 있습니다."라고 말했다. TH의 경영진은 식품 서비스와 제도적 판매 채널이 대학, 비즈니스 및 산업 시설, 스포츠 및 엔터테인먼트 단지로 브랜드를 확장할 수 있는 중요한 기회를 제공한다고 믿었다. 경영진은 회사의 강력한 브랜드 이름, 차별화된 제품, 대량 생산 능력, 다채널 시장 침투 전략 등으로 인해 회사가 진출하는 모든 시장에서 인정받는 리더가 될 수 있는 위치에 놓였다고 말했다.

해외 시장 진출

2000년 12월, 회사는 DH를 고용했다. 38세의 DH는 새로 만들어진 국제 개발 사장에 임명되었다. 그는 이 자리를 채우기 이전에 런던에 본사를 둔 O Group의 신사업 개발 책임자였다. O Group은 브랜드 신발 및 의류 제조업체로 DH는 마케팅 담당자였다. DH의 작업은 회사의 글로벌 전략을 세분화하고, 캐나다 밖으로의 확장을 지원할 수 있는 기능과 인프라를 개발하며, TH를 개설하려는 자격 있는 당사자들의 문의를 고려해야 했으며, 해외 시장에 있는 매장으로 호주, 멕시코, 영국에 TH 매장이 문을 열었다. TH와 가맹점들은 앞으로 호주와 뉴질랜드에 30개, 멕시코에 20개, 영국과 아일랜드에 25개를 열 계획이었다. 지금까지, 오픈한 외국 지점들에서 판매가 매우 유망했고, 프랜차이즈 계약은 세계적인 확장을 위해 진행 중이었다.

2001년 5월, 회사는 미국 지역에 대한 프랜차이즈 신청 접수를 중단했으며, 이는 개방된 지역이 없음을 나타낸다. 2003년까지 캐나다, 멕시코, 서유럽, 호주에서 프랜차이즈 신청 접수를 중단했으며, 이는 프랜차이즈 계약이 이미 진행 중이며 곧 이 지역들에 문을 열 것임을 나타낸다. SL에 따르면 "TH는 세계적인 브랜드가 되기 위한 자연스러운 존재입니다. 우리의 인구통계를 보면, 우리는 매우 광범위한 고객층에 호소하고 있다. 우리는 국제적인 위치로 확장하기 위해 매주 많은 관심을 받고 있으며, 우리의 브랜드가 캐나다 밖에서 매우 좋은 평가를 받을 것이라고 확신합니다."

MM 인수

2003년 TH의 주요 전략적 움직임은 뉴욕주 로체스터에 본사를 둔 제과점인 MM 제빵 회사를 인수하는 것이었다. 인수 가격은 TH 주식 120만 주(약 5천만 달러 상당)였다. 동네 베이커리의 MM 체인은 신선한 돌가루, 고객이 한눈에 볼 수 있는 베이킹 과정을 시각적으로 잘 보여주는 것, 다양한 갓 구운 빵의 큰 조각으로 시식하는 것이 특징이었다. 인수가 이루어진 이유를 설명하면서, TH의 회장 겸 CEO는 다음과 같이 말했다.

"이번 인수는 지난 5년간 TH 개발의 자연스러운 결과물이다. 앞서 언급한 바와 같이, 우리는 무엇보다도 TH 도넛츠 주식회사 브랜드에 대한 고객의 열정과 연결을 탐색하고 육성하고, 효과적인 프랜차이즈 네트워크를 구축하고, 수직적으로 통합하여 시스템에 완전한 범위의 제품과 서비스를 제공하는 능력을 포함하는 고유한 능력의 집합으로 봅니다. 밀가루 기반의 짧은 유통기한 제품을 제공하는 전 세계 매장 네트워크와 이러한 제품을 여러 채널에 걸쳐 매일 제공합니다. 이러한 핵심 조직 역량을 두 번째 개념 개발에 적용하면 상당한 영향력을 창출할 수 있습니다."

"TH 방식이라는 건강하고 신선한 베이커리와 카페 컨셉을 만들 수 있는 기회는 분명히 TH만의 독특한 것이다. 나는 오랫동안 이 기회를 어떻게 활용할 것인가를 생각해 왔다. MM에서 우리는 이 새로운 개념의 완벽한 토대를 발견했다. 즉, 다양한 신선한 구운 제품, 빵 굽는 극장, 그리고 큰 빵 조각을 시식하는 것을 따라 매우 충성스러운 고객을 만들어낸 열정적인 제빵사들이다."

"나는 개인적으로 MM 직원들이 고객과 빵을 위해 가지고 다니는 열정을 지켜봤습니다. 이것은 건설할 수 있는 훌륭한 플랫폼으로 MM과 긴밀히 협력하여 뛰어난 개념에 가치를 더할 것입니다. 나는 그 개념을 완전히 개발하는 데 2년의 시간을 쓸 것으로 예상한다. 우리가 우제적인 확장과 관련하여 지적했듯이, 성장이 필요하기 훨씬 전에 항상 어떤 형태의 확장도 준비하도록 노력할 것이다. 이 컨셉은 지금이 적기인 것 같다."

2004년 회계연도에 MM은 670만 달러의 수익과 870만 달러의 운영비용을 창출하여 200만 달러의 영업 손실을 초래하였다. 산업 환경 캐나다 도넛 산업은 2003-2004년에 50억 달러에서 60억 달러의 시장이었다. 미국인들은 1인당 연간 30 개 이상의 도넛을 소비했다. 2002년에 도넛 산업 매출은 약 13% 증가했다. 2002-2003년에 미국에서 가장 빠르게 성장한 외식 부문이었다. 2002년에 도넛 전문점의 추정 매출은 약 9% 증가하여 약 36억 달러에 달했다. 슈퍼마켓, 편의점 및 기타 소매점에서의 포장 도넛 판매 증가는 지난 5년 동안 상당히 작았다. 슈퍼마켓의 제과점의 확산은 많은 지역 소유의 도넛 가게들을 압박했고, 도넛 체인의 성장을 어느 정도 제한했다. 도넛은 슈퍼마켓 빵집에서 인기 있는 품목이었는데, 많은 고객들은 동네 빵집으로 특별한 여행을 가는 것보다 일반 슈퍼마켓 쇼핑을 할 때 그것들을 사는 것이 더 편리하다고 생각했다. 그러나 도넛 애호가들은 도넛 전문점에서 제공하는 신선함, 품질, 다양성을 선호하면서 식료품점에서 도넛을 먹는 경향이 있었다. 대부분의 도넛 가게의 후원자들은 그들의 이웃이나 일반적인 쇼핑 지역에 있는 사람들을 자주 방문했다. 작은 독립 도넛 가게들은 대개 이웃 주민들과 출퇴근길을 지나는 일반 통근자들의 열렬한 고객들을 가지고 있었다.

오랫동안 덴버에 있는 가족 소유의 점포의 직원들은 말했다. "우리 고객들은 우리에게 매우 충성합니다. 아마 80%는 일반인일 것입니다." 독립된 가게의 주인들은 팀과 같은 인기 있는 체인점들에 의한 새로운 진입을 믿는 것처럼 보였다. TH는 시장이 독립과 프랜차이즈 모두를 지원하기에 충분하다고 주장하며, 팀은 거의 경쟁적인 위협을 가하지 않았다. TH 도넛 프랜차이즈가 현재 위치에서 가까운 곳에 위치하지 않는 한 그 영향은 최악의 경우 미미할 것이다. 오마하의 한 가게 주인은 말했다. "TH가 도시에 왔을 때 우리의 도넛 매출이 증가했습니다. 우리는 그들이 광고할 때마다 혜택을 받습니다. 왜냐하면 도넛은 그 어느 때보다 인기가 있기 때문입니다.“

2004년 초, 최근 몇 년간 미국과 다른 나라들을 휩쓸었던 저탄수화물, 체중 측정 열풍이 매출을 크게 줄었다는 징후는 거의 없었다. 업계 관찰자들과 회사 관계자들은 이것이 부분적으로 도넛이 적당한 가격이고, 이동 중에 먹기 쉬우며, 그리고 부분적으로 많은 사람들이 가끔 그들 자신을 대접하는 경향 때문이라고 말했다. 도넛은 거의 어디에서나 쉽게 구할 수 있었다.

3대 도너츠 체인점은 크리스피 크림, 던킨 도너츠, TH이다. 던킨도너츠는 2002년 매출 27억 달러, 전 세계 5200개 매장(미국 3600개)으로 미국 시장 점유율 45%에 육박한다. (TH 160개 매장과 2002년 미국 매출 1억1500만 달러, 2002년 캐나다 매출 2300개 매장).

던킨 도너츠

던킨 도너츠는 하루에 440만 개의 도넛과 180만 개의 커피를 파는 세계에서 가장 큰 커피 및 베이커리 체인점이었다. 퀵서비스 레스토랑

체인은 영국에 본사를 둔 AD가 소유하고 있었는데, 이 회사의 다른 사업으로는 배스킨-로빈스 아이스크림 체인, 토고스 식당(샌드위치), 다양한 알코올 음료 브랜드(칼라, 비피터스, 메이커스 마크, 쿠르부아지에, 티아 마리아, 그리고 다수의 와인)가 있다. 2004년, AD의 던킨 도너츠 체인점은 40개국에서 6,200개의 프랜차이즈 매장(미국의 4,418개 포함)과 미국의 4.4%의 비슷한 매출 성장을 기록했다. 이 체인의 전체 매출의 약 83%가 미국에서 발생했다. 던킨 도너츠는 뉴잉글랜드에서만 1,200개의 매장을 운영했는데, 그 중 600개는 1950년에 체인점이 설립된 그레이터 보스턴 지역에 있다. 2000년부터 던킨 도너츠 프랜차이즈는 배스킨라빈스와 토고를 포함한 공동 브랜드 매장을 열 수 있었다. 던킨 도너츠는 2005년 기업가 잡지의 연간 프랜차이즈 탑 500에서 9위를 차지했다.

던킨 도너츠의 전략의 핵심 추진력은 미국의 지리적 영역으로 확장하는 것이었다. 매장이 밀집한 지역에서는 현장에서 만들기보다는 중앙에 위치한 주방에서 구운 제품이 대부분 공급됐다. 이름에도 불구하고, 던킨 도너츠는 도넛보다 커피와 편리함에 더 중점을 두었다. 한 회사 임원에 따르면, "사람들은 우리의 커피에 대해 먼저 이야기합니다. 우리는 당신이 이동 중에 먹는 음식입니다. 우린 네 하루의 일부야 우리는 반드시 목적지 상점이 아닙니다." 던킨 도너츠에서 구매한 모든 것의 약 절반은 도넛이 없는 커피를 포함했다. 던킨 도너츠 메뉴에는 도넛(50가지 종류), 머핀, 베이글, 시나몬 빵, 쿠키, 브라우니, 먼치킨스 도넛 홀, 크림 치즈 샌드위치, 9가지 맛의 신선한 커피, 아이스커피, 레모네이드 쿨라타가 포함되었다.

2004년, 쿨라타는 "Route to Cool"이라는 캠페인에서 MTV와 함께 홍보되었다. 던킨 도너츠는 또한 박스형 도넛의 판매를 촉진하기 위한 새로운 "익스프레스 도너츠" 캠페인을 진행했다. 이 캠페인은 "도너츠를 누가 가져왔는가?"라는 주제를 바탕으로 한 광고로 지원되고 있었다. 게다가, 그 체인점은 파운드 단위의 커피 판매를 강조하고 있었고 최근에는 카푸치노, 라떼, 에스프레소, 그리고 아이스 커피를 포함하여 커피 제공을 확대했다.

던킨 도너츠의 50가지 도넛의 영양 성분은 200에서 340 칼로리, 8에서 19그램의 지방, 1.5에서 6그램의 포화 지방, 9에서 31그램의 설탕이었다. 크리스피 크림의 가장 잘 팔리는 오리지널 프로스팅 도너츠가 200칼로리, 지방 12그램, 포화지방 3그램, 설탕 10그램이었던 반면, 던킨 도너츠의 비교 품목은 180칼로리, 지방 8그램, 포화지방 1.5그램, 설탕 6그램이었다. 최근에 크리스피 크림 도넛을 먹어본 보스턴 지역의 던킨 도너츠 고객 몇 명은 크리스피 크림이 더 맛이 있고 더 가볍다고 보고했다.

던킨 도너츠는 전국 베이글 체인점과 스타벅스와의 경쟁을 성공적으로 막아냈다. 도넛의 건강한 대안으로 베이글을 홍보하는 전국 베이글 체인점들이 던킨 도너츠가 매장을 가지고 있는 지역에 새로운 매장을 열었을 때, 회사는 메뉴 제공에 베이글과 크림 치즈 샌드위치를 추가함으로써 대응했다. 던킨 도너츠는 더 다양한 종류의 뜨겁고 차가운 커피 음료를 추가함으로써 스타벅스의 위협에 맞섰고, 커피를 마시는 사람들은 스타벅스 바리스타가 3달러짜리 라떼를 제대로 만들 때까지 기다려야 했지만, 더 적은 돈으로 커피와 도넛을 살 수 있었다. 빠르고 일관된 서비스는 던킨 도너츠의 요새였다. 경영진은 더 나아가 스타벅스 매장의 시장 존재에 의해 만들어진 커피에 대한 더 넓은 인식이 실제로 던킨 도너츠의 커피 판매를 증가시키는 데 도움을 주었다고 믿었다.

TH

웬디스 인터내셔널의 자회사인 TH 는 캐나다 전역에 거의 2,400개의 레스토랑을 보유하고 있으며 미국 내 주요 시장에 200개의 지점을 꾸준히 성장시키고 있는 북미 최대의 커피 및 갓 구운 상품 체인점 중 하나였다. 2004년 4월, TH는 로드아일랜드, 코네티컷, 매사추세츠에 있는 42개의 커피와 도넛 레스토랑을 인수하여 TH 브랜드와 포맷으로 전환할 계획을 세웠다. TH는 2003년에 약 30억 달러의 시스템 전체 매출을 올렸고, 이는 매장당 연간 약 130만 달러의 매출과 맞먹는다. 2003년에 같은 가게의 매출은 약 4.7% 증가했고 2004년 첫 9개월 동안에는 미국에서 10.1%, 캐나다에서 7.7% 증가했다. 캐나다에서 TH 체인은 토론토 메이플 리프스, 피츠버그 펭귄스와 버팔로 세이버스를 위하여 활약한 인기 있는 캐나다 태생의 프로 하키 선수의 이름을 따서 지어졌다. 캐나다 소비자들을 대상으로 한 최근의 설문조사는 TH를 캐나다에서 가장 잘 관리되는 브랜드로 평가했다.

웬디즈의 TH 부서는 프랜차이즈에 크게 의존했다. 프랜차이즈 가맹점은 TH로부터 토지 및/또는 건물을 임대했는지 여부와 기타 조건에 따라 주간 매출의 3~6%의 로열티를 모회사에 지불했다. 또한 프랜차이즈 가맹점은 기업 차원에서 수행되는 광고 및 홍보 활동에 자금을 지원하기 위해 월 총 매출의 4%에 해당하는 수수료를 지불했다. 또한 자회사로부터 커피, 설탕, 밀가루, 쇼트닝과 같은 제품을 구매해야 했다. 미국에서는 회사와 프랜차이즈 매장 모두 모회사가 승인한 공급업체로부터 재료를 구입했다.

TH는 레스토랑을 짓기 위해 외부 계약자들을 이용했다. 그 식당들은 외부 스타일과 내부 장식에 관한 회사 사양에 따라 지어졌다. 2003-2004년에 지어진 표준 레스토랑은 1,150평방피트에서 3,030평방피트에 이르는 독립적인 생산 단위로 구성되어 있었다. 각각은 정해진 지역 내에 있는 몇몇 TH 지점에게 하루 종일 신선한 구운 제품을 공급할 수 있는 빵집을 포함했다. 위치는 매장 내 베이킹 시설을 갖춘 완전한 표준 매장에서부터 웬디즈와 TH가 한 지붕 아래 있는 콤보 유닛, 쇼핑몰, 고속도로 아울렛, 대학, 공항, 병원의 카트와 키오스크까지 다양했다. 대부분의 완전한 표준 TH 지점은 24시간 드라이브 스루 서비스를 제공했다. 완전한 수준의 매장을 이웃 모임 장소로 홍보하고 그룹 기금 모금과 커뮤니티 행사를 위한 제품 홍보에 적극적이었다.

각 TH 유닛의 메뉴는 커피, 카푸치노, 차, 핫초코, 청량음료, 수프, 샌드위치, 도넛, 머핀, 파이, 크루아상, 타르트, 쿠키, 케이크, 베이글과 같은 신선한 구운 제품으로 구성되었다. 최근 몇 년 동안, 체인점은 점심 메뉴를 더 다양한 상품들을 포함하도록 확장했다. 이 체인점의 가장 큰 추첨 카드 중 하나는 신선한 커피의 특별한 혼합물이었는데, 이것은 또한 고객들이 집에서 사용하기 위해 캔에 담겨 판매되었다. TH에서 구매한 것의 약 절반은 도넛이 없는 커피를 포함했다. 아침 식사 때 캐나다 시장 점유율 1위, 오후/초저녁 스낵 부문 1위, 점심 식사 때 샌드위치 6개가 등장하는 메뉴로 강력한 2위 자리를 차지했다.

TH의 경영진들은 크리스피 크림이 캐나다와 미국의 미시간, 뉴욕, 오하이오, 켄터키, 메인, 웨스트버지니아로 확장하는 것에 위협을 느끼지 않았다. TH 회장에 따르면, "우리는 그들을 정말로 환영한다. 도넛에 관심을 끄는 사람은 우리를 도울 수밖에 없다. 그것은 큰 시장이고 큰 시장이다. 나는 언제든지 우리의 돈줄을 그들의 것과 맞설 것이다." TH와 크리스피 크림에 정통한 캐나다인 소매 컨설턴트가 말했다. "이것은 캐나다 코끼리와 미국 쥐입니다. 캐나다 사람들이 미국 엉덩이를 찰 수 있는 것이 있다면, 그것은 도넛입니다. "또 다른 캐나다 소매 컨설턴트는 말했다." 크리스피 크림은 미국의 현상입니다. 이것들은 정말로 달콤해요.“

캐나다는 세계 어느 나라보다 1인당 도넛 가게가 더 많은 것으로 유명했다. TH 외에도, 도넛을 특징으로 하는 캐나다의 다른 체인점들은 던킨 도너츠, 로빈스 도너츠, 컨트리 스타일, 그리고 커피 타임을 포함했다. 경영진은 향후 3년간 미국에 500개의 TH 매장을 여는 것을 목표로 삼았고, 장기적으로는 캐나다에 약 3,500개의 매장으로 성장하는 것을 목표로 삼았다.

윈첼스의 도넛 하우스

윈첼스는 1948년 베른 윈첼이 설립한 회사로 캐나다 밴쿠버의 샤토 홀딩스가 소유하고 있었다. 2000년, 윈첼의 부대는 약 600개가 미시시피 강 서쪽의 10개 주에 위치해 있었고, 괌, 사이판, 한국, 이집트, 사우디아라비아 등에 국제적인 프랜차이즈가 있었다. 그 이후로 윈첼스의 도넛 하우스는 활기를 잃고 위치의 3분의 2를 폐쇄했다. 2003년에는 괌, 사이판, 뉴질랜드, 사우디아라비아에 위치한 12개 주에 200대가 있었다. 윈첼스는 서부 해안에서 가장 큰 도넛 체인점이었다. 윈첼스는 크리스피 크림의 남가주 진출을 막기 위해 2000년 모든 매장을 대상으로 웜앤프레시 프로그램을 시작했다. 이 프로그램은 매일 오전 6시에서 9시 사이에 15분에서 20분마다 교체되는 진열장에서 신선한 유약을 바른 도넛을 먹는 것을 포함했다.

진열장의 빨간 불이 깜박이는 것은 새로 유약을 바른 도넛 한 묶음을 구할 수 있다는 신호였다. 윈첼스는 고객들에게 매일 오전 6시에서 11시 사이에 웜앤프레시 도넛을 제공하고 있었다. 2003년 9월 기준으로, "윈첼스의 다스"는 14개의 도넛에 5.99달러에 팔렸고, 두 다스(28개)는 9.99달러에 팔렸다. 도넛 하나는 약 60센트에 팔렸고, 많은 가게들은 정기적으로 도넛 두 개와 커피 한 잔을 1.99달러에 판매했다. 윈첼스의 베이커리 제품에는 크루아상, 베이글, 에클레어, 타르트, 사과 튀김, 곰 발톱뿐만 아니라 20가지 종류의 도넛과 14가지 맛의 머핀이 포함되었다. 이 커피는 다크 로스트 슈프림, 레전더리 블렌드, 레전더리 데카프의 세 가지 종류의 커피를 제공했는데, 모두 100% 아라비카 원두만을 사용했다. 다른 음료로는 일반 카푸치노와 냉동 카푸치노, 청량음료, 우유, 주스 등이 있다.

윈첼스의 향후 5년간 기업 목표는 매출을 3배로 늘리는 것이었다. 2003년부터 2004년까지 서부와 중서부 14개 주에서 프랜차이즈를 적극적으로 찾고 있었다. 윈첼스은 7,500달러의 가맹점 수수료를 부과했고, 가맹점주들이 75,000달러의 무차입 자금을 투자할 수 있도록 요구했다. 순매출액에 대해 5%의 로열티와 3%의 광고료가 부과되었다.

라마르 도너츠

콜로라도주 엥글우드에 본사를 둔 라마르는 10개 주에 32개의 기업 소유 및 프랜차이즈 도넛 가게를 열었고, 덴버 지역에 8개의 가게가 있었다. R은 1960년 캔자스시티 린우드 애비뉴에 최초의 라마르 도넛을 열었고 빠르게 그 가게를 지역 기관으로 바꾸었다. 일반적인 날에는 오전 6시 이전에 줄이 형성되기 시작했고 마감 시간이 되면 약 11,000개의 도넛이 판매되었다. 도넛 가게의 성공과 명성에 기초하여, 레이와 그의 아내는 1990년대 초에 프랜차이즈를 만들기로 결정했다. 수백 명의 라마르 지지자들이 캔자스시티 지역에서 이용할 수 있는 제한된 수의 프랜차이즈에 지원했고, 몇 달에 걸쳐 15개가 허가되었다. 1997년 프랜차이즈 컨소시엄 인터내셔널이 라마르 프랜차이즈의 지분을 매입하고, 라마르스 도너츠 인터내셔널로 이름을 바꾸고, 본사를 덴버 교외로 이전하고, 국가 확장 계획의 토대를 마련하기 시작했다.

라마르의 상점들은 일반적으로 인근 교통로를 따라 위치해 있었다. 2003년의 평균 단위 매출은 50만 달러였으며 경영진은 몇 년 안에 평균이 75만 달러로 증가할 것으로 예상했다. 한때 2013년까지 1,200개의 매장을 운영하겠다는 목표를 밝혔지만, 지금까지 라마르의 확장은 예상보다 훨씬 느렸다.

라마르는 방부제 없이 천연 재료로 매일 수제로 만든 "장인 품질" 도넛을 생산하기 위해 비밀 레시피를 사용법을 사용했다. 하루 된 도너츠는 가게에서 판매된 적이 없지만, 하루가 끝날 때 가난한 사람들에게 기부되었다. 75종의 도넛 외에도, 메뉴는 고급 커피와 카푸치노를 포함했다. 콜로라도주 덴버에 있는 Dazbog Coffee Company와 파트너십을 맺고 LaMar's Old World Roast 레이블 아래 12개 이상의 맞춤형 스페셜티 커피 블렌드를 만들었다. 코스타리카에서 직접 콩을 따서 이탈리아의 정통 벽돌 오븐에 천천히 구웠다. 라마르의 커피 제품들은 카푸치노, 에스프레소, 라떼, 아이스 커피 음료, 그리고 차이티를 포함했다.

회사는 단순히 더 나은 도넛이라는 꼬리표를 사용했다. JF는 다음과 같이 말했다. "사람들이 와서 제품을 시험해 보고는 깜짝 놀랐습니다. 그들은 크리스피 크림과는 매우 다른 방식으로 감탄한다. 그들은 오 마이 갓, 이것은 내 인생에서 내가 먹어본 것 중 최고의 도넛이다." 전국적으로 최고의 식당을 평가한 유명한 Zagat Survey는 라마르 도넛을 "비범한 왕들에게 적합한 도넛"이라고 묘사했다. 미국에서 가장 인기 있는 도넛을 찾기 위해 미식가 잡지는 전국적인 여론조사를 실시했는데, 우승자는 라마르 도넛이었다. 라마르 도넛는 매일 1시간 동안 전국적으로 신디케이트되는 텔레비전 프로그램인 John Walsh Show에 의해 전국 최고로 선정되었다. 몇몇 신문들은 라마르의 도넛을 그들의 시장 지역에서 최고로 이름을 올렸다.

2004년 3월

2004년 3월, TH의 경영진은 2005 회계연도의 주당 수익이 1.16달러에서 1.18달러로 희석되고(2004 회계연도의 0.92달러에서 증가) 2005 회계연도(2005년 1월 29일 종료) 시스템 전반에 걸쳐 단일% 중반에서 최고 수준의 점포 매출 성장률을 기록할 것으로 예상하며, 약 120개의 신규 점포가 문을 열 것이라고 발표했다. 향후 12개월 동안 20~25개의 소규모 도넛 및 스낵 숍을 포함한 시스템 전반에 걸쳐. 그러나 2004년이 진행됨에 따라 TH의 사업 전망은 몇 달 만에 장미빛에서 극명한 것으로 바뀌었다.

2004년 5월 7일, 최고경영자는 투자자들을 놀라게 한 보도자료에서 다음과 같이 말했다.

"몇 달 동안, 저탄수화물 식단에 대한 소비자들의 관심이 증가해왔고, 이는 빵, 시리얼, 파스타를 포함한 몇몇 밀가루 기반 식품 범주에 악영향을 미쳤다. 이러한 추세는 작년 우리 사업에 뚜렷한 영향을 미치지 못했다. 그러나 최근 시장 자료에 따르면 연초 이후 탄수화물 섭취 감소에 대한 소비자들의 관심이 크게 높아졌으며 최근 2~3개월 사이에 가속화되고 있다. 이 현상은 우리의 오프사이트 판매 채널, 특히 식료품점 고객들에게 포장된 도넛의 판매에 가장 큰 영향을 끼쳤다."

TH의 프랜차이즈 매장의 매출은 사내와 사외 판매로 거의 균등하게 나뉘었고, 회사 소유 매장 매출의 약 60%는 사외 판매였다. 외부 아울렛의 매출 감소의 결과로, 최소 18개월 이상 문을 연 매장의 매출은 4% 성장하는 데 그쳤고, 이는 이전 분기에 실현된 9%를 훨씬 밑도는 것이다. 회사 매장에서의 예상보다 낮은 사외 매출 때문에 회사가 2005 회계연도 1분기 수익 지침을 주당 약 0.26달러에서 약 0.23달러로 낮추고 있다고 말했다.

"최근에 인수한 MM의 사업을 포기하고 있습니다." 실적이 저조했던 MM 매장 대부분을 폐쇄하고 나머지 매장의 매각을 추진한다는 계획이었다. 경영진은 MM의 분할로 인해 1분기에 약 3,500만 달러에서 4,000만 달러의 손실이 발생할 것이며, 후속 분기에는 2,400만 달러의 추가 손실이 발생할 것이라고 밝혔다.

"실적이 저조한 공장 점포 6곳, 평균 이하 소매업 지역의 오래된 소매점 4곳, 커미셔너리 2곳 등이 문을 닫았습니다."

"2005 회계연도 희석 주당 수익에 대한 지침을 아래에 설명된 자산 손상 및 기타 비용을 제외한 지속적인 영업으로 인한 지침을 이전 예상보다 약 10% 낮은 1.04달러에서 1.06달러 사이로 낮춥니다. MM의 비용을 포함하여, 2005 회계연도에 지속적인 운영으로 인한 희석 주당 수익은 0.93달러에서 0.95달러 사이로 추정되었습니다."

그 발표 후 몇 시간 동안, 그 회사의 주가는 약 20% 하락하면서 폭락했다. 2004년 5월 25일, TH는 2005 회계연도 1분기에 2440만 달러의 손실을 보고했는데, 이는 앳킨스와 사우스 비치와 같은 트렌디한 저탄수화물 다이어트가 매출 감소와 MM에 대한 3400만 달러의 투자 손실 때문이라고 비난했다. 주가는 5월 7일 실적 발표 이후 37% 하락했으며 약 20달러에 거래되고 있다.

2004년 5월 26일 열린 연례 주주총회에서 임원들은 회사가 확장 계획을 늦추고 있으며 제품 라인업에 무설탕 도넛을 추가함으로써 저탄수화물 식품에 대한 소비자 관심에 대항할 계획이라고 말했다. 경영진은 또한 (1) 초콜릿 맛의 유약 도넛; 일반 반죽 견과류보다 40% 작은 미니 링 그리고 라즈베리, 라떼, 더블 초콜릿 맛의 으깬 아이스 음료를 선보일 것이라고 발표했고, (2) 식료품점에서 그 회사 자체 브랜드의 커피 봉지를 판매하기 시작했다. TH 도넛 진열장 옆에 있는 가게들. 그 회사는 해외 진출을 추진할 계획이라고 말했다. 해외 진출은 아시아에 집중되었고, 일본, 중국, 인도네시아, 필리핀, 페르시아 만에 25개의 새로운 매장이 계획되었다.

2004년 7월~8월

2004년 7월 말, 회사는 미국 증권거래위원회가 특정 프랜차이즈 환매와 관련된 회사의 회계 관행에 대한 조사를 시작한다고 발표했다. 5월 월스트리트저널 기사는 남부 캘리포니아의 또 다른 재취득 프랜차이즈에 대한 의심스러운 회계와 함께 장비, 재료, 프랜차이즈 수수료에 대한 지불이 밀린 미시간주의 고전하는 7개 단위 프랜차이즈의 3,210만 달러 재구매에 대한 자세한 회계처리를 했다. 2004년 8월 말, TH는 2005 회계연도 2분기 실적을 다음과 같이 보고했다.

- 시스템 전체 매출은 전년 2분기 대비 14.8% 증가했다.
- 작년 2분기 1억 5,920만 달러였던 회사 매출은 1억 7,740만 달러로 11.5% 증가했다(전년 2분기 1억 5,920만 달러 대비). 회사 매장 매출은 1억 2,380만 달러로 18.7% 증가했고 프랜차이즈 운영 수익은 680만 달러로 13.7% 증가했으며 수익은 4.1% 감소했다.
- 회사 소유의 매출은 0.6% 증가했고, 시스템 전체 매출(회사 소유 및 프랜차이즈 매장 모두)은 0.1% 증가하는 데 그쳤다.
- 2005 회계연도 2분기 영업이익이 620만 달러(희석주당 0.10달러)로 감소한 반면 2004 회계연도 2분기에는 1340만 달러(희석주당 0.22달러)로 감소했다.
- 12개의 새로운 시장에 22개의 새로운 TH 공장/소매점과 10개의 새로운 도넛 및 커피 가게가 있다. 6개의 회사 소유의 공장/소매점과 3개의 도넛 및 커피점이 분기 동안 문을 닫았다.

TH의 2쿼터 성적에 대해 SL은 다음과 같이 말했다.

"비록 우리는 2분기 재무 결과에 실망했지만, 우리는 사업의 장기적인 성장 잠재력에 대해 낙관적이다. 우리는 장기적인 사업 전망을 개선하는 이니셔티브에 우리의 노력과 자원을 집중하고 있다. 우리는 지원 이니셔티브, 선도적인 소비자 브랜드 및 현재의 과제를 해결할 수 있는 훌륭한 인력을 갖춘 핵심 전략을 가지고 있다. TH는 67년의 역사를 통해 도전을 극복할 수 있는 능력을 입증했으며, 저는 비즈니스 모멘텀을 회복할 수 있는 능력을 갖추고 있다고 확신합니다."

최고 경영진은 2005 회계연도에 시스템 전체 매출이 약 15%, 올해 지난 2분기에 약 10% 성장할 것이라고 밝혔지만 업데이트된 수익 추정치는 제공하지 않았다. 이 회사는 확장 계획을 축소했으며 2005 회계연도 동안 시스템 전체에 약 75개의 신규 매장(공장/소매점 60개, 도넛 및 커피점 15개)만 열 것이라고 말했다.

2004년 11월~12월

2004년 11월, TH는 2005 회계연도 3분기에 300만 달러의 손실을 입었다고 보고했다. 회사의 상점, 프랜차이즈 사업부의 매출을 포함한 분기의 총 매출은 1.4% 증가한 1억7010만 달러(2004 회계연도 3분기 1억6780만 달러 대비)에 그쳤다. 회사 소유 및 프랜차이즈 매장의 3분기 시스템 전체 매출은 2004 회계연도 3분기에 비해 4.7% 증가했습니다. 판매 증가율은 경영진이 8월에 예상했던 10%의 증가율을 훨씬 밑돌았다.

분기 동안 13개의 회사 소유 공장/소매점과 2개의 도넛/커피숍 매장이 문을 열었고, 7개의 회사 소유 공장/소매점과 2개의 도넛/커피숍 매장이 문을 닫았다. 2004년 10월 말 현재 393개의 공장/소매점과 36개의 도넛 및 커피점으로 구성된 총 429개의 매장이 시스템에 있다. 2005 회계연도 4분기에 시스템 전체에 약 10개의 새로운 점포를 열 계획이 있었다.

경영진은 2005 회계연도 4분기에 시스템 전체 매출과 수익 지침을 제공하는 것을 거부했고 8월에 발표된 시스템 전체 매출 성장률 10%를 철회했다. 회사의 실적에 대해 언급하면서, SL은 "3분기 결과에 분명히 실망했다. 우리는 회사가 직면한 과제를 해결하고 비즈니스 모멘텀을 되찾는 데 주력하고 있다." 4분기 초, TH는 경영진이 적은 금액이라고 묘사한 나머지 MM 자산을 매각했다.

2004년 12월, TH는 2004 회계연도의 순이익을 8.6%로 2.7% 줄일 수 있는 두 개의 프랜차이즈 인수와 관련된 회계 오류를 확인했다고 발표했다. 회사가 2004 회계연도 결과를 다시 발표해야 할지는 아직 불분명하다. 회사 이사회의 특별 위원회가 회계 문제를 조사하고 있었다. 회사의 외부 감사는 특별 위원회가 회계 문제에 대한 조사를 완료할 때까지 2005년 첫 6개월 동안 재무 실적에 대한 검토를 완료하는 것을 거부했다고 말했다. 2004년 12월 말, TH의 주식은 2004년 3월에 달성한 40달러보다 훨씬 낮은 10~13달러 범위에서 거래되었다.

경영 사례 21

개요

A사는 전문가용 및 일반형 컬러 프린터를 생산한다. 이 회사의 소비자 부서는 최근에 두 종류의 새로운 컬러 프린터를 개발하였다. A-910 모형은 4X6 크기 (단위 인치) 인쇄물의 컬러 인쇄를 대략 37초 만에 끝낸다. 좀 더 정교하고 빠른 A-950 모형은 13X19 크기의 인쇄물을 경계 없이(borderless) 컬러 인쇄할 수 있다. 재무 부서에서는 프린터 판매를 통해서 DI-910 모형이 개당 $42, 그리고 DI-950모형이 개당 $87의 이익을 얻을 수 있다고 예측된다.

프린터는 A사의 주 공장이 있는 노스캐롤라이나 주 뉴번에서 조립되고 검사과정을 거쳐 최종 포장된다. 이 공장은 고도로 자동화되어 있으며, 프린터를 생산하기 위하여 두 조립공정을 운영한다. 1번 제조라인은 A-910 모형을 3분/개의 속도로, A-950모형은 6분/개의 속도로 조립 작업을 수행한다. 2번 제조 라인은 검사 및 포장 작업을 담당하며, A-910 모형은 개당 4분이, A-950 모형은 개당 2분의 작업시간이 소요된다. A-950 모형이 더 적게 걸리는 이유는 프린터의 빠른 속도 때문이다. 두 제조 작업라인은 하루에 8시간 동안 1개 조에 의해서 운영되고 그 다음 8시간은 다음 교대 조에 의하여 운영된다.

의사결정

이 회사가 각 모형의 프린터를 몇 개씩 만들어야 하는지를 분석하라. 회사 대표에게 보고하기 위해서 다음 고려 사항(문제점 발견, 조언 등)을 포함하는 보고서를 제시하라.

1. 매 교대 조가 8시간씩 근무하는 것에 대하여 각 모형의 프린터가 전체 이익을 최대화할 수 있으려면 몇 대씩 생산되어야 하는지를 조언하라. 경영진이 이러한 조언을 받아들이지 않을 수 있는 이유는 무

엇이라고 생각 하는가?

2. 경영진은 A-910 모형의 생산량이 적어도 A-950 모형의 생산량보다 많아야 한다고 판단한다. 1교대 조에 대하여 전체 이익을 최대화하는 것이 목적이며, 그러면 각 모형의 프린터는 몇 대씩 생산해야 최적이 되는지를 결정하라.

3. 위 2번에서 구한 해결책이 1번 제조 라인과 2번 제조 라인에서 소모되는 시간 간의 밸런스를 유지시키는가? 이 밸런스를 만족시키지 못하는 것은 왜 경영진에게 걱정거리가 되는가?

4. 경영진은 1번 제조 라인과 2번 제조 라인에서 소모되는 시간의 밸런스를 유지하기를 요구한다. 또한 1번 제조 라인과 2번 제조 라인에서 소모되는 시간의 차이를30분 이내로 할 수 있도록 2번에서 제시한 선형계획 모형을 확장시키고자 한다. 전체 이익을 최대화하는 것이 목적일 때, 각 프린터는 몇 대씩 만들어야 하는가? 작업부하의 밸런스를 유지시키려면 이는 2번에서 구한 전체 이익에 어떤 영향을 주는가?

5. 1번에서 경영진은 각 교대 조에 의하여 제조되는 총 프린터의 수를 최대화하는 것이 목적이라고 명시하였다고 가정하자. 그러면 각 조마다 각각의 프린터를 몇 대씩 만들어야 하는가? 이 목적은 총 이익과 작업부하의 밸런싱에 어떤 영향을 주는가?

각 질문에 대하여 선형계획 모형과 그래프 해법에 의한 해를 제시하라.

경영 사례 22

개요

A사는 울산에 있는 공장에서 운동 장비를 제조한다. A사는 최근 가정용 운동 시장을 위해 두 개의 보편적인 웨이트 머신(체중계) 를 설계했다. 현재 두 머신(기계) 모두 사용자에게 수행되는 각 운동 유형에 대해 매우 넓은 범위의 운동 능력(용량)을 제공하는 A사의 특허 기술을 사용한다. 지금까지, 그러한 능력들은 주로 물리치료사들에 의해 사용되는 값비싼 웨이트 머신에서만 이용 가능했다. 최근의 무역 박람회에서 이 웨이트 머신의 시연은 딜러의 상당한 관심을 이끌어냈다. 실제로 무역 박람회에서 A사가 받은 주문 수는 현재 생산 기간 동안의 제조 능력을 훨씬 초과했다. 결과적으로, 경영진은 두 웨이트 머신의 생산을 시작하기로 결정했다. A사가 A100과 A200이라고 명명한 두 웨이트 머신은 생산하기 위해 서로 다른 양의 자원을 필요로 한다.

A100은 프레임 유닛, 프레스 스테이션, 그리고 pec-dec 스테이션으로 구성된다. 제작된 각 프레임은 4시간의 가공 및 용접 시간과 2시간의 도장 및 마감 시간을 사용한다. 그리고 각 pec-dec 스테이션은 2시간의 가공 및 용접 시간과 2시간의 도장 및 마감 시간을 사용한다. 또한 각 A100을 조립, 테스트 및 포장하는 데 2시간이 소요된다. 또한 조립, 테스트 및 포장비용은 개당 5만원으로 추정된다. 원자재비용은 프레임 당 450,000원, 프레스 스테이션 당 300,000원, pec-dec 스테이션 당 250,000원이며, 포장비용은 유닛 당 50,000원으로 추정된다.

A200은 프레임 유닛, 프레스 스테이션, pec-dec 스테이션 및 레그 프레스 스테이션으로 구성된다. 제작된 각 프레임은 5시간의 가공 및 용접 시간과 4시간의 도장 및 마감 시간을 사용한다. 각 프레스 스테이션에는 3시간의 가공 및 용접 시간과 2시간의 도장 및 마감 시간이 필요하다. 각 pec-dec 스테이션 및 leg-press 스터이션은 2시간의 가공

및 용접 시간과 2시간의 도장 및 마감 시간이 필요하다. 또한 각 A200을 조립, 테스트 및 포장하는 데 2시간이 소요된다. 원자재비용은 프레임 당 650,000원, 프레스 스테이션 당 400,000원, pec-dec 스테이션 당 250,000원, 레그 프레스 스테이션 당 200,000원이다. 포장비용은 유닛 당 75,000원으로 추정된다. 다음 생산 기간 관리를 위해 600시간의 가공 및 용접 시간, 도장 및 마감 시간은 시간당 15시간, 조립, 테스트 및 포장 시간은 시간당 12시간으로 추정된다. 두 기계가 경쟁해야 하는 시장은 A100의 소매가격이 2400000원이고 A200의 소매가격이 3500000이라고 제안하지만, 새로운 기계의 독특한 능력 때문에 A사는 약간의 유연성을 이용할 수 있다. 공인된 A사 딜러(대리점)은 제시된 소매가격의 70%에 기계를 구매할 수 있다. A사 대표는 A200의 고유한 기능이 회사를 고급 운동 장비 분야의 선두 업체 중 하나로 자리매김하는 데 도움이 될 수 있다고 생각한다.

A사의 생산 문제를 분석하고 당신의 분석 결과와 권고 사항을 제시하는 사장에게 제출하는 다음 항목을 포함하는 보고서를 준비하라.

1. A100과 A200 기계의 권장 생산 대수는 무엇입니까?
2. A200의 생산 대수가 전체 생산량의 25% 이상이어야 한다는 요구사항이 수익에 어떤 영향을 미칩니까?
3. 이익을 늘리기 위해서 어떤 노력이 어디에 소비되어야 하는가?

이를 위한 선형계획 모형과 그래프 해법을 활용한 최적해, 그리고 엑셀을 활용한 결과보고서(민감도 분석 포함)를 제시하시오.

경영 사례 23

개요

수업이 끝나고 집에 오는 내내 A는 주변환경에 거의 집중할 수 없었다. 그는 미래의 재산 증식에 대한 전망을 생각해 보니 너무 흥분해 있었다. 이 모든 열정은 울산대학교의 금융수업에서 촉발되었다. 그날의 강의는 현물시장에 관한 것이었다. 그는 강의 중에 정말로 귀를 쫑긋 세웠고, 심지어 그가 강의실 문을 나서기도 전에 A는 천연가스 현물시장에서 돈을 벌 수 있는 계획을 발견했다. 천연가스의 현물시장은 천연가스가 1개월 이하의 계약기간으로 판매되는 시장이다. 한국의 한 파이프라인 회사에서 얼마간 일한 그는 천연가스 현 시장에 대해 몇 가지 중요한 것들을 알고 있었다. 우선 그는 한국 천연가스의 현물가격이 일반적으로 한국 시장에서 거래되는 첫 날 또는 그 이전에 알려져 있다는 것을 알고 있다. 둘째, 그는 이 두 시장의 계절적 변동에도 불구하고 한국 현물가격이 전형적으로 일본 현물가격의 약 85%를 차지한다는 것을 알고 있다. 따라서 그의 마음속에는 현재의 한국 현물가격을 예측하고 현재의 일본 현물가격을 바탕으로 선물을 사고파는 것이 쉬울 것이라고 알고 있었다. 따라서 이것은 그가 학생 대출금을 갚고 봄방학을 위해 외국에 다녀올 수 있게 해줄 것이라고 굳게 믿었다.

표 1의 데이터 세트는 천연가스에 대한 한국과 일본의 현물 가격에 대한 46개의 월간 관측치를 포함하고 있다. 표 1에서 특정 해(YEAR)의 MONTH는 해당 월을 표시한다. KRSPOT는 한국 현물가격을 표시하며, JPSPOT는 일본의 현물가격을 표시한다.

의사결정

1997년 11월 일본 현물가격이 1.89로 발표되었다면 1997 11월의 한국 현물가격은 얼마라고 예측하겠는가?

표 1 데이터

DATA SET

MONTH	YEAR	KRSPOT	JPSPOT	비고
1	94	1.985	2.215	
2	94	2.008	2.138	
3	94	1.753	1.968	
4	94	1.442	1.643	
5	94	1.372	1.533	
6	94	1.350	1.528	
7	94	1.375	1.583	
8	94	1.420	1.693	
9	94	1.577	1.863	
10	94	1.610	1.838	
11	94	1.743	2.058	
12	94	1.890	2.357	
1	95	1.913	2.323	
2	95	1.582	1.890	
3	95	1.357	1.608	
4	95	1.383	1.665	
5	95	1.483	1.792	
6	95	1.518	1.837	
7	95	1.488	1.793	
8	95	1.485	1.725	
9	95	1.418	1.663	
10	95	1.425	1.705	
11	95	1.557	1.915	
12	95	1.860	2.252	
1	96	2.313	2.570	
2	96	1.733	2.132	
3	96	1.373	1.637	
4	96	1.362	1.618	
5	96	1.362	1.600	
6	96	1.387	1.610	
7	96	1.362	1.568	
8	96	1.330	1.490	
9	96	1.350	1.503	
10	96	1.522	1.718	

11	96	1.917	2.202
12	96	2.013	2.387
1	97	1.737	1.980
2	97	1.333	1.490
3	97	1.318	1.468
4	97	1.318	1.470
5	97	1.315	1.448
6	97	1.275	1.408
7	97	1.130	1.267
8	97	1.175	1.287
9	97	1.397	1.518
10	97	1.723	1.882

경영 사례 24

개요

A는 그의 부서가 컴퓨터로 실행한 작업에 대한 만족스럽지 못한 반환시간(turnaround time)에 대하여 불평하기 위해 몇 달 동안 컴퓨터 센터의 책임자에게 메모를 썼다. 기본적으로 A의 부서는 주문 처리 및 송장 재공급, 부품 작성 및/또는 고객 기록 변경을 위한 정기적인 작업서를 제출했다. 어쨌든 그는 컴퓨터 센터의 요금이 터무니없다고 느꼈다. 그가 느끼기에는 높은 요금과 형편없는 서비스가 그를 불만스럽게 하였다. 또한 그와 컴퓨터 센터 관리자가 함께 참석한 다양한 회의에서 이로 인해 그에게 긴장감을 유발했다. 하지만, 지금 그는 진퇴양난에 처해 있었다. 컴퓨터 센터 관리자는 그에게 편지를 써서 필요한 용량을 한 달에 CPU 분 단위로 간단히 예측할 수 있다면 그의 시간 요구사항을 충족시키기 위해 필요한 모든 용량을 제공할 준비가 되었다고 설명했다. 몇 가지 질문 후에 그는 CPU시간(단위: 분)이 작업에 사용되는 컴퓨터 시간의 척도라고 결정했다. 컴퓨터 센터 관리자의 메모는 축복이자 불운이었다. 컴퓨터 센터가 그의 필요에 응답할 것이라는 점에서 축복이자 불운이었다. 왜냐하면 그는 자신의 부서에서 그의 필요를 예측할 준비가 되어 있었기 때문이다. 그리고 그는 최신 비즈니스 계획을 기반으로 월평균 8,000건의 주문, 65,500건의 송장, 7000건의 재공급 요청 및 30건의 고객 변경을 예상했다. 그러나 그는 그것들을 CPU 분으로 변환하는 방법이나 컴퓨터 타입이 말하는 것처럼 보이는 다른 종류의 단위들에 대한 실질적인 선택권이 없었다.

의사결정

그는 작년 한 해 동안 컴퓨터 센터에서 매달 내는 청구서를 훑어보면서 그 데이터를 컴퓨터 센터가 필요로 하는 단위로 그의 예측치를 변환하는데 사용할 수 있는지 궁금했다.

컴퓨터 센터로부터의 청구서류는 (작년 12개월간의 관련 정보) 표 1 에 나열되어 있다. 그는 어떤 의사결정을 내려야 하는가?

표 1 데이터

DATA SET

MONTH	ORDERS	INVOICE	RESUPPLY	CUSTOMER	CPU MINUTES
1	7000	4026	487	28	2281
2	6046	6073	619	46	2203
3	8031	4096	892	29	2602
4	4903	6023	900	11	1806
5	6208	4016	703	18	2072
6	4902	7773	402	47	2163
7	9003	4096	450	48	2689
8	9604	6032	706	57	3204
9	10618	10068	719	12	3921
10	10497	11063	850	9	4016
11	6033	6001	906	18	2168
12	2014	3004	402	18	902

경영 사례 25

개요

A는 MBA 과정이 한 학기 남았고, 거액의 학자금 대출을 갚는 것을 검토 중이다. 비록 그는 그 프로그램을 완성하기 위해 돈을 빌려야 했지만, 그것이 가치 있는 투자라고 결정했다. 그럼에도 불구하고 그는 가능하다면 졸업하기 전에 대출금의 일부를 갚고 싶어 한다. 최근에 기업가에 대한 또한 중소기업에 대한 수업을 들었고 이 지식의 일부를 활용하기로 결정했다. 그는 그의 동료 학생들 중 다수가 학교 기념품을 위해 기꺼이 몇 달러를 기부할 것이라고 생각했다. 여름이 코앞으로 다가왔기 때문에 그는 학교에서 학생들에게 티셔츠를 팔아서 돈을 벌 수 있다고 꽤 확신했다. 복도에서 사람들과의 비공식적인 대화는 그에게 인기 있는 티셔츠 디자인에 대한 아이디어를 주었다. 그는 가능성을 두 가지로 좁혔다. 지역 티셔츠 인쇄 회사에 스케치한 티셔츠 그림을 주었고 회사 직원들은 두 개의 시제품 셔츠를 만들었다. 이 단계에서 두 개의 티셔츠 디자인에 대한 상대적인 수요에 대해 전혀 알지 못했다. 만약 그가 셔츠를 만드는 데 모든 수고와 비용을 들인다면 두 개의 셔츠 중 어느 것이 더 인기가 있는지 아는데 유용할 것이다. 그 두 셔츠는 이렇게 생겼다. 빨간 셔츠는 스쿱넥이 있고 100% 면으로 만들어졌다. 셔츠의 뒷면에는 학교의 로고가 있다. 그 로고 밑에는 Party Time at Ulsan University라는 용어가 있었다. 그는 이 셔츠가 파티를 즐기는 대부분 사람들에게 어필할 것이라고 생각했다. 다른 티셔츠는 더 보수적인 것으로, 면 50%, 시스틱 50% 소재의 화이트 버튼다운 칼라 셔츠이다.

의사결정

표 1의 데이터를 분석하시오.

표 1 데이터

DATA SET

GENDER	GPA	PREFER	AGE	INCOME	HANDED
0	4.00	4	34	20.0	2
0	2.90	1	23	12.0	2
1	3.70	4	32	27.0	2
1	2.50	4	23	22.0	2
1	3.90	5	27	20.0	1
0	4.00	5	39	75.0	2
1	3.40	2	24	24.0	2
0	3.50	2	27	30.0	2
0	4.00	4	28	24.5	2
0	4.00	2	43	45.0	2
0	3.40	3	28	30.0	2
1	3.40	2	23	0.0	1
0	3.00	2	26	30.5	1
1	3.70	5	40	24.0	2
0	3.90	4	31	30.0	2
0	3.80	2	30	0.0	2
1	3.10	2	36	38.0	2
0	3.00	2	26	32.5	2
0	3.85	2	30	40.0	2
0	3.20	2	33	23.0	2
0	2.00	4	29	24.5	2
0	3.00	3	25	25.0	2
0	3.70	2	29	30.0	2
0	3.50	4	29	40.0	2
1	3.80	2	26	35.0	2
0	3.85	2	46	27.0	1
1	4.00	4	*26*	24.0	2
1	3.50	2	24	0.0	2
1	3.80	2	33	49.0	2
0	4.00	5	27	34.0	2
0	3.50	2	27	45.0	2
1	3.30	1	24	31.0	2

표 1 데이터(계속)

0	3.60	3	27	32.0	2
0	4.00	4	26	25.0	1
1	4.00	4	25	25.5	2
1	3.00	4	37	52.0	2
0	3.78	4	29	28.5	2
1	3.00	5	26	0.0	2
1	3.70	2	24	18.0	2
0	4.00	5	31	60.0	2
0	2.97	2	23	14.0	2
1	3.00	5	29	0.0	2
1	3.61	5	32	50.0	2
0	4.00	2	46	65.0	2
0	3.50	4	31	0.0	2
1	3.40	4	25	25.0	2
0	3.50	4	25	20.0	2
1	3.58	4	24	0.0	2
1	3.20	4	27	20.0	2
0	3.00	4	24	25.0	2
1	3.06	4	25	0.0	2
0	3.20	4	24	18.0	2
0	4.00	2	25	25.0	2
1	3.00	2	24	30.0	2
0	4.00	2	23	16.0	2
0	3.20	3	27	32.0	2
0	3.00	3	30	0.0	2
1	4.00	2	29	0.0	2
1	2.85	2	24	0.0	2
1	3.00	4	40	0.0	2
1	4.00	5	29	40.0	2
1	3.30	2	25	15.0	2
1	4.00	2	47	46.0	2
1	3.50	1	37	60.0	2

경영 사례 26

개요

본 사례는 서비스 관리 분야에서 사용되는 식스 시그마(Six Sigma) 접근 방식에 대해 설명한다. 요점은 서비스 관리가 무엇인지에 대해 소개를 하고 이는 과정을 개선하기 위한 아이디어를 따른다.

서비스란 무엇인가?

대부분의 서비스에는 다음과 같은 기능이 있다.

- 무형성: 서비스는 본질적으로 무형의 것으로, 그것들이 보이고, 느끼고, 만질 수 없다는 것을 의미한다.
- 불가분성: 서비스는 생성되고 동시에 소비된다.
- 소멸성: 서비스는 사용 가능한 즉시 소비되어야 하며 나중에 판매할 수 없다.
- 변동성: 서비스 품질은 누가 제공하는지, 언제, 어디서, 어떻게 제공하는지에 따라 달라진다.

서비스에는 정부, 의료, 금융 서비스, 통신, 컨설팅, 정보 기술 및 교육이 포함된다. 이러한 서비스의 뚜렷한 특성은 다양한 장애물을 제시한다. 서비스 활동은 노동 집약적인 경우가 많기 때문에 변동이 발생할 수 있다. 이러한 차이는 통제하기 어렵고 고객의 불만을 초래할 수 있다. 더욱이, 동일한 서비스가 여러 플랫폼에 걸쳐 제공될 수 있으며(예를 들어, 은행 서비스는 인터넷 뱅킹, 텔레뱅킹 또는 은행 지점을 통해 제공될 수 있다), 모든 플랫폼에 걸쳐 일관된 수준의 서비스를 유지하는 것을 어렵게 한다.

서비스 산업에서 수요 예측이 어려운 과제인가?

서비스 환경의 또 다른 중요한 어려움은 수요 계획이다. 왜냐하면 서비스는 동적이고 손상되기 쉬우며, 종종 사용되지 않는 용량 또는 누락을 초래한다. 기회 서비스 비즈니스의 프로세스는 일반적인 산업 프로세스에 비해 가시성이 낮기 때문에 서비스 프로세스에서 폐기물을 발견하기가 더 어렵다. 더욱이, 서비스 맥락에서 품질은 일련의 규격에 대한 측정이 아닌 경험이기 때문에 결함을 정의하는 것은 어려울 수 있다. 이러한 문제를 해결하기 위해서는 다른 산업과 마찬가지로 서비스 비즈니스도 지속적으로 혁신하고 절차를 개선해야 한다.

서비스 산업의 어려움을 어떻게 극복할 수 있습니까?

프로세스 개선은 협회 내부의 기존 비즈니스 프로세스를 구분하고 조사하며 개선하는 능동적인 업무로, 프로세스 숙련도를 더욱 향상시키기 위해 결정된다. 끊임없는 개선은 상호작용 개선의 지속적인 행위이다. 주기 개선은 다음과 같다. 개발 없이 분기에 한 번(또는 정기적으로) 발생하는 상호 작용 개선 대신 일상 업무에 반영된. 지속적인 개선은 전통적인 관행 또는 규칙의 우발적인 배열로 볼 수 있다.

프로세스 개선이 중요한 이유

• 효과적으로 업무로 각 비즈니스는 달성해야 할 많은 사이클 또는 수많은 연습에 의존한다.

• 목표로는 이러한 주기는 모든 것을 통제하고 일관성 있게 유지하는데 도움이 되며 마찬가지로 숙련도를 높여야 한다. 어떤 경우에도 프로세스는 장기간에 걸쳐 종종 번거로워진다. 발생하는 시점에서, 그들은 결국 많은 비용을 요구한다. 프로세스 개선은 그룹이 프로세스를 최고 수준으로 유지하도록 지원하므로 효과적이고 안정적으로 작업할 수 있다.

• 우위를 점하다.
프로세스 개선 단계에 에너지를 쏟는 또 다른 동기는 다음과 같다. 당신의 경쟁자는 아마 그럴 것이다. 즉, 만약 끊임없이 프로세스를 수행하는 방식을 더 발전시키지 않는다면, 그것은 아마도 장기적 관점에서 뒤쳐질 것이다. 그것은 어떤 경우에도 경쟁사 모두가 그러한 개선을 하는 것은 아니지만 일부는 그러한 개선을 할 것이라는 근거에 있다.

- 비즈니스 민첩성 향상. 거의 모든 산업에서 변화의 속도가 점점 빨라짐에 따라 비즈니스 민첩성으로 자주 언급되는 적응성이 가장 중요한 비즈니스 역량이 되었다.

프로세스 개선-식스 시그마(6 sigma) 접근법 (모토롤라의 사례)

식스 시그마란 무엇인가?

식스 시그마는 조직의 작업을 지원하는 데 사용되는 품질 관리 전략이다. 결함을 발견하고 제거함으로써 현재 주기에서 항목 또는 행정에 도움을 준다. 목표는 조립 또는 비즈니스 프로세스에서 품질 관리를 원활하게 수행하여 전체적으로 변동이 거의 없도록 하는 것이다.

식스 시그마는 1993년 모토롤라에 의해 시작되었으며, 표준 편차를 다루는 측정 가능한 이미지인 그리스 문자 시그마를 참조한다. 모토롤라는 100만 개의 문마다 3.4개의 흠집이 난 경우를 고려하면서S식스 시그마 프로세스에서 완벽하지 않은 경우가 100%-99.9996%라는 사실을 고려하여 이 용어를 사용했다.

모토롤라는 처음에 자체 조립 작업을 위해 이 목표를 제시했지만, 즉시 유행하는 표현으로 바뀌었고 광범위하게 표준을 채택했다. 식스 시그마는 "완벽해지기 위한 6단계"를 의미하는 약어이다. Sigma에 거의 관심을 기울이지 않고 자체적으로 존재하는 Total Quality Management의 다양한 요소에 레이블을 지정하고 포장하는 영리한 방법이다. 식스 시그마 경영 시스템은 회사 프로세스의 명확성을 촉진하며, 프레임워크를 확립하는 방법론으로 성공을 가장 정확하게 나타내는 지표이다.

이는 조치를 개선할 벤처를 위한 자산을 조직하기 위해 개척자를 사용하고, 측정을 개선할 벤처를 위한 자산을 조직하기 위해 개척자를 사용한다. 신속하고 통제 가능하며 향상된 비즈니스 결과를 얻기 위해 관련 프로젝트를 처리한다. 식스 시그마는 품질 관리와 연관되어 이를 지원하기 위한 것이다. 1998년, GE의 CEO인 잭 웰치는 식스 시그마가 GE의 작업에 대해 확실히 무엇을 의미하는지 인식하고 조직에 감사의 표시로 100만 달러 이상을 줌으로써 식스 시그마를 스포트라이트하는 데 도움을 주었다. 그 시점부터 포춘 500대 기업들이 그에 따라 유사한 조치를 취했고 식스 시그마는 그 시점부터 거대한 회사들과 함께 유명해졌다.

기존의 DMAIC와 비교하여 DMADV 및 IDOV의 주요 애플리케이션은 무엇인가? 그것들은 어떻게 다른가?

DMADV: 정의, 측정, 분석, 설계, 확인
DMAIC: 정의, 측정, 분석, 개선, 제어

이들 용어의 이름의 첫 세 글자가 비슷함에도 불구하고, 그들 사이에는 몇 가지 눈에 띄는 차이점이 있다. DMADV와 전통적인 방법의 근본적인 차이점은 DMADV가 고객의 요구를 조정하기 위해 절차를 업데이트하는 데 초점을 맞추는 반면, 전통적인 방법은 절차를 조정하고 제어하는 방법을 결정하는 데 초점을 맞춘다는 것이다. 식스 시그마에 익숙한 사람이라면 누구나 업무에 적합한 도구를 선택하는 것이 얼마나 중요한지 알고 있다.

식스 시그마 반응

식스 시그마는 거대한 협회로 유명하지만, 500명 미만의 직원을 보유한 조직에게는 그다지 합리적이지 않다. 이 철학의 특정 부분이 민간 기업에 확실히 적용될 수는 있지만 그렇게 중요하지는 않다. 마찬가지로 확인을 처리하고 준비하는 개발 중인 산업에도 경고가 있습니다. 당신은 외부의 기여를 보장하기 위해 필요한 모든 조사를 해야 한다고 믿는다. 식스 시그마 행정은 예외적으로 그렇게 할 수 있다. 비즈니스 세계의 상당 부분이 새로운 혁신을 중심으로 개선되고 있으며, 따라서 상속 프레임워크 및 현재 항목을 유지하는 데 도움이 될 수 있지만, 산업을 혼란시키거나 새로운 아이템을 성장시킬 공간을 많이 남겨두지 않는다. 프로세스의 효율성을 높이고 폐기물과 비용을 절감하는 데 도움이 된다. 프로세스 맵은 데이터 소스, 활동 및 출력을 그래픽으로 묘사하는 도구이다. 논리적이고 단계적인 방식으로 설명되는 프로세스 기술 절차의 목적, 매핑의 목적은 동료와 프로세스에 관련된 모든 사람이 이를 이해하는 데 도움이 되는 것이며, 프로세스 계획은 비즈니스의 시각적 표현을 제공한다. 프로세스 변경(맵)은 필요한 정보 데이터를 제공하고 누가, 무엇을, 어디서, 왜, 등의 내용을 제공하며 의사결정 과정에 도움을 준다.

모토로라는 1990년대 중반에 최초로 식스 시그마라는 문구를 사용했다. 그 이후에 식스 시그마 방법론은 많은 조직에서 성공적으로 구현되었다. GE, 보잉, 듀폰, 도시바, 씨게이트 그리고 많은 다른 회사들이 관련 브랜드들이다.

부 록 1

교육 목표 (TEACHING OBJECTIVES)

이 사례는 새로운 모델의 차량이 신뢰성 요구사항을 충족하는지 여부에 대한 의사결정을 다룬다. 신뢰성 추정 MTBF와 신뢰성을 위한 수명 데이터 분석을 제시한다. 신뢰성의 관점에서 차량을 객관적으로 평가해야 하므로 이 경우 다음 내용이 포함된다.

- 안정성 및 평균 고장간 시간(MTBF) 소개
- 수명 데이터 분석 소개
- MTBF 추정 소개
- 의사 결정을 위한 데이터 수집 활동 소개

교육-제안점 (TEACHING-SUGGESTION)

제안된 질문

1. 신뢰성(도) 및 고장 데이터(수명 데이터)란 무엇입니까?
2. 평균 고장 간격(MTBF)과 고장률은 얼마입니까?
3. 평균 고장 시간과 평균 고장 시간(MTTF)의 차이는 무엇입니까?
4. MTBF와 고장률 사이의 관계는 무엇입니까?
5. 신뢰성 추정 및 수명 분포에 대한 모수적 방법은 무엇입니까?
6. 신뢰성 평가를 위해 수명 데이터 분석을 수행해야 하는 이유는 무엇입니까?
7. 추정 MTBF는 어떻게 구합니까?
8. 어떤 종류의 수명 분포를 사용하십니까?

9. 수명 분포의 모수를 어떻게 구할 수 있습니까?
10. 지수 분포가 시스템 신뢰성에 중요한 이유는 무엇입니까?

교육계획 및 사례분석 개요

이 사례를 가르칠 때, 생산적인 접근법은 토론 주제를 아래에 제시된 세 가지 내용으로 나누는 것이다. 그들은 제안된 순서로 배열되지만 수업 토론 시 반드시 이 순서를 따르는 것은 아니다. 강사는 이러한 주제 중 하나를 중심으로 토론하고 블록 간 전환을 관리할 수 있도록 의견과 질문을 구체화해야 한다.

상황 분석 및 기본 문제 파악

이 섹션에서는 사례의 간략한 개요와 목표를 제공하기 때문에 이 방법이 좋은 출발점이 된다. 그동안 강사는 신뢰성의 개념, 신뢰도 평가 방법, 신뢰도 추정, 평균 고장 간격, 고장률 등에 대한 질문을 던진다. 강사는 다음과 같이 기본 개념을 강조해야 한다.

신뢰성

신뢰성은 "시스템이 특정 작동 조건에서 사용될 때 특정 기간 동안 만족스러운 방식으로 또는 보다 구체적인 용어로 지정된 임무를 수행할 확률"로 정의된다. 신뢰성 측면에서 차량 시스템의 평가는 정확하게 정의된 신뢰성 개념과 측정에 기초했다. 시스템의 신뢰성은 종종 평균 고장간 시간(MTBF) 또는 평균 고장 시간(MTTF)으로 표현된다.

고장률

고장률은 구성 요소나 차량 시스템이 고장 나는 평균 빈도이다. 고장률은 신뢰도 분석에서 중요하다. 고장률은 지정된 시간 이전의 고장 확률을 설명하는 고장 분포에 따라 달라지며 고장률을 표현하는 또 다른 방법은 평균 고장간 시간(MTBF)이며, 이는 고장 사이의 평균 시간이다. 즉, 고장률은 시간이 지남에 따라 항상 일정하지 않다.

그러나 차량 시스템 전체는 복잡한 시스템이며 고장율은 항상 일정하다고 가정해도 크게 문제되지 않는다. 고장률은 총 고장 횟수를 명시된 조건에서 특정 측정 간격 동안 소요된 총 시간으로 나눈 값으로 정의된다. 표 1에서 총 거리를 고장률을 얻기 위한 총 시간으로 변환한다. 총 거리는 각 차량이 주행하는 목표거리의 (두 대의 차량을 운영하였기 때문에) 두 배다. 그 다음 총 작동 시간은 다음과 같이 계산된다.

총 작동 시간 =

$$\frac{\text{total distance traveled}}{\text{average rate of travel (km/hour)}} = \frac{13{,}000}{17.0} = 764.71$$

고장률 θ =

$$\frac{\text{number of failures}}{\text{total operating hours}} = \frac{28}{764.71} = 0.0366$$

신뢰성 함수

신뢰성 함수는 시스템이 적어도 특정 시간 동안 성공할 확률로부터 결정된다. R(t)는 다음과 같이 정의된다.

$$R(t) = 1 - F(t)$$

여기서 F(t)는 시스템이 시간 t에 의해 고장이 날 확률이다. 만약 랜덤 변수 t가 밀도 함수 f(t)를 갖는다면

$$R(t) = 1 - F(t) = \int_t^\infty f(t)dt$$

예를 들어, 만약 실패 시간이 모수를 갖는 지수 밀도 함수에 의해 설명된다면 시간 t에서의 신뢰도는 다음과 같이 계산된다.

$$R(t) = \int_t^\infty \frac{1}{\theta} e^{-t/\theta} dt = e^{-t/\theta}$$

1. 수명 데이터 분석에 대한 논의

수명 데이터 분석, 모수 모델 및 수명 분포의 필요성에 대한 논의를 주도할 수 있다. 이 섹션에서 강사는 학생들에게 수명 데이터 분석을 위한 구체적인 절차, 모수 모델을 사용하는 이유, 수명 통계 분포를 제공하도록 요청한다. 신뢰성을 예측하는 방법에는 여러 가지가 있다. 개발 단계에서 현장 데이터 또는 수명 데이터를 사용하는 것이 MTBF 추정에 도달하는 가장 정확한 방법이다. 수명 데이터 분석을 통해 현장의 실제 데이터를 기반으로 시스템의 신뢰성을 결정할 수 있다.

수명 데이터 분석

수명 데이터는 제품이 성공적으로 작동한 시간이나 제품이 고장 나기 전의 시간과 같이 현장에서 시스템의 수명으로 구체적으로 표시된다. 이러한 수명은 시간, 마일, 주기 또는 시스템의 수명을 측정할 수 있는 다른 측정 단위로 측정될 수 있다. 신뢰성 평가자는 수명 데이터 분석을 사용하여 부품, 부품 및 시스템이 특정 환경에서 고장 없이 원하는 기간 동안 필요한 기능을 수행할 확률과 능력을 결정할 수 있다.

수명 데이터 분석을 수행하기 전에 고장 모드와 수명 단위(시간, 주기, 마일 등)를 지정하고 명확하게 정의해야 한다. 또한 고장을 구성하는 항목을 정확하게 정의할 필요가 있다. 즉, 분석을 수행하기 전에 제품이 실제로 고장 난 것으로 간주되는 시점을 명확히 해야 한다. 이것은 다소 명백해 보일 수 있지만 고장 정의 또는 시간 단위 불일치 문제가 (비용이 많이 들고 시간이 많이 소요되는) 수명 시험 및 분석의 결과를 완전히 무효화하는 경우도 있다.
수명 데이터 분석에서 분석 결과는 항상 추정치이다. 고장 확률의 실제 값, 수명 평균 값 및 분포의 모수를 구하는 것은 쉽지 않다. 신뢰성 수명 데이터 분석의 목적은 이러한 실제 값을 정확하게 추정하는 것이다.

수명 분포

모수 모형을 기반으로 MTBF 추정치 또는 추론을 만들기 위해 수명 정보를 수명 데이터 형식으로 수집한다. 이를 달성하는 가장 효과적인 방법은 여러 개의 독립적이고 무작위적인 표본을 수집하는 것이다.

관측된 고장 시간의 동작을 모형화하기 위해 가능한 고장 시간 분포를 고려할 때 분포의 신뢰도 또는 확률 밀도 함수를 제공하기 위해 완전히 지정된 잘 알려진 통계 분포를 선택하는 것이 일반적이다. 가장 중요하고 널리 사용되는 모수 수명 분포에는 지수 분포, 감마 분포, Weibull 분포, 정규 분포 등이 있다. 강사는 학생들에게 기대, 중위수 및 이러한 분포의 특성에 대한 정의와 이해를 제공하도록 한다.

2. MTBF 추정에 대한 논의

강사는 MTBF의 개념, 선택된 특정 수명 분포의 모수 추정, 모수 추정 방법, 신뢰성 함수를 얻는 방법, MTBF 추정 방법에 대해 자세히 질문한다.

평균 고장간 시간(Mean Time Between Failures; MTBF)

신뢰성 분석은 품목, 장비 또는 전체 시스템에 대한 정량적 매개변수를 정의하는 데 사용될 수 있으며 주어진 설정된 시간 동안의 고장 횟수, 설정된 사이클 수와 같은 작동 횟수로 표현될 수 있다. 항목의 신뢰성을 정의하는 데 사용되는 일반적인 식은 평균 고장간 시간(MTBF)이다. 일단 MTBF가 알려지면, 그것은 주어진 운영 기간 동안 성공 또는 실패의 확률 측면에서 항목의 신뢰성을 결정하는 데 사용될 수 있다. 고장률의 일반적인 용도는 고장 사이의 평균 시간을 결정하는 것으로 여기서 전체 시스템의 고장률은 일정하다고 가정한다.

MTBF는 고장 시간의 밀도 함수의 기대값으로 정의될 수 있다. 즉,

$$MTBF = E(t) = \int_0^{\infty} tf(t)dt$$

평균 고장 시간(Mean Time To Failure; MTTF)은 고장 후 시스템을 새 것으로 교체해야 하는 경우 MTBF 대신 사용되기도 하며, MKBF는 고장 사이의 평균시간 대신 고장 사이의 평균거리(km)를 나타낸다.

모수 추정 방법

신뢰성 수명 데이터 분석의 목적을 달성하기 위해 파라메트릭 모델을 사용하기로 결정한 다음 시스템의 신뢰성 또는 고장 시간의 기대값을 얻는다. 이렇게 하려면 특정 모델의 매개 변수 값을 지정해야 한다. 이는 수명 데이터에서 얻은 최상의 값을 사용하여 수행된다. 추정은 모수의 값에 가까운 값을 제공할 이러한 관측치의 함수를 선택하는 과정이다. 이러한 통계량은 추정치로 알려져 있다. 점 추정치는 각 매개 변수에 대해 하나의 값을 제공하는 반면, 구간 추정치는 각 매개변수에 대한 간격을 제공한다.

모멘트 방법, 우도 방법 및 베이지안 방법은 매개 변수를 추정하는 데 널리 사용된다. MTBF 및 MTTF는 일정한 고장률로 제한된 기간 동안 계산될 수 있다. 일반적으로 유용한 작동 수명 동안 복잡한 무기

시스템은 일정한 고장률을 가지며, 고장 시간은 일반적으로 지수 분포를 따른다고 가정한다.

강사와 학생들은 추정 과정이 매우 복잡하다는 것을 알아야 한다. 지수 분포의 경우 상대적 비교적으로 간단하다. 또한 수명은 여러 부분으로 구성된 시스템의 신뢰성을 계산할 때 지수 분포를 따르는 것으로 가정하는 것이 타당한 면이 있다. 두 대의 차량 시스템이 사용되었기 때문에 총 주행 거리는 한 시스템이 주행하는 거리의 두 배가 된다.

수명이 지수 분포를 따른다고 가정하면 MTBF는

$$MTBF = E(t) = \int_0^\infty tf(t)dt = \int_0^\infty t\lambda e^{-\lambda t}dt = \frac{1}{\lambda} = 27.31$$
$$\text{failure rate} = \lambda = 0.0366$$

이며, 지수분포의 경우 MTBF는 다음과 같다.

$$\text{MTBF} = \frac{1}{\text{failure rate of the system}}$$

λ에 대한 최대우도 추정량을 (maximum likelihood estimator) 사용하면 다음과 같이 MTBF를 쉽게 구할 수 있다.

$$\text{MTBF} = \frac{1}{\hat{\lambda}} = \frac{\sum_{i=1}^{n} x_i}{n} = \frac{\text{total time}}{\text{number of total failures}} = \frac{764.71}{28} = 27.31$$

여기서 n은 고장 횟수이며 x_i는 고장 사이의 실제 거리 또는 시간이다. 중고장을 기준으로 한 시스템 MTBF는 다음과 같이 얻을 수 있다.

$$\text{MTBF} = \frac{1}{\hat{\lambda}} = \frac{\sum_{i=1}^{n} x_i}{n} = \frac{\text{total time or distance}}{\text{number of failures (major failure)}} = \frac{764.71}{6} = 127.45$$

또한 시스템이 고장 없이 최대 시간 T까지 작동할 확률은 다음과 같이 주어진다.

$$R(T) = e^{-\left(T/_{MTBF}\right)}$$

따라서 시스템이 최대 시간 100까지 작동할 확률은 다음과 같이 주어진다.

$$R(T) = e^{-\left(100/_{127.45}\right)} = e^{-0.785} = 0.46$$

이 확률값은 검정 기준인 0.3보다 크다. 시스템 MTBF도 테스트 기준보다 크다. 따라서 차량 시스템은 신뢰성 요건을 충족한다.

부 록 2

개요

이 사례는 캐나다 온타리오에 위치한 대학인 The University of Western Ontario(UWO)의 자산관리 소프트웨어 모듈 선택을 다룬다. UWO는 PeopleSoft에서 새로운 전사적 애플리케이션 제품군을 채택하고 있었다. UWO의 구매 담당 책임자는 기존의 레거시 시스템을 고수할지, People Soft Asset Management Module을 구입할지, 아니면 자산 관리 요구 사항을 충족하기 위해 두 개의 기존 모듈(A/P 및 Purchasing)을 수정할지를 결정해야 했다.

배경 읽기

ERP 시스템에 익숙하지 않은 학생은 다음을 읽고 미리 준비한다.

• Philip M. Reckers, et al., “"Introduction to Accounting, Business Processes and ERP”", South-Western College Pub, 2002
• Robert D. Austin, Mark J. Cotteleer, and Cedric Escalle, “"Enterprise Resource Planning(ERP) Technology Note”", HBS Case No. 699-020
• http://www.cio.com/research/erp/edit/erpbasics.html
• http://erp.ittoolbox.com/nav/t.asp?t=402&p=403&h1=402& h2 =403

교육 목표

이 사례는 대규모 시스템 구현 프로젝트에 공통적인 것을 제시한다.

구매 담당자 비용, 기능성, 신뢰성, 확장성 및 호환성 측면에서 절충점을 평가해야 한다. 이 사례는 학부 또는 대학원 수준의 다음 영역에 포함될 수 있다.

- 대규모 및 클라이언트 서버 시스템 소개

PeopleSoft는 웹 서비스 포함한 시스템 적용에 빠르게 조직에 적응하고 있으며, 많은 기능 관리자들은 중요한 구현 결정에 직면해 있다. 이 사례에서는 대규모 및 클라이언트-서버 용어를 소개하고, 기술 아키텍처 및 기능 측면에서 메인프레임 시스템에 비해 유리한 점을 간략히 설명한다.

- 소프트웨어 선택에 대한 결정 기준 이해

구매자는 자산 관리 요구 사항을 해결하기 위한 세 가지 대안을 가지고 있다. 즉, 기존 시스템을 유지하거나, 새로운 자산 관리 모듈을 구입하거나, 이미 채택된 두 모듈을 수정하는 것이다. 이러한 옵션을 평가하기 위한 구체적인 기준을 논의하는 것 외에 이 사례는 일반화된 의사결정 분석 프레임워크를 도입할 수 있는 기회를 제공한다.

- 의사 결정을 위한 이슈 식별 및 정보 수집 활동

소프트웨어 평가 및 선정 결정은 관련 당사자로부터 수집된 정보에 기초해야 한다. 이 과정에서 관리자는 의사결정에 필수적인 데이터가 누락되어 어려움을 겪는 경우가 많다. 성공적인 관리자는 누락된 데이터를 최대한 빨리 수집한 다음 불완전한 정보를 기반으로 의사 결정을 내릴 수 있어야 한다. 이 경우 대체 평가에 유용한 일부 데이터(예: 자산 관리 모듈 비용, 기록 비용, 기존 시스템 업그레이드 비용 등)가 누락된다. 학생들은 평가와 선택에 필수적인 누락된 데이터를 확인하고 데이터 수집을 위한 작업 계획을 개발하도록 되어야 한다.

비용

사례에서 언급했듯이 비용은 구매자가 자산 관리 모듈을 인수할 때 가장 큰 우려 사항 중 하나이다. 모듈의 취득 비용 외에도 구현 비용(1회)과 유지 보수비용(계속해서 지출됨)을 포함한 다른 비용도 고려해야 한다.

소프트웨어 소유의 총 비용: 이 경우 ERP는 구입(취득)비용, 구현 비용 및 유지관리 비용으로 구성된다. 구입/취득 비용에는 ERP 시스템 라이센스 비용 또는 애플리케이션 서비스 제공업체로부터 ERP 시스템을 구입한 경우 호스팅 비용이 포함된다. ERP 시스템을 지원하는 데 필요한 IT 인프라에 대한 추가 및 업그레이드도 취득 비용으로 간주할 수 있다. IT 인프라 추가 및 업그레이드에는 데이터베이스 관리 시스템, 애플리케이션 서버, 데이터베이스 서버, 추가 대역폭 및 개인 컴퓨터에 대한 업그레이드가 포함될 수 있다.

구현 비용에는 기업 인력으로 구현 팀의 인력 배치, 구현 팀의 인력 배치에 필요한 인력 보충, ERP 시스템 구현에 필요한 구현 서비스, 교육 서비스 및 컨설팅 서비스가 포함될 수 있다. 교육 서비스에는 구현 팀 교육 및 사용자 교육이 포함될 수 있다. 컨설팅 서비스에는 프로젝트 관리, 변경 관리, 비즈니스 프로세스 리엔지니어링, 회의실 파일럿, 구성 사양 문서화, 시스템/모듈 구성, 데이터 변환, 인터페이스 개발 및 테스트 등이 포함될 수 있다.

유지관리 비용에는 시스템 공급업체에 지급되는 연간 유지관리 비용(일반적으로 판매 가격의 15-20%)과 시스템 업그레이드, ERP 시스템 유지보수를 담당하는 전문가 및 아웃소싱된 유지보수 서비스가 포함된다. 자산 관리 모듈을 소유하는 것과 관련된 이러한 모든 비용을 고려할 때, 비용은 모듈 인수 결정에 큰 비중을 두어야 한다.

기능

기능은 소프트웨어가 비즈니스 요구 사항을 충족하는 범위 내에서 기능이 가능한 것으로 이 경우 PeopleSoft Asset Management 모듈은 제조 회사가 자산을 관리하는 데 필요할 수 있는 모든 기능을 커버한다. 두 개의 다른 모듈을 활용하는 하이브리드 시스템은 비즈니스 요구 사항을 잘 해결할 수 있으며, 기존 레거시 시스템도 마찬가지이다. 따라서 PeopleSoft Asset Management의 기능성에 대한 점수는 하이브리드 시스템과 레거시 시스템보다 약간 높아야 하며, 세 시스템 모두 비즈니스 요구사항을 충족하므로 평균보다 높은 점수를 받아야 한다.

신뢰성/안정성, 호환성 및 확장성

신뢰성은 소프트웨어가 오류 없이 실행되는 범위이며, 호환성은 소프트웨어가 다른 소프트웨어와 기능적으로 기술적으로 호환될 수 있는 범위이다. 확장성은 소프트웨어를 업그레이드할 수 있는 범위이다. 이러한 모든 요소는 소프트웨어 구매 결정에 중요하며 따라서 담당자는 이러한 요소들도 고려해야 한다. 일반적인 소프트웨어 구매 결정에서 기능 및 비용은 일반적으로 검토해야 할 상위 요인이다. 실질적으로 신뢰성, 호환성 및 확장성은 기능성과 비용 요소 다음에 고려해야 하는 세 가지 공통 요인이다. 따라서 그들의 중요도는 다른 두 개의 중요도 보다 낮고 그들 간에는 서로 비슷하다.

레거시 시스템과 하이브리드 시스템의 신뢰성은 새 모듈보다 낮아야 한다. 1) 레거시 시스템은 자체 개발되었기 때문에 새 모듈만큼 전문적으로 개발되지 않을 수 있다. 새 모듈은 소프트웨어 개발업체인 PeopleSoft Inc.에서 개발되었다 2) 두 명의 조수에 의해 데이터가 수동으로 입력되었으나 잘못된 데이터를 입력할 확률을 높인다. 마찬가지로, 하이브리드 시스템의 신뢰성은 새로운 모듈보다 낮은 점수를 받아야 한다. 왜냐하면 하이브리드 시스템은 새로 코딩이 진행되어야 하기 때문이다. 호환성 측면에서 레거시 시스템은 이미 채택하기로 결정된 다른 피플소프트 모듈과 함께 작동할 수 없기 때문에 가장 열악한 시스템이다. 하이브리드 시스템은 다른 PeopleSoft 모듈과 함께 사용할 수 있지만 전체 패키지의 일부로서 자산 관리 모듈만큼 우수하지는 않다. 확장성 측면에서 레거시 시스템은 전체 PeopleSoft 시스템과 별개로 독립 시스템이기 때문에 가장 낮은 점수를 받는다. 하이브리드 시스템의 확장성은 두 개의 다른 모듈 (즉, 매출채권과 미지급계정)의 변경에 의해 부정적인 영향을 받는다.

사례의 세 가지 옵션과는 별도로 대안 솔루션으로는 자산 관리 업무를 독립 서비스 제공업체에 아웃소싱하는 것, 자산 관리의 기능적 요구를 더 잘 해결할 다른 ERP 공급업체를 선택하는 것, 그리고 애플리케이션 서비스 제공자를 사용하는 것이 포함될 수 있다.

a) 구매 담당자는 구매 및 계정 지급 모듈의 기존 필드를 사용하여 신규 구매에 대해서만 자산 태그 번호와 클래스 코드를 캡처하는 하이브리드 솔루션을 선택했다. 보고서는 특정 기준(즉, 5년 미만, 5000달러 이상 가치 등) 내에서 현재 모듈에서 필요한 정보를 추출하도록 설계되었다. 자산 처리는 독립 실행형 MS Access 데이터베이스를 사용하여 PeopleSoft 외부에서 처리되었다.

b) 레거시 시스템의 과거 데이터는 PeopleSoft 테이블로 변환되었다. 따라서 이전 취득의 경우 이 테이블에서 데이터를 추출하고 새 취득의 경우 Accounts Payable/Purchaseing Modules의 관련 필드에서 데이터를 추출하여 보고서를 생성할 수 있었다. 시간이 지남에 따라 변환 테이블은 관련성이 없어지고 있었다.

강의 제안점 (TEACHING SUGGESTIONS)

과제 질문

1. ERP 시스템이란? 레거시 시스템에 비해 ERP 시스템의 장점은 무엇입니까?

2. 대학 캠퍼스의 최종 사용자로서 ERP 시스템을 사용하면 어떤 이점이 있습니까?

최종 사용자의 관점에서 대학 시스템이 개선되어야 한다고 생각하는 것은 무엇인가? (학교에서 이 시스템을 사용한 개인적인 경험을 공유하는 것이 중요하다는 것을 인식시켜야 한다.)

3. $100,000의 구매 취득비용을 결정했다고 가정해보자. 실제로 소프트웨어 비용에 대한 가용 조사에 따르면 이 결정의 총 비용은 그 금액의 10배가 될 수 있다. 어떤 대안을 선택할지 결정할 때 어떤 결정 기준을 고려해야 하는가? 지금 당장 결정을 내려야 한다면 어떤 기준으로 어떤 옵션을 선택하겠습니까?

4. 100% 척도로 선택 요소에 가중치를 부여하려면 어떻게 해야 합니까?

5. 결정을 내리기 전에 구체적으로 어떤 추가 정보를 얻고 싶습니까?

6. 어떤 정보를 수집할 것인지, 어디서 누구에게 찾을 것인지, 받는 데 얼마나 걸릴 것인지를 파악하기 위해 5일 동안의 근무 계획을 개발하시오.

7. 위에 설명된 것 외에 무어가 고려해야 할 다른 해결책이 있습니까?

교육 계획

이 사례를 가르칠 때, 한 가지 생산적인 접근법은 아래에 제시된 바와 같이 토론 주제를 네 개의 블록으로 나누는 것이다. 제안된 순서로 정렬되어 있지만, 어떤 클래스도 이 순서를 정확히 따를 것 같지는 않다. 대신 강사는 이러한 주제 중 하나를 중심으로 토론이 이루어지도록 주석과 질문을 구체화하고 블록 간의 전환을 관리해야 한다.

1. 많은 조직에서 ERP 애플리케이션이 성공적으로 채택된 이유 분석 (15분)

많은 학생들이 ERP 성공의 이유 목록에 기여하는 데 편안할 것이기 때문에 이것은 좋은 출발점이다. 한편, ERP 시스템 사용의 이점에 대한 중요한 질문을 다룬다. 토론 중에는 기술적 측면과 기능적 측면이라는 두 가지 측면에서 토론이 성공적인 이유를 강조해야 한다. 기술적 측면과 관련하여 강사는 ERP 시스템(예: 클라이언트-서버 구조)의 기술적 이점을 메인프레임 시스템(예: 중앙-터미널 구조)과 비교해야 한다. 강사는 또한 클라이언트-서버 구조와 중앙-터미널 구조를 비교한 후에 "브라우저-서버" 구조의 개념을 토론에 제기할 수 있다. 기능적 측면과 관련하여 강사는 학생들에게 ERP 시스템의 정의에 대해 질문한 다음 학생들이 메인프레임 시스템에 비해 ERP 시스템의 기능적 이점을 비교하도록 할 수 있다.

최종 사용자인 학생이 캠퍼스 ERP 시스템에 노출된 경우, 강사는 캠퍼스 ERP 시스템을 사용할 때 얻게 되는 이점과 문제점을 물어볼 수 있다. 확실히 이전 회사에서 ERP 시스템을 사용한 경험이 있는 학생들은 이 토론에 참여할 수 있다.

2. 의사결정 기준의 선택 및 이들 요인 가중치 부여(35분)

ERP 시스템에 대한 15분간의 논의를 거쳐 자산관리 모듈 인수 결정으로 이어질 수 있다. 모듈 획득 결정과 관련하여 강사가 거꾸로 가르칠 때 가장 효과적이라는 것을 알게 되었다. 즉, 강사가 사례 결정부터 시작하여 학생들이 위와 같은 상황에 처한 자신을 상상하고 자신이 선호하는 결정을 주장하도록 할 수 있다. 그런 다음 수업 시간 내내 강사는 학생들에게 뒤로 물러서서 모듈 선택 기준에 관한 더 광범위한 질문을 고려하도록 요청할 수 있다.

강사는 학생들이 자신의 선호에 대한 정당성을 제공하고 각 대안에 대한 찬반 요소를 파악하도록 촉구해야 한다. 이 토론에서 강사가 화이트보드에 캡처할 수 있는 기준은 다음과 같다.

- 비용
- 기능
- 신뢰성
- 호환성
- 확장성

학생들은 이것들에 대해 꽤 활기차게 토론할 것으로 예상된다. 강사는 학생들이 이러한 결정 기준에 따라 세 가지 대안(예: 5점 척도, 1=나쁨, 5=좋음)을 평가하도록 장려할 수 있다. 토론 중에 다른 학생들이 그들의 중요성에 대해 다른 많은 의견을 가지고 있고, 심지어 말이 되는 새로운 기준을 생각해 낸다는 것을 발견하는 것은 놀라운 일이 아니다.

모든 주요 결정 기준이 결정되고 각 대안에 대한 점수가 화이트보드에 제시되면, 강사는 학생들에게 다시 한 걸음 물러서서 이러한 결정 기준에 가중치를 부여하는 것을 고려하도록 요청해야 한다. 이러한 결정 기준의 중요성과 시급성은 논의되어야 하며 가중치의 결정 요인으로 간주되어야 한다. 학생들은 이러한 결정 기준에 가중치를 부여하는 그들의 근거를 제시해야 한다. 토론의 최종 결과는 위 표 1과 같거나 비슷해야 한다.

3. 누락된 정보 파악 및 정보 수집을 위한 업무계획 수립(20분)

위에서 내린 모든 결정은 사례에서 제공되는 제한된 정보/데이터를 기반으로 한다. 그러므로 학생들이 이 중요한 정보가 누락되었다고 불평하는 것을 듣는 것은 놀라운 일이 아니다. 강사는 불만사항에 대해 긍정적으로 코멘트하고 학생들에게 이 단계까지 버텨보라고 알리거나 학생들이 합리적인 가정을 하고 이를 이행하도록 유도해야 한다.

이 단계에서 강사는 표를 채우거나 부분적으로 채우지 않고 표 2의 틀을 제시할 수 있다. 학생들은 더 나은 결정을 내리기 위해 중요한 경우에 어떤 정보가 누락되었는지 열정적으로 지적할 것이다. 강사는 학생들이 왜 누락된 정보가 중요한지에 대한 논거를 제시하도록 한다.

이후 강사는 학생들에게 표 3의 틀을 제시하고 긴급성과 상호의존성 측면에서 학생들이 정보수집 활동을 계획하도록 유도할 수 있다. 정보수집 활동이 어떻게 예약되어야 하는지에 대한 유일한 해답은 없다. 이 두 가지 틀을 활용하여 누락된 정보를 파악하고 정보수집 활동을 수립하는 방법을 학생들에게 설명하는 것이 목적이다.

4. 다른 가능한 대안 작성(10분)

이 섹션에서는 강사가 학생들에게 자산 관리 모듈의 비즈니스 요구사항을 해결할 수 있는 다른 가능한 솔루션을 제안하도록 권장해야 하며 가능한 솔루션은 다음과 같다.

- PeopleCode 언어(코딩)를 사용하여 맞춤형 자산 관리 모듈 구축, PeopleSoft Suite 플랫폼 기반 언어

- 이 부품을 제3자에게 아웃소싱
- 웹 기반 서비스(응용 프로그램 서비스 공급자) 사용
- 더 적합한 기능을 위해 더 낮은 가격을 제공할 수 있는 다른 ERP 소프트웨어를 선택

학생들은 담당자가 실제로 내린 결정과 관련하여 이러한 대안들의 장단점을 제공하도록 추진되어야 한다. 그러나 일반적인 의견만 필요하며, 이전 단계에서 수행한 것과 같은 계량 가능한 결과는 필요하지 않다.

결론

학생들은 이 사례에서 조직 고객의 비즈니스 요구와 ERP 소프트웨어의 기능 사이에 완벽한 적합성은 없다는 것을 배워야 한다. 따라서 ERP 구현은 종종 기능 및 기술 환경의 무결성을 유지하면서 창의적이고 비용 효율적인 해결 방법을 모색한다.

비즈니스 케이스

발행일 2023년 1월 20일 초판 1쇄
지은이 김상원
발행인 송자영
발행처 초아출판사
주소 서울시 성북구 정릉로 36길 41
전화 070-8739-0036
팩스 0504-178-5627
E-mail choapublish@hanmail.net

ISBN 979-11-88425-22-8
정가 20,000원